LUDWIG STIRNBERG

Geldtheoretische und geldpolitische Probleme der potentialorientierten Kreditpolitik

Untersuchungen über das Spar-, Giro- und Kreditwesen

Abteilung A: Wirtschaftswissenschaft

Schriften des Instituts für das Spar-, Giro- und Kreditwesen an der Universität Bonn

Herausgegeben von Prof. Dr. Dr. Dr. h. c. Fritz Voigt

Band 79

Geldtheoretische und geldpolitische Probleme der potentialorientierten Kreditpolitik

Von

Dr. Ludwig Stirnberg

DUNCKER & HUMBLOT / BERLIN

Redaktion: Diplom-Volkswirt Stefan Jokl

Gedruckt 1975 bei Buchdruckerei Bruno Luck, Berlin 65
Printed in Germany
ISBN 3 428 03492 9

Inhaltsverzeichnis

Abschnitt VI

Verzeichnis der Tabellen

Verzeichnis der Abbildungen

Abschnitt I

Einleitung

Der Sachverständigenrat zur Begutachtung der gesamtwirtschaftlichen Entwicklung hat die Aufgabe, die gesamtwirtschaftliche Entwicklung in der Bundesrepublik Deutschland periodisch zu beurteilen[1] und zu „untersuchen, wie im Rahmen der marktwirtschaftlichen Ordnung gleichzeitig Stabilität des Preisniveaus, hoher Beschäftigungsstand und außenwirtschaftliches Gleichgewicht bei stetigem und angemessenem Wachstum gewährleistet werden können"[2].

Der Sachverständigenrat hat, um dieser Aufgabe nachkommen zu können, in seinen Gutachten für verschiedene Teilbereiche der Wirtschaftspolitik Konzeptionen entwickelt, mit deren Hilfe „Fehlentwicklungen und Möglichkeiten zu deren Vermeidung oder deren Beseitigung"[3] aufgezeigt werden sollen. Hier seien nur seine einkommenspolitischen Vorschläge, die Konzepte zur außenwirtschaftlichen Absicherung und zum Haushaltsgebaren der Gebietskörperschaften erwähnt[4]. Die Vorstellungen des Sachverständigenrates waren und sind Gegenstand der Diskussion im wissenschaftlichen wie im politischen Bereich, worin die Bedeutung dieser Institution zum Ausdruck kommt.

Was den monetären Bereich anbelangt, so hat der Sachverständigenrat einschließlich des Jahresgutachtens 1969 keine geschlossene geldpolitische Konzeption entwickelt. Die geldtheoretischen und — politischen Vorstellungen finden sich nur implizit im diagnostischen Teil der Gutachten, die sich auf den monetären Bereich beziehen. Diese „Lücke" im wirtschaftspolitischen Gesamtkonzept des Sachverständigenrates wird im Jahresgutachten 1970 durch die Aufnahme des *Konzepts der potentialorientierten Kreditpolitik* geschlossen. Es dürfte in seinen wesentlichen Bestandteilen auf das Ratsmitglied C. Köhler zurückgehen[5].

---

1 Vgl. § 1 Abs. 1 des Gesetzes über die Bildung eines Sachverständigenrates zur Begutachtung der gesamtwirtschaftlichen Entwicklung, vom 14. August 1963 (Bgbl. I, S. 685).

2 Ebenda, § 2.

3 Ebenda.

4 Vgl. dazu die *Jahresgutachten (JG)* 1964, Ziff. 248; 1964, Ziff. 239; 1966, Ziff. 254 ff. und 259 ff.; 1967, Ziff. 184 ff. Die Konzepte werden in späteren Gutachten weiterentwickelt.

Es ist das Anliegen dieser Arbeit, dieses Konzept der potentialorientierten Kreditpolitik systematisch einer kritischen Würdigung zu unterziehen. Es wird versucht, eine Antwort auf die Frage zu geben, ob dieses Konzept geeignet ist, vom monetären Bereich einer Volkswirtschaft her zur Verstetigung der wirtschaftlichen Entwicklung und damit zur Realisierung der gesamtwirtschaftlichen Ziele beizutragen. Die bisherige Diskussion über dieses Konzept, die im Anschluß an seine Aufnahme in das Jahresgutachten 1970 in Gang kam, ist relativ unsystematisch verlaufen, da in der Regel immer nur einzelne Punkte herausgegriffen wurden[6]. Darüber hinaus ist sie als einseitig zu kennzeichnen, da sie fast ausschließlich zwischen Befürwortern der potentialorientierten Kreditpolitik und Vertretern der als Monetarismus bezeichneten Schule geführt wurde.

Diese Diskussion aufzugreifen und systematisch in ausgewogener Form fortzuführen, erscheint schließlich deswegen notwendig, weil die Tatsache, daß überhaupt eine Diskussion stattfindet, darauf hindeutet, daß in diesem Konzept eine mögliche Alternative zu anderen monetären Verstetigungsstrategien gesehen wird. Damit mißt man diesem Konzept eine Bedeutung bei, die ihre Begründung nicht nur darin findet, daß es in das Gesamtkonzept des Sachverständigenrates Eingang gefunden hat. Dieser eigenständigen Bedeutung ist durch eine kritische Würdigung Rechnung zu tragen.

Auf diesen Punkt hinzuweisen ist deswegen erforderlich, weil der Sachverständigenrat das Konzept im Jahresgutachten 1973 nicht mehr mehrheitlich vertritt, sondern eher einer monetaristischen Position zuneigt, die schlagwortartig durch Geldmengenorientierung gekennzeich-

---

[5] Vgl. *C. Köhler* (I): Orientierungshilfen für die Kreditpolitik, Berlin 1968. *Derselbe* (II): Geldwirtschaft, 1. Band: Geldversorgung und Kreditpolitik, Berlin 1970. *Derselbe* (III): Thesen und Gegenthesen, in: Weltwirtschaftliches Archiv (WWA), Bd. 105 (1970), S. 31 - 46. *Derselbe* (IV): Kreditpolitik als Teil eines konjunkturpolitischen Gesamtkonzepts in der EWG, in: Zeitschrift für Wirtschafts- und Sozialwissenschaften, 92. Jg. (1972), S. 643 - 656. JG 1970, Ziff. 359 ff. *J. Becker:* Die kontinuierliche Liquiditätsversorgung des Bankensystems, Berlin 1969.

[6] *K. Brunner, M. J. M. Neumann* (I): Analyse monetärer Hypothesen des Sachverständigenrates zur Begutachtung der gesamtwirtschaftlichen Entwicklung, in: Kyklos, Vol. XXIV (1971), S. 223 - 239. *Dieselben* (II): Monetäre Analyse des Sachverständigengutachtens: Eine Antwort, in: Kyklos, Vol. XXV (1972), S. 128 - 132. *Dieselben* (III): Monetäre Aspekte des Jahresgutachtens 1971/72 des Sachverständigenrates, in: WWA, Bd. 108 (1972), S. 257 - 285. *Rüdiger Pohl* (I): Monetäre Analyse des Sachverständigengutachtens: Ein Kommentar, in: Kyklos, Vol. XXV (1972), S. 119 - 127. *H. G. Monissen:* Geldversorgung und Kreditpolitik: Kritische Anmerkungen zur monetären Konzeption von Claus Köhler, in: Kredit und Kapital, 6. Jg. (1973), S. 134 - 156. *K. H. Ketterer, Rüdiger Pohl:* Das Konzept der potentialorientierten Kreditpolitik. Zu einem kritischen Aufsatz von H. G. Monissen, in: Kredit und Kapital, 6. Jg. (1973), S. 157 - 186. *M. J. M. Neumann* (IV): Theoretisch wenig fundiert, empirisch nicht belegt, in: R. Molitor (Hrsg.): Zehn Jahre Sachverständigenrat, Frankfurt 1973, S. 116 - 138.

net werden kann[7]. Nachdem Köhler im Frühjahr 1974 turnusgemäß aus dem Sachverständigenrat ausgeschieden ist, wird im Jahresgutachten 1974 endgültig eine eindeutig als monetaristisch zu bezeichnende Konzeption vorgeschlagen[8].

Wenn im folgenden dennoch der Sachverständigenrat und das Konzept der potentialorientierten Kreditpolitik in Zusammenhang gebracht werden, so deswegen, weil es zumindest für die Jahre 1970 und 1971 zutreffend ist und diese Tatsache zur weiteren Diskussion beigetragen hat. Schließlich sind aus den Ausführungen des Sachverständigenrates in einigen Punkten zusätzliche Informationen zu gewinnen, die zur Beurteilung nützlich sind.

Die Untersuchung des Konzepts wird durch die Bildung von drei Problembereichen strukturiert, die mit Theorie-, Instrument- und Handlungsbereich bezeichnet werden. In jedem Bereich werden die zugehörigen Aussagen der potentialorientierten Kreditpolitik unter bestimmten Fragestellungen analysiert.

Im *Theoriebereich* geht es um die Zusammenhänge im monetären Bereich und die Übertragung monetärer Impulse in den realen Bereich der Wirtschaft. Die Wirkungsweise des monetären Prozesses in der potentialorientierten Kreditpolitik und seine konzeptionelle Einbeziehung werden zum Untersuchungsgegenstand.

Im Theoriebereich werden eine oder mehrere Variablen abgeleitet, die der geldpolitischen Kontrolle zu unterwerfen sind, um den gesamten monetären Prozeß zu steuern. Die Effizienz der Instrumente zur Kontrolle dieser Variablen zu untersuchen, ist Aufgabe im *Instrumentbereich*.

Die Kenntnis theoretischer Zusammenhänge und der Effizienz von Instrumenten läßt noch die Frage offen, ob eine regelgebundene oder diskretionäre Verstetigungsstrategie als Handlungsmaxime verfolgt werden soll. Ihr wird für die potentialorientierte Kreditpolitik im *Handlungsbereich* ebenso nachgegangen wie einigen speziellen, konzeptionell bedingten Problemen bei der Bestimmung des Orientierungsmaßstabs, an dem sich geldpolitisches Handeln orientieren soll.

Die Untersuchung in den drei Bereichen soll aufzeigen, wie die Lösung des Problems, in welcher Art und Weise, mit welchen Instrumenten, welche monetäre(n) Variable(n) zu steuern ist (sind), um die angestreb-

---

[7] Vgl. *JG* 1973, Ziff. 170 ff.; 292 ff.; 345. Diese „Tendenzwende“ deutete sich bereits im JG 1972 an. Vgl. dort Ziff. 352, 394 ff.; 430 ff. M. J. M. Neumann spricht deshalb nur von einer „Episode des Konzepts des Liquiditätssaldos und einer potentialorientierten Kreditpolitik“. Vgl. *M. J. M. Neumann* (IV), S. 123.

[8] Vgl. *JG* 1974, Ziff. 364 ff. Ob damit allerdings die „Episode“ endgültig vorbei ist, kann nicht eindeutig gesagt werden. C. Köhler ist im Herbst 1974 in das Direktorium der Deutschen Bundesbank berufen worden.

ten gesamtwirtschaftlichen Ziele erreichen zu können, durch die potentialorientierte Kreditpolitik zu beurteilen ist. Die Argumentation hat dabei primär immanenten Charakter. Die Kritik wird in erster Linie nicht im Rahmen einer vergleichenden Strategie mit anderen Konzepten geführt. Da jedoch die Aussagen der potentialorientierten Kreditpolitik spezielle Lösungen allgemeiner geldtheoretischer und -politischer Probleme darstellen, ist es erforderlich, auch auf diese einzugehen und dadurch die immanente Begrenzung in gewissem Umfang aufzuheben. Die entsprechenden Überlegungen können notwendigerweise nicht sehr ausführlich sein, da das über den Rahmen dieser Arbeit hinausgehen würde. Die Auswahl der Probleme ist damit ebenfalls vorprogrammiert; sie ergeben sich aus der Diskussion. Empirisches Material bezieht sich, soweit nicht anders gekennzeichnet, auf die Bundesrepublik Deutschland.

Damit ist der Aufbau der Untersuchung weitgehend vorgezeichnet. Zunächst wird die potentialorientierte Kreditpolitik in die Gesamtkonzeption des Sachverständigenrates eingeordnet und im Zusammenhang dargestellt (II). Daran schließt sich die Diskussion der drei Bereiche an (III: Theoriebereich, IV: Instrumentbereich, V: Handlungsbereich). Abschließend soll versucht werden, einige Schlußfolgerungen aus der Diskussion des Konzepts zu ziehen (VI).

Abschnitt II

Das Konzept der potentialorientierten Kreditpolitik

1. Einordnung der Geldpolitik in die Verstetigungsstrategie des Sachverständigenrates

Der Sachverständigenrat hat in seinen Gutachten ein wirtschaftspolitisches Gesamtkonzept zur Verstetigung des Wirtschaftsablaufs entwikkelt. Dieses ist kurz zu skizzieren, wobei insbesondere der Stellenwert der Geldpolitik aufzuzeigen ist.

Abweichungen von den gesamtwirtschaftlichen Zielen lassen sich als Schwankungen im Auslastungsgrad des gesamtwirtschaftlichen Produktionspotentials darstellen. „Eine auf Verstetigung der konjunkturellen Entwicklung gerichtete Politik soll sich (dann) an der Entwicklung des Produktionspotentials orientieren[1].“ Diese allgemeine Zielsetzung ist für die einzelnen Teilbereiche der Wirtschaftspolitik näher zu konkretisieren.

Als Vorbedingung einer binnenwirtschaftlichen Stabilisierungspolitik nennt der Sachverständigenrat die außenwirtschaftliche Absicherung. Insbesondere ist dadurch der außenwirtschaftlich bedingte Anstieg des Preisniveaus zu vermindern bzw. ganz auszuschalten. Die geeignete Therapie, den internationalen Preiszusammenhang auszuschalten, sieht der Sachverständigenrat in einer flexibleren Gestaltung der Wechselkurse[2].

Bei erfolgreicher außenwirtschaftlicher Absicherung gehen Instabilitäten der wirtschaftlichen Entwicklung auf binnenwirtschaftliche Faktoren zurück. Hier haben die staatlichen Akteure — die Gebietskörperschaften in der Fiskalpolitik, die Zentralbank in der Geldpolitik — und die privaten Akteure — vor allen die Tarifpartner in der Einkommenspolitik — ihren Platz.

Die einkommenspolitische Konzeption des Sachverständigenrates geht auf die von ihm entwickelte kostenniveauneutrale Lohnpolitik zurück. Deren Zielsetzung ist es, das gesamtwirtschaftliche Kostenniveau konstant zu halten, um dadurch zur Preisniveaustabilität beizutragen[3].

---

[1] *JG* 1970, Ziff. 322.

[2] Vgl. *JG* 1966, Ziff. 249 ff., 254 ff.

[3] Vgl. zur Kritik der Einkommenspolitik z. B. *B. Gahlen, E. Leifert:* Die Vorschläge des Sachverständigenrates zur Einkommenspolitik, in: B. Gahlen (Hrsg.): Wachstumszyklen und Einkommensverteilung, Tübingen 1974, S. 79 bis 120.

Richtet sich die Einkommenspolitik auf den privaten Sektor, um diesen zu einem stabilitätskonformen Verhalten zu veranlassen, so ist jedoch darauf hinzuweisen, daß den staatlichen Akteuren ein besonderer Stabilitätsbeitrag abzuverlangen ist. In diesem Zusammenhang ist die Vorleistungspflicht des Staates zu sehen[4]. Sie besteht vor allem darin, daß der Staat von den Privaten nicht erwarten und fordern kann, sich stabilitätsgerecht zu verhalten, wenn er selbst von dieser Verhaltensmaxime abweicht. Daraus folgt, daß sich gerade für die Fiskal- und Geldpolitik eine besondere Notwendigkeit ergibt, Konzeptionen zu entwickeln, die geeignet sind, dieser Vorleistungspflicht zu genügen.

Generell fordert der Sachverständigenrat, daß „im Bereich der staatlichen Konjunkturpolitik regelgebundenes Verhalten an die Stelle von diskretionärem Handeln tritt, etwa nach der Formel: Orientierung der Finanz- und Geldpolitik am mittelfristigen Wachstum des Produktionspotentials“[5]. Gleichwohl ist diskretionäres Verhalten dann nicht ausgeschlossen bzw. sogar gefordert, wenn die autonomen Gruppen nicht zur Einhaltung bestimmter Verhaltensregeln bereit sind und dadurch Instabilitäten verursachen. Insofern kann man den Ansatz des Sachverständigenrates mit Schachtschabel als halbautomatischen Regelmechanismus bezeichnen[6].

Für den Bereich der öffentlichen Haushalte hat der Sachverständigenrat seit seinem Jahresgutachten 1967 nach und nach eine Konzeption entwickelt, die er schließlich zum Konzept des konjunkturneutralen Haushalts ausgebaut hat[7]. Es soll sowohl eine Beurteilung der konjunkturellen Wirkungen der öffentlichen Haushalte in der Vergangenheit als auch die konjunkturgerechte Haushaltsgestaltung in der Zukunft ermöglichen[8].

Eine gleichermaßen konsequente Entwicklung einer Konzeption wie für die außenwirtschaftliche Absicherung, Einkommenspolitik und die Fiskalpolitik durch den Sachverständigenrat läßt sich für die Geld- und Kreditpolitik nicht aufzeigen. Die Zielsetzungen der Geldpolitik haben sich beim Sachverständigenrat im Zeitablauf geändert.

Zielsetzung der Geldpolitik ist im ersten Jahresgutachten die Steuerung der privaten Investitionen, die zu einer Verstetigung beitragen soll. Gleichzeitig ist darin ein Instrument der Einkommenspolitik zu sehen,

---

[4] Vgl. *JG* 1969, Ziff. 269.

[5] Ebenda, Ziff. 270.

[6] Vgl. *H. G. Schachtschabel:* Bemerkungen zur Ausgestaltung des wirtschafts- und konjunkturpolitischen Instrumentariums, in: Hamburger Jahrbuch für Wirtschafts- und Gesellschaftspolitik, 17. Jg. (1972), S. 126.

[7] Vgl. *JG* 1967, Ziff. 184, *JG 1970*, Ziff. 322 ff.

[8] Vgl. *O. Gandenberger:* Zur Messung der konjunkturellen Wirkungen öffentlicher Haushalte, Tübingen 1973 und die dort angegebene Literatur.

da die Steuerung der Investitionen Inflationsgewinne der Unternehmen und daran anschließende Verteilungskämpfe verhindert[9]. Im Jahresgutachten 1967 wird der Geldpolitik (zusammen mit der Fiskalpolitik) die Aufgabe zugewiesen, „für das außenwirtschaftliche Gleichgewicht zu sorgen“[10].

Regelgebundenes Verhalten der Geldpolitik durch Orientierung am mittelfristigen Wachstum des Produktionspotentials wird erstmals explizit im Jahresgutachten 1969 gefordert[11]. Dadurch soll die Geldpolitik „den Finanzierungsspielraum für ein angemessenes wirtschaftliches Wachstum sichern und zugleich kurzfristigen Schwankungen im Auslastungsgrad des Produktionspotentials rechtzeitig entgegenwirken“[12].

Diese Zielsetzung stimmt inhaltlich weitgehend mit der der potentialorientierten Kreditpolitik überein: „Zahlungsvolumen wie die monetäre Nachfrage sind dahingehend zu beeinflussen, daß die gesamtwirtschaftlichen Ziele gleichzeitig erreicht werden[13].“

Es zeigt sich, daß die Einordnung der Geldpolitik in die Gesamtkonzeption des Sachverständigenrates keineswegs in eindeutiger Weise möglich ist. Die für diese Untersuchung maßgebende Einordnung muß sich am zugrundeliegenden Konzept der potentialorientierten Kreditpolitik orientieren. Da danach die Geld- bzw. Kreditpolitik[14] für alle vier gesamtwirtschaftlichen Ziele mitverantwortlich ist, fallen auch alle übrigen erwähnten Zielsetzungen darunter. Die Aufgabenstellung ist vergleichsweise sehr weit gefaßt; es handelt sich um eine mehrdimensionale Zielsetzung. Die Geldpolitik steht im Gesamtkonzept des Sachverständigenrates gleichberechtigt neben den anderen Teilkonzeptionen. Die geldpolitische Konzeption ist einerseits notwendig, andererseits aber allein nicht ausreichend, um die gesamtwirtschaftlichen Ziele zu erreichen. Stellt man in dieser Weise auf die potentialorientierte Kreditpolitik ab, dann ist damit der Stellenwert der Geldpolitik in der Verstetigungsstrategie des Sachverständigenrates umrissen.

Ob das Konzept der potentialorientierten Kreditpolitik geeignet ist, der mehrdimensionalen Zielsetzung zu genügen, ist Gegenstand der folgenden Untersuchungen. Die Zielsetzungen legen das Anspruchsniveau fest, an dem sich die Aussagen des Konzepts messen lassen müssen. In

---

[9] Vgl. *JG* 1964, Ziff. 243 f.

[10] *JG* 1967, Ziff. 309. Diese Zuordnung gilt für den Fall der außenwirtschaftlichen Absicherung durch einen mittelfristig garantierten Paritätsanstieg.

[11] Vgl. *JG* 1969, Ziff. 270.

[12] Vgl. *JG* 1969, Ziff. 272.

[13] Vgl. *JG* 1970, Ziff. 359.

[14] Den Begriffen Geld- und Kreditpolitik wird hier im allgemeinen der gleiche Inhalt beigelegt.

dem Maße, wie die Konzeption dieses Anspruchsniveau nicht zu erfüllen in der Lage ist, muß man sie auch als Handlungsmaxime und Beurteilungsmaßstab der Geldpolitik für ungeeignet halten. Die Basis für diese Untersuchungen wird im folgenden durch die Darstellung des Konzepts der potentialorientierten Kreditpolitik gelegt.

2. Darstellung des Konzepts der potentialorientierten Kreditpolitik

2.1. Einbeziehung der gesamtwirtschaftlichen Ziele

In einem ersten Schritt ist zu zeigen, in welcher Art und Weise die gesamtwirtschaftlichen Ziele in die Konzeption einbezogen werden. Das ist erforderlich, da es ansonsten von vornherein nicht möglich ist, die Ziele mit Hilfe dieses Ansatzes anzustreben.

In der Regel wird zwischen Zielen und geldpolitischem Konzept dadurch eine Beziehung hergestellt, daß zwischen einer (oder mehreren) monetären Variablen, die Bestandteil des Konzepts ist (sind), wie z. B. Zinssatz, Geldmenge, Kreditgewährung etc. und den Zielen ein Zusammenhang postuliert wird. Die Ziele können dann erreicht werden, wenn es gelingt, die entsprechende(n) monetäre(n) Variable(n) geldpolitisch unter Kontrolle zu bringen.

Der Sachverständigenrat geht bei seinem Konzept von den gesamtwirtschaftlichen Zahlungen, dem Zahlungsvolumen aus[15]. Das Zahlungsvolumen, eine Strömungsgröße, ist das monetäre Korrelat der wirtschaftlichen Aktivität. Alle wirtschaftlichen Aktivitäten, die zu Zahlungen führen, werden im Zahlungsvolumen zu einer einzigen monetären Größe zusammengefaßt. Es schließt also nicht nur die Aktivitäten ein, die in direktem Zusammenhang mit der Entstehung, Verteilung und Verwendung des Volkseinkommens stehen — die kreislaufwirksamen Aktivitäten —, sondern auch die nicht-kreislaufwirksamen. Dazu gehören z. B. die sogenannten reinen Finanztransaktionen, wie etwa der Kauf eines Aktienpaketes durch ein Unternehmen, der als solcher ja keine kreislaufmäßigen Wirkungen hat. Von etwaigen Sekundärwirkungen, wie z. B. auf den Zinssatz, verursachte kreislaufwirksame Reaktionen brauchen dabei nicht berücksichtigt zu werden, weil diese ja als solche auch in das Zahlungsvolumen eingehen.

Das Ausmaß, in dem die gesamtwirtschaftlichen Ziele erreicht bzw. nicht erreicht werden, ist ohne Zweifel das Ergebnis der wirtschaftlichen

---

[15] Vgl. *JG* 1970, Ziff. 359.

Aktivität. Diese ist wiederum davon abhängig, in welchem Umfang die Geldpolitik die entsprechenden Finanzierungsmöglichkeiten bereitstellt, also Zahlungen ermöglicht oder verhindert. Auf diese Art und Weise kann ein Zusammenhang zwischen dem Ausgangspunkt der potentialorientierten Kreditpolitik, dem Zahlungsvolumen und den gesamtwirtschaftlichen Zielen hergestellt werden.

Diese sehr allgemeine Beziehung wird durch den Sachverständigenrat näher konkretisiert, indem er fordert, das Zahlungsvolumen wie die monetäre Nachfrage zu beeinflussen und sich dabei am Produktionspotential zu orientieren, um die gesamtwirtschaftlichen Ziele gleichzeitig zu erreichen[16]. Zahlungsvolumen Z und monetäre Nachfrage Y stehen offensichtlich in einem Zusammenhang, der im Zahlungskoeffizienten

$$(1) \qquad z = \frac{Z}{Y}$$

ausgedrückt werden kann. Das Zahlungsvolumen ist um ein Vielfaches größer als die monetäre Nachfrage; es gilt also $z > 1$.

Der Sachverständigenrat interpretiert den Zahlungskoeffizienten im Sinne eines Kausalzusammenhangs. Die monetäre Nachfrage kann über das Zahlungsvolumen gesteuert werden.

Die Orientierung der Geldpolitik an der Entwicklung des Produktionspotentials, die zu einer besseren Zielerreichung führen soll, läßt sich dann wie folgt konkretisieren: Das Angebotspotential Q soll durch die monetäre Nachfrage Y gerade ausgeschöpft werden. In Wachstumsraten (w) ausgedrückt, wird gefordert:

$$w_Q = w_Y$$

Für einen konstanten Zahlungskoeffizienten gilt immer:

$$w_Z = w_Y$$

Daraus folgt, daß sich das Zahlungsvolumen wie das Produktionspotential entwickeln muß, damit die Forderung $w_Q = w_Y$ erfüllt wird. Das Zahlungsvolumen muß mehr oder weniger stark steigen als das Produktionspotential, wenn der Zahlungskoeffizient steigt bzw. fällt.

Das ist im Konzept der potentialorientierten Kreditpolitik der Inhalt der Forderung, die Geldpolitik an der Entwicklung des Produktionspotentials zu orientieren. Ist die Wachstumsrate des Zahlungsvolumens größer als die des Produktionspotentials[17], kommt es zu einem inflatorischen, im umgekehrten Fall zu einem deflatorischen Prozeß. Die Ziele

[16] Vgl. *JG* 1970, Ziff. 359.

[17] Bei konstantem Zahlungskoeffizienten.

Preisniveaustabilität und Beschäftigung sind somit mit der Entwicklung der monetären Größe Zahlungsvolumen verknüpft. Die Finanzierung des Wachstums wird bei Orientierung an der angegebenen Regel ebenfalls nicht behindert[18]. Nachdem aufgezeigt worden ist, welcher Zusammenhang in der potentialorientierten Kreditpolitik zwischen Zahlungsvolumen, wirtschaftlicher Aktivität und gesamtwirtschaftlichen Zielen besteht, ist auf die Bestimmungsfaktoren des Zahlungsvolumens einzugehen. In einem nächsten Schritt ist zu fragen, welche dieser Faktoren von der Zentralbank kontrolliert werden können und in welcher Art und Weise das im Rahmen des Konzepts zu geschehen hat.

2.2. Bestimmungsfaktoren des Zahlungsvolumens

Bestimmungsfaktoren des Zahlungsvolumens sind auf der einen Seite die Motive für die wirtschaftliche Aktivität, die sich im Zahlungsvolumen niederschlägt. Aus den Motiven der Wirtschaftssubjekte resultiert die „Nachfrage" nach Zahlungsvolumen. Auf der anderen Seite wird das Zahlungsvolumen von Faktoren bestimmt, die zu einem „Angebot" an Zahlungsvolumen führen. Nur die Angebotsseite des Zahlungsvolumens ist in die potentialorientierte Kreditpolitik einbezogen. Die Nachfrageseite bleibt unberücksichtigt. Es ist also zu untersuchen, welche Faktoren das Angebot an Zahlungsvolumen beeinflussen.

Welches Zahlungsvolumen angeboten wird, ist eine Frage der Art und des Umfangs der vorhandenen Finanzierungsmöglichkeiten. Der Sachverständigenrat geht von der Überlegung aus, daß die Finanzierung der wirtschaftlichen Aktivität mit Hilfe zweier Faktoren, aus zwei „Quellen" erfolgen kann. Es sind dies die *vorhandene* Geldmenge und die *zusätzliche* Kreditgewährung, d. h. die Bruttokreditgewährung in der jeweiligen Periode[19].

Die Geldmenge (M) wird als Summe aus Münzen, Banknoten und Sichteinlagen von Nichtbanken bei Banken definiert. Termin- und Spareinlagen werden nicht zur Geldmenge gerechnet (= Geldvolumen $M\,1$ in der Abgrenzung der Bundesbank)[20].

Die Bedeutung der zusätzlichen Kreditgewährung für die Finanzierung des Zahlungsvolumens leitet sich aus folgender Überlegung ab. Theoretisch ist es möglich, daß ein gegebenes Zahlungsvolumen allein mit der vorhandenen Geldmenge finanziert werden kann. In der Realität ist

---

[18] Außenwirtschaftliche Absicherung wird dem Gesamtkonzept des Rates entsprechend vorausgesetzt.

[19] Vgl. *JG* 1970, Ziff. 360.

[20] Diese Definition der Geldmenge ist aus dem Jahresgutachten 1970, Ziff. 360, abgeleitet worden. In anderen Gutachten sind andere Definitionen zu finden.

die dazu erforderliche zeitliche und personelle Verteilung der Geldmenge jedoch nicht gegeben. Daraus folgt, daß Zahlungen in gewissem Umfang mit Kredit finanziert werden müssen[21].

Es ist zu betonen, daß es sich dabei um *zusätzliche Kredite* handelt. Der am Anfang einer Periode gegebene Kreditbestand trägt zur Finanzierung des Zahlungsvolumens in dieser Periode nichts mehr bei, da diese Kredite bereits in früheren Perioden verwendet worden sind. Andererseits läßt ein Kreditbestand, der während der ganzen Periode unverändert bleibt, nicht den Schluß zu, daß keine Zahlungen mit Kredit finanziert worden sind. Denn die Veränderung des Kreditbestandes in einer Periode ist ja bereits das saldierte Ergebnis aus zusätzlicher Kreditgewährung (= Neuausleihungen) und Kredittilgung in dieser Periode. Wird z. B. eine Zahlung an einen Bankschuldner mit zusätzlichem Kredit finanziert, verändert sich durch diesen Vorgang für sich genommen der Kreditbestand nicht. Dennoch liegt eine Zahlung vor, die mit zusätzlichem Kredit finanziert worden ist.

Nachdem die grundsätzlichen Faktoren, von denen das Angebot an Zahlungen abhängt, aufgezeigt worden sind, ist zu untersuchen, in welchem Umfang sie zur Finanzierung des Zahlungsvolumens beitragen können. Es wird also nach den Beziehungen zwischen Zahlungsvolumen einerseits und vorhandener Geldmenge und zusätzlicher Kreditgewährung andererseits gefragt.

Das mit der vorhandenen Geldmenge finanzierbare Zahlungsvolumen ist von zwei Komponenten abhängig: Der absoluten Höhe der Geldmenge und der Häufigkeit, mit der diese Geldmenge während einer Periode für Zahlungen verwendet wird[22]. Die vorhandene Geldmenge ermöglicht ein um so höheres Zahlungsvolumen, je größer ihr absoluter Betrag ist und je häufiger sie eingesetzt wird. Der Sachverständigenrat trägt dieser Tatsache dadurch Rechnung, daß er die bekannten monetären Variablen Liquiditätsneigung und Umlaufsgeschwindigkeit des Geldes in seine Konzeption einführt[23].

Die Liquiditätsneigung wird als Quotient aus Geldmenge (M) und dem gesamten Mittelaufkommen (E) der Nichtbanken bei Banken (E = Einlagen) definiert.

$$n = \frac{M}{E} \qquad (2)$$

Veränderungen der Liquiditätsneigung zeigen an, in welchem Umfang die Wirtschaftssubjekte relativ mehr Geld oder relativ mehr Geldkapital

[21] Vgl. C. *Köhler* (I), S. 16 f.
[22] Vgl. *JG* 1970, Ziff. 360.
[23] Vgl. ebenda, Ziff. 361.

halten[24]. Geldkapital sind „alle monetären Forderungen, die nicht Bargeld sind und über die in der Regel nicht mit Überweisung oder Scheck verfügt werden kann“[25]. Dazu gehören z. B. Termin- und Spareinlagen, Bankschuldverschreibungen etc.

Bei unveränderten Einlagen der Nichtbanken bei Banken kann aus einer Veränderung der Liquiditätsneigung auf eine entsprechende Erhöhung oder Senkung des Zahlungsvolumens geschlossen werden, die mit der Geldmenge finanziert werden kann. Die Liquiditätsneigung beeinflußt also die Höhe der vorhandenen Geldmenge.

Wie oft die Geldmenge zur Finanzierung von Zahlungen eingesetzt wird, ergibt sich aus der Umlaufgeschwindigkeit des Geldes. Sie wird als Quotient aus Zahlungsvolumen und Geldmenge definiert[26].

$$u = \frac{Z}{M} \tag{3}$$

Bei gegebener Geldmenge hat eine steigende (fallende) Umlaufgeschwindigkeit zur Folge, daß das mit der Geldmenge finanzierbare Zahlungsvolumen ebenfalls steigt (fällt). Empirisch wird das Zahlungsvolumen im Konzept der potentialorientierten Kreditpolitik mit den giralen Verfügungen von Nichtbanken bei Kreditinstituten identifiziert[27]. Dazu gehören auch die giralen Verfügungen auf kreditorischen Konten. Es werden also bei dieser Definition der Umlaufgeschwindigkeit *alle* so erfaßten Zahlungen der Geldmenge gegenübergestellt und nicht ausschließlich diejenigen, die mit der Geldmenge finanziert werden[28].

Löst man die Gleichungen (2) und (3) nach M auf und setzt die beiden rechten Seiten einander gleich, dann erhält man eine Gleichung für das Zahlungsvolumen.

$$Z = E \times u \times n \tag{4}$$

Das Zahlungsvolumen ist das Produkt aus Einlagen, Umlaufgeschwindigkeit und Liquiditätsneigung, was sich rein tautologisch ergibt.

Die zweite Finanzierungsquelle, die zusätzliche Kreditgewährung, ist bisher noch nicht explizit berücksichtigt worden. Das geschieht durch die

---

[24] Vgl. ebenda.

[25] *C. Köhler* (II), S. 23. Im Jahresgutachten 1970, Ziff. 361, wird Geldkapital als Differenz zwischen Mittelaufkommen und Geldmenge (E-M) definiert. Diese Definition ist mit der zuvor gegebenen Geldmengenabgrenzung nicht vereinbar, da diese auch Bargeld enthält.

[26] Vgl. *JG* 1970, Ziff. 361.

[27] Vgl. ebenda.

[28] Auf die Implikation dieser Definition ist später einzugehen.

Einführung des Kreditkoeffizienten w, der das Verhältnis zwischen zusätzlicher Kreditgewährung und den gesamten Zahlungen während einer Periode angibt[29].

$$w = \frac{\Delta K}{Z} \tag{5}$$

Gleichung (5) ist gewissermaßen die „Fremdfinanzierungsquote" des Zahlungsvolumens. Sie läßt sich umformen zu

$$Z = \frac{1}{w} \times \Delta K \tag{6}$$

wobei $\frac{1}{w}$ als Finanzierungsrelation bezeichnet wird. Konstanz von w vorausgesetzt, gibt sie an, um wieviel das Zahlungsvolumen bei gegebener zusätzlicher Kreditgewährung größer ist als die Kreditgewährung. Bei gegebenem Zahlungsvolumen ist die Finanzierungsrelation um so größer, je größer das mit Hilfe der Geldmenge finanzierte Zahlungsvolumen ist.

Die isolierte Betrachtungsweise der Beziehungen zwischen Zahlungsvolumen und vorhandener Geldmenge bzw. zusätzlicher Kreditgewährung ist jetzt aufzugeben. Die isoliert abgeleiteten Beziehungen werden in der sogenannten monetären *Grundgleichung*[30] zusammengefaßt, die man nach einigen Zwischenschritten erhält. Die linke Seite von (6) wird durch die rechte Seite von (4) ersetzt. Es ergibt sich:

$$\frac{1}{w} = \frac{E\,u\,n}{\Delta K} = l \times u \times n \tag{7}$$

Die Relation $E/\Delta K = l$ wird als Einlagenkreditrelation bezeichnet[31]. Ersetzt man die Finanzierungsrelation $1/w$ in (6) durch (7), so erhält man die *monetäre Grundgleichung:*

$$Z = \Delta K \times l \times u \times n \tag{8}$$

Die monetäre Grundgleichung stellt den nach dem Konzept erforderlichen Zusammenhang zwischen Zahlungsvolumen, vorhandener Geldmenge und zusätzlicher Kreditgewährung her. Die Variablen auf der

---

[29] Vgl. *C. Köhler* (II), S. 202 f.

[30] Vgl. ebenda, S. 204.

[31] Vgl. *C. Köhler* (I), S. 21. Die Einlagenkreditrelation wird beim Sachverständigenrat nicht explizit aufgeführt.

rechten Seite von (8) bestimmen das Angebot an Zahlungen, das zur Finanzierung der wirtschaftlichen Aktivität zur Verfügung steht[32].

Die monetäre Grundgleichung ist die Ausgangsbasis für die weiteren Überlegungen, insbesondere für die Frage, wie das Zahlungsvolumen durch die Kreditpolitik gesteuert werden kann.

2.3. *Ansatzpunkte für die Kontrolle des Zahlungsvolumens*

Grundsätzlich könnten geldpolitische Maßnahmen zur Steuerung des Zahlungsvolumens an jedem einzelnen der vier Faktoren auf der rechten Seite der monetären Grundgleichung ansetzen. Da Voraussetzung für die Kontrolle von Z ist, daß mindestens ein Faktor durch die Zentralbank kontrolliert werden kann, ist in einem ersten Schritt zu zeigen, auf welchen Faktor die Zentralbank ihren Einfluß ausüben kann. Danach muß gezeigt werden, in welchem Umfang der entsprechende Faktor kontrolliert werden muß.

Nach der potentialorientierten Kreditpolitik muß die Entwicklung von Einlagenkreditrelation, Liquiditätsneigung und Umlaufgeschwindigkeit als gegeben hingenommen werden[33]. Das Zahlungsvolumen kann dann nur noch über die zusätzliche Kreditgewährung gesteuert werden.

Die These, daß die Zentralbank l, u und n nicht kontrollieren kann, ist kurz zu begründen. Die Geldmenge — so der Sachverständigenrat — ist nicht zu kontrollieren. Das gilt sowohl für die absolute Höhe als auch für die Intensität der Nutzung. Die Zentralbank hat keinen Einfluß auf die Wirtschaftssubjekte, wenn diese die Geldmenge zu Lasten des Geldkapitals erhöhen und umgekehrt. Ebensowenig ist es ihr möglich, die Häufigkeit des Einsatzes der vorhandenen Geldmenge zu beeinflussen[34].

Für die Einlagenkreditrelation zeigt sich ebenfalls, daß sie von Faktoren abhängt, die nicht der Zentralbankkontrolle unterliegen[35]. Die Einlagenkreditrelation steigt z. B., wenn die Forderungen der Nichtbanken gegenüber den Banken relativ stärker zunehmen als die zusätzliche Kreditgewährung. Das kann durch einen Überschuß in der Devisenbilanz hervorgerufen werden, der auf Transaktionen der privaten Nichtbanken mit dem Ausland zurückgeht. Dadurch steigen die Einlagen und/oder die zusätzlichen Kredite nehmen ab bzw. weniger stark zu. Die Einlagenkreditrelation ändert sich. Auf die Höhe des Devisenbilanz-

---

[32] Auf die Problematik, die aus dem tautologischen Charakter der monetären Grundgleichung folgt, ist an anderer Stelle einzugehen.

[33] Vgl. *JG* 1970, Ziff. 360 f.

[34] Vgl. ebenda.

[35] Vgl. C. *Köhler* (I), S. 21 ff., S. 26 ff.

überschusses hat die Zentralbank im gegenwärtigen Währungssystem nur keinen umfassenden Einfluß. Die gleichen Wirkungen gehen vom Saldo der Kassentransaktionen der öffentlichen Hand mit der Zentralbank aus. Auch sein Umfang ist von ihrem Willen unabhängig. In der Einlagenkreditrelation spiegeln sich also vornehmlich die Vorgänge wider, die zu einer Veränderung des Finanzierungsspielraums durch eine exogene Veränderung der Geldmenge führen.

Damit ist aufgezeigt, warum nach der potentialorientierten Kreditpolitik die Faktoren l, u und n nicht zur Kontrolle des Zahlungsvolumens durch die Zentralbank geeignet sind. Die Zentralbank muß an der zusätzlichen Kreditgewährung ansetzen, wenn das Zahlungsvolumen gesteuert werden soll.

Wie sich die zusätzliche Kreditgewährung entwickeln soll, läßt sich bestimmen, wenn die monetäre Grundgleichung in Form von Wachstumsraten geschrieben wird:

(8 a) $$w_Z = w\Delta K + (w_l + w_u + w_n)$$

Das Wachstum des Zahlungsvolumens bestimmt sich, wie aufgezeigt, nach der Entwicklung des Produktionspotentials; w_Z ist also vorgegeben. Da l, u und n annahmegemäß nicht konstant sind, muß ihre Veränderung für die relevante Periode geschätzt werden. Die Schätzwerte gehen in Gleichung (8 a) ein.

Für die Entwicklung der zusätzlichen Kreditgewährung muß dann gelten:

(9) $$w\Delta K = w_Z - (w_l + w_u + w_n)$$

Gleichung (9) gibt an, wie sich die zusätzliche Kreditgewährung verändern muß, damit die „Finanzierungslücke" gerade ausgefüllt wird, die dadurch entsteht, daß mit der vorhandenen Geldmenge nicht das gesamte Zahlungsvolumen finanziert werden kann. Für ein vorgegebenes w_Z müssen Veränderungen des Klammerausdruckes in (9) zu einer entsprechenden Veränderung der zusätzlichen Kreditgewährung durch Maßnahmen der Zentralbank führen, wenn die angestrebte Entwicklung des Zahlungsvolumens realisiert werden soll. Unberücksichtigte Veränderungen von l, u und n verursachen eine Abweichung vom angestrebten Entwicklungspfad für Z.

Diese Formulierung des Kontrollproblems zeigt gleichzeitig, wie der tautologische Charakter der monetären Grundgleichung in der potentialorientierten Kreditpolitik aufgelöst worden ist. Damit die tautologische Beziehung geldpolitische Relevanz erhält, wird von der Zusatzhypothese ausgegangen, daß die unabhängigen Variablen der monetären Grundgleichung voneinander ebenfalls unabhängig sind. Insbesondere gilt das für *l*, *u* und *n*, die durch Veränderungen der zusätzlichen Kreditgewährung unbeeinflußt bleiben. Köhler begründet dieses Vorgehen an anderer Stelle damit, daß kreditpolitische Entscheidungen kurzfristig getroffen werden müssen. Lang- oder mittelfristig vorhandene Abhängigkeiten zwischen den Variablen würden in kurzen Zeiträumen nicht relevant. Somit erübrige sich die Berücksichtigung von gegenseitigen Abhängigkeiten[36].

Kann das Zahlungsvolumen nur über die zusätzliche Kreditgewährung gesteuert werden, dann sind die Determinanten der zusätzlichen Kreditgewährung und deren kreditpolitischen Steuerungsmöglichkeiten aufzuzeigen.

2.4. Determinanten der zusätzlichen Kreditgewährung

Auf die Untersuchung der Bestimmungsfaktoren der zusätzlichen Kreditgewährung könnte verzichtet werden, wenn man in der „direkten Kreditpolitik" das adäquate Mittel sieht, die Kreditgewährung zu kontrollieren. Dabei wird unter direkter Kreditpolitik in erster Linie eine Kreditplafondierung zu verstehen sein[37]. Diese kann unterschiedlich ausgestaltet sein. Der Sachverständigenrat geht im Rahmen des Konzepts der potentialorientierten Kreditpolitik nicht auf die Kreditplafondierung ein. Deswegen kann an dieser Stelle auf eine Diskussion der Kreditplafondierung verzichtet werden[38]. Gegenstand der folgenden Ausführungen ist demnach die indirekte Kreditpolitik.

Die indirekte Kreditpolitik versucht die zusätzliche Kreditgewährung dadurch in den Griff zu bekommen, daß sie deren Determinanten der Richtung und Höhe nach so beeinflußt, daß die gewünschte Kreditgewährung erreicht wird. Von der direkten Kreditpolitik unterscheidet sie sich also im wesentlichen durch die Methoden der Steuerung, gleiche Effizienz einmal vorausgesetzt. Gemeinsam ist beiden, daß sie rein angebotsorientiert sind. Kreditpolitik in diesem Sinne ist also wesentlich Kreditangebotspolitik. Die Steuerung der Kreditnachfrage hat in der potentialorientierten Kreditpolitik keine eigenständige Bedeutung. Sie wird nur global als Aufgabe der Zentralbank erwähnt[39].

Die Analyse des Kreditangebotsprozesses wird in der potentialorientierten Kreditpolitik institutionell auf das Bankensystem begrenzt. Alle

---

[36] Vgl. *C. Köhler* (I), S. 13 ff.

[37] Vgl. ebenda, S. 25 f.

[38] Die Kreditplafondierung wird bei der Diskussion der Instrumente wieder aufgegriffen.

[39] Vgl. *JG* 1970, Ziff. 368.

übrigen Kreditbeziehungen, etwa über den Kapitalmarkt oder zwischen privaten Nichtbanken, werden somit nicht einbezogen.

Wenn die Banken zusätzliche Kredite gewähren wollen, müssen sie im Besitz liquider Mittel sein. Der Begriff der liquiden Mittel ist im allgemeinen sehr unbestimmt. Er wird im Konzept der potentialorientierten Kreditpolitik durch den „Liquiditätssaldo" konkretisiert. Dieser ist gleich der Summe aus[40]:

— Guthaben der Kreditinstitute bei der Zentralbank,
— inländischen Geldmarktpapieren,
— Anlagen an ausländischen Geldmärkten,
— offenen Refinanzierungskontingenten[41].

Der Liquiditätssaldo entspricht der Differenz zwischen Mittelaufkommen und Mittelbereitstellung bei den Banken. Es ist zu beachten, daß zu den Guthaben der Kreditinstitute bei der Zentralbank auch die Guthaben gehören, die in der gesetzlichen Mindestreserve gebunden sind.

Der Liquiditätssaldo wird im Konzept zur zentralen Größe für die Steuerung der Kreditgewährung. Vereinfachend kann gesagt werden, daß ein Ansteigen des Liquiditätssaldos eine vermehrte zusätzliche Kreditgewährung zur Folge haben wird und umgekehrt. Zur generellen Beziehung zwischen beiden Größen führt der Sachverständigenrat aus[42]: „Ein Zuwachs des Kreditvolumens[43] im erwünschten Umfang läßt sich um so leichter verwirklichen, je besser die Liquiditätsversorgung der Kreditinstitute der angestrebten Kreditgewährung angepaßt wird. Bei einer derartigen Liquiditätspolitik

— kann die Kreditgewährung am wirksamsten gesteuert werden,
— werden somit störende Einflüsse vermieden, die von Liquiditätsschwemmen und übermäßigen Liquiditätsverlusten ausgehen".

Aus der zunächst geforderten Zielsetzung für die Geldpolitik, die Entwicklung des Zahlungsvolumens entsprechend dem Wachstum des Produktionspotentials zu steuern, ist über die bisher aufgezeigten Zwischenschritte als Zielsetzung im engeren Sinne die Steuerung des Liquiditätssaldos abgeleitet worden.

---

40 Vgl. ebenda, Ziff. 364.

41 In Ziff. 364 werden nur die offenen Rediskontkontingente aufgeführt. Inzwischen ist die Bundesbank von der Praxis, nur ad hoc Lombardkredite zu gewähren, abgegangen, so daß sich jetzt auch *offene* Lombardkontingente bestimmen lassen. Daher ist es gerechtfertigt, abweichend von Ziff. 364 offene Rediskont- und Lombardkontingente zu offenen Refinanzierungskontingenten zusammenzufassen.

42 *JG* 1970, Ziff. 362.

43 Es fällt auf, daß im Zitat von Kredit*volumen* und nicht von *zusätzlicher* Kreditgewährung die Rede ist.

Die Steuerung des Liquiditätssaldos ist ein instrumentelles Problem, das später gesondert dargestellt wird. Hier ist zu zeigen, welche anderen Faktoren neben dem Liquiditätssaldo Einfluß auf die zusätzliche Kreditgewährung haben. Der Kreditangebotsprozeß ist als Ganzes in das Konzept einzubeziehen.

Im Konzept selbst macht der Sachverständigenrat keine konkreten Ausführungen zum Kreditschöpfungsprozeß. Erst im Jahresgutachten 1971 wird — wenn auch im Zusammenhang mit einer anderen Fragestellung — ein Ansatz zur Erklärung des Kreditangebotsprozesses vorgestellt[44]. Ein ähnliches Modell stammt von C. Köhler[45]. Da wir uns bisher in Detailfragen ebenfalls auf Köhler gestützt haben, soll das auch hier geschehen.

Es handelt sich bei diesem Ansatz um eine geringfügig modifizierte Version des bekannten Kreditschöpfungsmultiplikators[46]. Ausgehend von einer freien Liquiditätsreserve $L_F = L - V$ wird gefragt, um das wievielfache von L_F das Bankensystem als Ganzes zusätzliche Kredite gewähren kann. L bezeichnet den Liquiditätssaldo, V die sogenannte Verwendungskomponente des Liquiditätssaldos. Sie umfaßt neben den Mindestreserven zusätzlich als Liquiditätsreserve gehaltene Anlagen, etwa in Form von Offenmarktpapieren. L_F gibt also den Teil des Liquiditätssaldos an, der nicht in der Verwendungskomponente gebunden ist und in Form von Zentralbankgeld für die Kreditgewährung zur Verfügung steht.

Dadurch wird bereits deutlich, daß die Verwendungskomponente Einfluß auf den Kreditschöpfungsprozeß hat. Steigt sie, so wird dadurch Zentralbankgeld gebunden, das dann nicht mehr für die Kreditgewährung verwendet werden kann. Diese Auswirkungen werden in der Verwendungsrate erfaßt. Sie gibt an, wie groß das Verhältnis von Verwendungskomponente und gesamten Einlagen ist, $v = V/E$. Es wird angenommen, daß jede Veränderung der Einlagen für sich genommen zu einer gleichgerichteten Veränderung der Verwendungskomponente führt, mindestens in Höhe der korrespondierenden Variationen der Mindestreserven. Die Modifikation gegenüber dem herkömmlichen Kreditschöpfungsmultiplikator besteht darin, daß die Verwendungsrate neben der Mindestreserve noch andere Komponenten enthält; $v > r$, r = durchschnittlicher Mindestreservesatz.

---

[44] Vgl. *JG* 1971, Ziff. 141 ff. und Anhang VIII: Zur Bestimmung des Rechnerischen Kreditmaximums.

[45] Vgl. *C. Köhler* (II), S. 110 ff.

[46] Vgl. *E. Schneider:* Einführung in die Wirtschaftstheorie, III. Teil, 12., um einen Anhang erweiterte Auflage, Tübingen 1973, S. 24 ff.

Der zweite Faktor, der nach Köhler im Kreditschöpfungsprozeß zu berücksichtigen ist, wird in der Versickerungsrate d erfaßt. Die Versickerungsrate geht dadurch über den bekannten Barabhebungssatz hinaus, daß neben den Barabhebungen Kredite auch zu Transaktionen mit der Zentralbank, z. B. Devisenkauf oder Steuerzahlungen verwendet werden, wodurch das Bankensystem ebenfalls Zentralbankgeld verliert. Die Versickerungsrate d gibt demnach den Anteil der Versickerungsverluste D an den gewährten Krediten an, $d = D/\Delta K$. Je größer der Betrag an Zentralbankgeld ist, den das Bankensystem auf diese Weise verliert, um so geringer wird ceteris paribus die zusätzliche Kreditgewährung sein können.

Für eine gegebene Liquiditätsreserve läßt sich die maximale Kreditgewährung durch folgende Überlegungen ableiten. Es ist die Höhe der Kreditgewährung zu bestimmen, durch die Zentralbankgeld im Umfang von L_F in der Verwendungskomponente und durch Versickerungsverluste gebunden wird.

Die Versickerungsverluste haben entsprechend der Versickerungsrate den Umfang $d\Delta K$. Entsprechend müßte für die Verwendungskomponente $v\Delta K$ gelten. Dieser Wert ist jedoch zu hoch, da ΔK nicht in vollem Umfang zu zusätzlichen Einlagen führt. Man erhält die zusätzlichen Einlagen, wenn ΔK um die Versickerungsverluste $d\Delta K$ bereinigt wird. Der Bedarf an Zentralbankgeld, der durch die Versickerungsrate entsteht, wird somit durch $v\,(\Delta K - d\Delta K)$ bestimmt.

Wenn die gegebene Liquiditätsreserve L_F durch die Kreditgewährung gerade ausgeschöpft wird, muß also gelten:

$$
\begin{aligned}
(L - V) &= L_F = d\Delta K + v\,(\Delta K - d\Delta K) \\
& L_F = \Delta K\,(d + v - vd) \\
(L - V) &= L_F = \Delta K\,(d + v\,(1 - d))
\end{aligned}
\tag{10}
$$

Für eine gegebene Liquiditätsreserve gibt ΔK in (10) die maximale mögliche Kreditgewährung an. Löst man (10) nach ΔK auf, so erhält man:

$$
\Delta K\,\mathrm{max} = (L - V)\,\frac{1}{d + v\,(1 - d)} \tag{11}
$$

Gleichung (11) gibt an, von welchen Faktoren die maximal mögliche Kreditgewährung abhängig ist. Sie enthält auf der rechten Seite alle bisher erwähnten Faktoren, die im Konzept der potentialorientierten Kreditpolitik Einfluß auf die Kreditgewährung haben. Die maximal mögliche Kreditgewährung ist das Produkt aus dem Multiplikand $(L - V)$ und einem Multiplikator

$$m = \frac{1}{d + v\,(1-d)}$$

Kreditpolitisch kann die Zentralbank in erster Linie auf die freie Liquiditätsreserve Einfluß nehmen. Sowohl Umfang als auch Struktur des Liquiditätssaldos sind so zu beeinflussen, daß die zur Finanzierung des angestrebten Zahlungsvolumens erforderliche zusätzliche Kreditgewährung realisiert wird. Der Multiplikator kann kreditpolitisch nicht gesteuert werden. Ebenso wie bei den Determinanten des Zahlungsvolumens ist die Entwicklung des Multiplikators als gegeben hinzunehmen. Sein Wert muß für die relevante Periode geschätzt werden. Setzt man diesen in Gleichung (11) ein, läßt sich die Höhe von L_F bestimmen, da der Wert, den ΔK annehmen muß, bereits durch die monetäre Grundgleichung exogen vorgegeben ist.

Der Zusammenhang zwischen Kreditgewährung einerseits, freier Liquiditätsreserve und Multiplikator andererseits ist aus rein definitorischen Beziehungen hergeleitet worden, die als solche geldpolitisch nicht relevant sind. Insofern kommt man — ebenso wie bei der monetären Grundgleichung — ohne Zusatzhypothesen nicht aus. Die obige Formulierung des Steuerungsproblems impliziert, daß die kreditpolitische Beeinflussung der freien Liquiditätsreserve keine Auswirkungen auf den Multiplikator hat. Anderenfalls müßten diese in Gleichung (11) sichtbar gemacht werden. Dieses Vorgehen dürfte wie schon zuvor auf die Köhler'sche These zurückzuführen sein, daß eventuell vorhandene Abhängigkeiten für kurzfristige Zeiträume vernachlässigt werden können. Kurzfristig eintretende Schwankungen des Multiplikators sind durch entgegengesetzte Veränderungen der freien Liquiditätsreserve zu berücksichtigen. Die dazu erforderlichen Instrumente, die im Rahmen der potentialorientierten Kreditpolitik eingesetzt werden sollen, sind anschließend vorzustellen.

2.5. *Instrumente der potentialorientierten Kreditpolitik*

Als direkte Zielgröße der Kreditpolitik, an der die Instrumente und Maßnahmen der Zentralbank zur Steuerung des Zahlungsvolumens ansetzen müssen, ist aus den bisherigen Überlegungen der Liquiditätssaldo des gesamten Bankensystems abgeleitet worden. Aus der Analyse des Kreditangebotsprozesses ergibt sich, daß sowohl der Umfang (L) als auch die Struktur (V) des Liquiditätssaldos gesteuert werden muß. Diesen beiden Zielsetzungen entsprechend werden die Instrumente der potentialorientierten Kreditpolitik klassifiziert. Man kann demnach unterscheiden zwischen Instrumenten, die auf den Umfang des Liquiditätssaldos wirken und solchen, mit denen seine Verwendung beeinflußt werden soll.

Eine Zentralbank kann im Konzept der potentialorientierten Kreditpolitik die Höhe des Liquiditätssaldos durch folgende Instrumente beeinflussen[47]:

— Offenmarktpolitik mit Nichtbanken,
— Refinanzierungspolitik,
— Einlagen-/Schuldenpolitik mit der öffentlichen Hand.

Die Offenmarktpolitik mit Nichtbanken besteht darin, daß die Zentralbank Wertpapiere auf dem offenen Markt vom Nichtbankensektor kauft oder an ihn verkauft. Dabei kann es sich um Papiere handeln, die von der Zentralbank selbst emittiert werden oder von anderen öffentlichen oder privaten Emittenten stammen. Die Zentralbank vermindert den Liquiditätssaldo, wenn sie Wertpapiere an Nichtbanken abgibt. Die Käufe der Nichtbanken gehen zu Lasten ihrer Bankeinlagen oder/und erhöhen den Kreditzuwachs; der Liquiditätssaldo sinkt. Die Banken verlieren Zentralbankguthaben bzw. müssen sich bei der Zentralbank verschulden. Gleiches, nur mit umgekehrtem Vorzeichen, ergibt sich bei Käufen der Zentralbank am offenen Markt.

Die Wirksamkeit der Offenmarktpolitik mit Nichtbanken ist von der Funktionsfähigkeit des offenen Marktes abhängig. Auf die marktmäßige Bedingtheit ist die Zentralbank nicht angewiesen, wenn sie die Höhe des Liquiditätssaldos administrativ beeinflussen kann. Das ist im Rahmen der Refinanzierungspolitik möglich. Durch die Einräumung und Variation von Rediskont- und Lombardkontingenten hat die Zentralbank einen direkten Zugriff auf die Höhe des Liquiditätssaldos. Im Rahmen der Kontingente können rediskontfähige Handelswechsel und lombardfähige Wertpapiere jederzeit durch Einreichung bei der Zentralbank in Zentralbankgeld umgewandelt werden. Eine Veränderung dieser Kontingente durch die Zentralbank hat somit unmittelbaren Einfluß auf die Refinanzierungsmöglichkeiten des Bankensystems.

Das dritte Instrument, die Einlagen-/Schuldenpolitik mit der öffentlichen Hand, stellt auf die Kooperation zwischen Zentralbank und den übrigen öffentlichen Stellen ab. Es geht dabei um die Aufteilung öffentlicher Guthaben auf Zentralbank und Bankensystem unter liquiditätspolitischen Aspekten. Steuerzahlungen der Privaten können den Liquiditätssaldo verringern oder unverändert lassen, je nachdem, ob die Einlagen des Staates bei der Zentralbank gehalten werden oder nicht. Im ersten Fall verlieren die Banken Liquidität, im zweiten wechseln nur die Gläubiger der Einlagen bei den Banken. Es geht also im wesentlichen darum, die liquiditätsmäßigen Auswirkungen staatlicher Aktivität nicht

[47] Vgl. *JG* 1970, Ziff. 367, sowie ausführlicher *C. Köhler* (II), S. 255 ff.

dem Zufall zu überlassen, sondern bewußt in die monetäre Stabilisierungsstrategie mit einzubeziehen.

Damit wird keineswegs impliziert, daß die Zentralbank über die Höhe der Einnahmen und Ausgaben des Staates mitentscheiden muß oder soll. Wohl aber verlangen die liquiditätsmäßigen Auswirkungen des öffentlichen Haushalts eine enge Kooperation zwischen Staat und Zentralbank.

Die bisher erwähnten Instrumente zielen darauf ab, den Umfang des Liquiditätssaldos zu steuern. Aus Gleichung (11) leitet sich jedoch die Notwendigkeit ab, auch seine Struktur zu steuern. Bei einer gegebenen Höhe des Liquiditätssaldos sind die Banken in der Lage, sich zusätzliches Zentralbankgeld über die Verringerung der Verwendungskomponente zu beschaffen, sofern diese die Mindestreserven übersteigt. Oder die Banken verwenden zufließendes Zentralbankgeld zur Erhöhung der Verwendungskomponente. Beides kann in bestimmten Situationen unerwünscht sein. Deswegen sind im Konzept der potentionalorientierten Kreditpolitik Instrumente erforderlich, mit denen die Zentralbank die Struktur des Liquiditätssaldos erhöhen kann. Folgende Instrumente stehen dazu zur Verfügung[48]:

— Offenmarktpolitik mit Banken,
— Swap-Politik,
— Mindestreservepolitik.

Die Wirkung der Offenmarktpolitik mit Banken ist bei vordergründiger Betrachtung gleich der mit Nichtbanken. Tatsächlich wird jedoch die Höhe des Liquiditätssaldos nicht berührt, sondern nur seine Struktur. Zwar verlieren die Banken durch einen Kauf von Offenmarktpapieren Zentralbankgeld, aber es ist kein definitiver Verlust. Je nach Ausgestaltung der Offenmarktpolitik können die Banken den Zeitpunkt der Reliquidierung selbst bestimmen. Auch wenn es nicht möglich ist, die Offenmarktpapiere vor Fälligkeit an die Zentralbank zurückzugeben, bedeutet der Kauf von Offenmarktpapieren durch die Banken immer nur eine zeitlich begrenzte Substitution von Zentralbankgeld durch eine andere Anlageform. Gleichwohl bietet sich hier für die Zentralbank ein Ansatzpunkt, die Kreditgewährung der Banken zu beeinflussen.

Der Offenmarktpolitik mit Banken ist die Swap-Politik ähnlich. Die Zentralbank versucht mit diesem Instrument, Zentralbankgeld der Banken ins Ausland zu lenken oder zu verhindern, daß sie es dort anlegen. Durch Veränderung des Swap-Satzes, der Differenz zwischen Kassa- und Terminkursen für Devisen, können Zinsdifferenzen zwischen In- und Ausland so manipuliert werden, daß sich eine Anlage in ausländischen

---

[48] Vgl. ebenda.

Geldmarktpapieren lohnt oder nicht lohnt[49]. Auch die Swap-Politik kann damit bei restriktivem Einsatz zu einem zeitlich begrenzten Verlust der Banken an Zentralbankgeld führen.

Sowohl bei der Offenmarktpolitik als auch bei der Swap-Politik ist die Zentralbank vom Willen der Banken abhängig. Ebenso wie für die Steuerung der Höhe des Liquiditätssaldos wird auch hier ein administratives Instrument zur Beeinflussung der Struktur vorgeschlagen: die Mindestreservepolitik. Im Rahmen der Mindestreservepolitik werden die Banken gesetzlich verpflichtet, in bestimmter Höhe Zentralbankgeld zu halten. Die Höhe bestimmt sich nach einem v. H.-Satz und der Bemessungsgrundlage, die an die Aktiv- und/oder Passivseite der Bankbilanzen anknüpfen kann. Die Höhe der Mindestreserven kann von der Zentralbank durch Variation des Mindestreservesatzes verändert werden. Dadurch kann zusätzlich Zentralbankgeld in der Mindestreserve gebunden oder aus dieser freigegeben werden. Dieses Instrument bindet einen gewissen Teil des Zentralbankgeldes auf Dauer, da es unrealistisch ist, für einen längeren Zeitraum von einem Mindestreservesatz oder einer Bemessungsgrundlage von Null auszugehen.

Bei allen hier vorgestellten Instrumenten der potentialorientierten Kreditpolitik ist nicht auszuschließen, daß sich Auswirkungen auf die Zinssätze ergeben. Diese sind jedoch nicht in die potentialorientierte Kreditpolitik einbezogen.

Dagegen bleibt abschließend noch zu untersuchen, in welcher Art und Weise die Instrumente zur Steuerung des Liquiditätssaldos eingesetzt werden sollen, um die angestrebte Entwicklung des Zahlenvolumens zu erreichen.

2.6. Strategien zur Verstetigung des Zahlungsvolumens

Aufgrund der bisherigen Ausführungen zur potentialorientierten Kreditpolitik ist bekannt, wie groß L_F sein muß, damit sich das Zahlungsvolumen wie das Produktionspotential entwickelt und welche Instrumente zur Steuerung des Liquiditätssaldos zur Verfügung stehen. Nicht geklärt ist dagegen die Frage, in welchem Verhältnis zueinander die Instrumente eingesetzt werden sollen, da es möglich ist, den erforderlichen Wert von L_F auf verschiedene Art und Weise zu realisieren. So kann z. B. versucht werden, nur die Höhe des Liquiditätssaldos zu beeinflussen und die Verwendungskomponente konstant zu halten. Ebenso ist die umgekehrte Strategie denkbar.

Zur Lösung dieses Problems schlägt der Sachverständigenrat vor, bei der Steuerung des Liquiditätssaldos ebenfalls dem Verstetigungsgedan-

---

49 Von spekulationsbedingten Devisentransaktionen wird hier abstrahiert.

ken Rechnung zu tragen. „Eine stetige wirtschaftliche Entwicklung setzt voraus, daß Störungen durch monetäre Einflüsse möglichst ausgeschaltet werden. Dazu beitragen kann eine Liquiditätsversorgung der Banken, die ebenfalls stetig ist. Verstetigung der Liquiditätsentwicklung bei den Banken bedeutet, die Zentralbank sollte bemüht sein, dem Grundsatz nach das Verhältnis von Liquiditätssaldo und gesamtem Mittelaufkommen, die Liquiditätsquote, konstant zu halten, d. h. übermäßige Schwankungen dieser Liquiditätsquote zu vermeiden[50]." Verstetigung im monetären Bereich beinhaltet demnach, die Höhe des Liquiditätssaldos so zu steuern, daß sich eine konstante Liquiditätsquote L/E ergibt.

Eine konstante Liquiditätsquote, der eine bestimmte Höhe des Liquiditätssaldos entspricht, gewährleistet noch nicht — wie bereits gezeigt —, daß sich die erforderliche Kreditgewährung einstellt. Bei vorgegebener Liquiditätsquote ist zusätzlich die Struktur des Liquiditätssaldos zu steuern. Je besser dabei der Umfang des Liquiditätssaldos der erforderlichen Kreditgewährung angepaßt wird, um so wirksamer werden die Instrumente sein, die auf die Struktur zielen. Die bestmögliche Anpassung wird nach der potentialorientierten Kreditpolitik in der Verstetigung der Liquiditätsquote gesehen. Die Strategie zur Steuerung des Zahlungsvolumens besteht also darin, generell für eine konstante Liquiditätsquote zu sorgen und die Verwendungskomponente je nach Bedarf zu variieren.

In bestimmten konjunkturellen Situationen wird es allerdings für notwendig gehalten, von dieser generellen Strategie abzuweichen. „Im Falle einer übermäßigen Nachfrageexpansion oder im Falle von Abschwungtendenzen ist die Liquiditätsquote zu senken oder zu erhöhen. Dabei sollte die Zentralbank jedoch exzessive Veränderungen des Umfangs liquider Mittel der Banken vermeiden, denn diese führen zu entsprechenden Spannungen und Entspannungen (Wechselbäder der Liquiditätsversorgung) an den monetären Märkten und können die Kontinuität des Wirtschaftsablaufs stören[51]."

Damit wird, abweichend von der generellen Forderung nach Verstetigung, ein antizyklisches Element in das Konzept der potentialorientierten Kreditpolitik einbezogen. Die Forderung nach einer konstanten Liquiditätsquote, die als Regelbindung der Geldpolitik interpretiert werden kann, ist nicht ausschließlich zu verstehen, sondern läßt Ausnahmen zu, verlangt sie in bestimmten Situationen geradezu.

Damit ist das Konzept der potentialorientierten Kreditpolitik vorgestellt. Ausgehend von der Orientierung des Zahlungsvolumens an der

---

[50] *JG* 1970, Ziff. 364.

[51] Ebenda, Ziff. 365.

Entwicklung des Produktionspotentials wurde über die monetäre Grundgleichung und den Kreditangebotsprozeß der Liquiditätssaldo als direkte Zielgröße der geldpolitischen Instrumente abgeleitet. Der Liquiditätssaldo ist nach den zuletzt dargestellten Strategien zu kontrollieren. Dieses geldpolitische Konzept ist in den folgenden Ausführungen Gegenstand einer kritischen Analyse.

Abschnitt III

Der Theoriebereich der potentialorientierten Kreditpolitik

1. Problemstellung

Nach der in der Einleitung vorgenommenen Abgrenzung wird im folgenden der Theoriebereich der potentialorientierten Kreditpolitik analysiert. Diese Aufgabe stellt sich deswegen, weil jede wirtschaftspolitische Konzeption explizit oder implizit auf eine theoretische Basis zurückzuführen ist. Beispielhaft sei auf die Veränderung von Staatseinnahmen und -ausgaben zu konjunkturpolitischen Zwecken hingewiesen, die auf keynesianischen Theorien basiert. Die Erfolgsaussichten einer wirtschaftspolitischen Konzeption sind um so größer, je besser ihre theoretische Basis die Wirklichkeit erklärt. Insofern ist es unumgänglich, die potentialorientierte Kreditpolitik von ihrer theoretischen Fundierung her zu beurteilen.

Eine ausführliche Diskussion der dazu erforderlichen methodologischen Beurteilungskriterien würde über den Rahmen des Anliegens dieser Arbeit hinausgehen. Es wird deshalb vorgeschlagen, sich auf solche Kriterien zu stützen, deren Relevanz weitgehend unbestritten ist, die also gleichsam als Minimalanforderungen gelten können. Dazu gehören u. E. die Kriterien der logischen Konsistenz und der empirischen Überprüfbarkeit der zugrundeliegenden theoretischen Aussagen. Die empirische Überprüfbarkeit umfaßt zwei Aspekte: Einmal die Forderung, daß die Aussagen nicht tautologischer Art sein dürfen, d. h. grundsätzlich überprüfbar sein müssen. Der Informationsgehalt darf nicht gleich Null sein. Zum andern hängt die Überprüfung im Einzelfall davon ab, ob das empirische Material zur Verfügung steht oder nicht. Für den letzten Fall stellt sich die Frage, ob es überhaupt möglich ist, die erforderlichen Daten zu beschaffen. Erfüllen Aussagen eines oder beide Kriterien nicht, so kann für diese Fälle eine Beurteilung auf Basis kontroverser Kriterien vermieden werden.

Da die untersuchten Aussagen im Zusammenhang mit dem Konzept zu sehen sind, kann man nicht bei einer isolierten Betrachtungsweise stehenbleiben. Daraus folgt die Aufgabe, die geldpolitischen Implikationen aufzuzeigen. Geldtheoretische und -politische Diskussion müssen hier notwendigerweise miteinander verbunden werden. Wenn sich z. B. herausstellt, daß die Entwicklung der Umlaufsgeschwindigkeit, die im Konzept eine Rolle spielt, nicht oder nur unzureichend erklärt wird, dann hat das Auswirkungen auf das gesamte Konzept, die aufgezeigt werden müssen.

Liegt die Betonung im vorstehenden auf den geldpolitischen Implikationen, so bliebe eine Beurteilung der geldtheoretischen Aussagen des Konzepts unvollständig, wenn sie ohne Berücksichtigung der aktuellen geldtheoretischen Diskussion erfolgte. Die Zielsetzung, die damit verfolgt wird, kann durch die Frage umschrieben werden: Welchen Beitrag leistet die potentialorientierte Kreditpolitik zur Lösung des jeweiligen Problems[1]? Dadurch wird in gewissem Umfang eine Einordnung der Aussagen des Konzepts unter allgemeineren geldtheoretischen Aspekten ermöglicht.

Bisher ist nur von Aussagen des theoretischen Bereichs im allgemeinen gesprochen worden. Es ist abschließend zu klären, was im einzelnen darunter zu subsumieren ist, was also geldtheoretische Aussagen bzw. Probleme im Sinne der potentialorientierten Kreditpolitik sind. Denn theoretische Aussagen kommen notwendigerweise auch in den beiden anderen Bereichen (Instrument- und Handlungsbereich) vor. Die Grenze zu den anderen Bereichen wird dort gesehen, wo man dazu übergeht, den Instrument- bzw. Handlungscharakter der in Frage stehenden Probleme in den Vordergrund zu stellen.

Diese Abgrenzung ist natürlich nicht ohne Willkür. Abgrenzungsfragen sind jedoch so lange von untergeordneter Bedeutung, als durch getroffene Abgrenzungsentscheidungen bestimmte Fragestellungen nicht von vornherein ausgeschlossen werden. Das ist u. E. hier nicht der Fall, da es nicht um ein Mehr oder Weniger an Problemen geht, sondern nur darum, welchem Bereich sie zugeordnet werden sollen.

Die vorgenommene Abgrenzung ist inhaltlich aufzufüllen. Zunächst geht es um ein Grundproblem der Geldtheorie, nämlich den *Übertragungsmechanismus* monetärer Impulse in den realen Bereich der Wirtschaft. Es ist zu untersuchen, von welcher monetären Variablen in welcher Art und Weise Einfluß auf den Wirtschaftsablauf ausgeht. In der potentialorientierten Kreditpolitik kommt dabei dem Zahlungsvolumen eine zentrale Rolle zu, da nach ihr wirtschaftliche Aktivität von den Zahlungen abhängt. Somit stellt sich im nächsten Problemkreis die Frage nach den *Determinanten des Zahlungsvolumens*, wenn es Ziel der Konzeption ist, die wirtschaftliche Aktivität über das Zahlungsvolumen einer geldpolitischen Kontrolle zu unterwerfen. Wie aus der Darstellung des

[1] Auf das Problem, daß nicht alle für relevant gehaltenen geldtheoretischen Fragen erfaßt werden können, ist bereits in der Einleitung hingewiesen worden.

Konzepts bereits bekannt, läßt sich die Steuerung des Zahlungsvolumens als ein Problem der Erklärung und Kontrolle des Kreditangebots formulieren. Die Diskussion des *Kreditangebotsprozesses* bildet demnach den Abschluß des Theoriebereichs der potentialorientierten Kreditpolitik[2].

2. Übertragungsmechanismus der potentialorientierten Kreditpolitik

Die Frage nach dem Übertragungsmechanismus monetärer Impulse in den Bereich der Wirtschaft ist ein Grundproblem der Geldtheorie und -politik. Will man mit Hilfe monetärer Maßnahmen auf den Wirtschaftsablauf Einfluß nehmen, dann ist es erforderlich, daß man Vorstellungen darüber hat, welcher Zusammenhang zwischen monetärem und realem Bereich der Wirtschaft besteht, in welcher Art und Weise der eine auf den anderen einwirkt. Die Ergebnisse geldpolitischer Maßnahmen bleiben sonst ungewiß. Man kann ohne Vorstellungen über den Übertragungsprozeß nicht einmal die Abweichungen von den erwarteten Wirkungen ausmachen.

Die analytische Trennung der Wirklichkeit in einen realen und einen monetären Bereich ist nur auf dem Hintergrund der klassischen Theorie zu verstehen, die eben diese Trennung vorgenommen hat[3]. Sie diente jedoch nicht dazu, Zusammenhänge zwischen beiden aufzuzeigen, sondern war Ausfluß der These, daß der monetäre Bereich auf die Entwicklung des realen keinen Einfluß habe. Die Beibehaltung der Trennung erweist sich jedoch auch als nützlich, wenn man das Gegenteil analysieren will.

Unterscheidet man in einer Wirtschaft Güter-, Faktor-, Geld- und Kapitalmärkte, dann kann man die beiden ersten dem realen, die beiden anderen dem monetären Bereich zurechnen. Diese Zuordnung wird vorgenommen, um die Begriffe „realer“ bzw. „monetärer Bereich“ inhaltlich aufzufüllen. Sie dient der Sprachregelung[4].

Auf diesem allgemeinen Hintergrund ist im folgenden der Übertragungsmechanismus der potentialorientierten Kreditpolitik zu diskutieren.

---

[2] Die Ausführungen des Sachverständigenrates zu den einzelnen Problemen sind in ihrer Ausführlichkeit recht unterschiedlich. Das ist auch nicht immer dadurch zu kompensieren, daß man auf entsprechende Ausführungen bei Köhler zurückgreift. Insofern ist man teilweise auf eigene Interpretationen angewiesen. Insbesondere gilt das für die Diskussion des Übertragungsprozesses.

[3] Vgl. *H. G. Johnson* (III): Macroeconomics and Monetary Theory, London 1971, S. 1. Die geldpolitischen Implikationen dieser Trennung sind sehr illustrativ dargestellt in: *L. S. Ritter, W. L. Silber:* Money, New York, London 1970, S. 7 f.

[4] Die geläufige Unterscheidung in reale und nominale Größen wird damit nicht überflüssig.

2.1. *Wirtschaftliche Aktivität und Zahlungen*

Der Übertragungsmechanismus der potentialorientierten Kreditpolitik setzt am Begriff der wirtschaftlichen Aktivität an. Damit sind die Aktivitäten der Wirtschaftssubjekte im wirtschaftlichen Bereich schlechthin gemeint. Sofern die Tätigkeiten und Handlungen der Menschen zum wirtschaftlichen Bereich gehören, sind sie Gegenstand der Untersuchung. Damit wird deutlich, daß wirtschaftliche Aktivität sowohl auf den realen als auch auf den monetären Bereich bezogen wird.

In welcher Art und Weise wird nun die wirtschaftliche Aktivität vom monetären Bereich beeinflußt? Die Ungenauigkeit des Begriffs wirtschaftliche Aktivität scheint eine Antwort auf diese Frage fast unmöglich zu machen. Vor allem deswegen, weil unter diesem Begriff eine Vielfalt von unterschiedlichsten Tätigkeiten subsumiert werden muß.

Das Problem wird dadurch gelöst, daß dieses Konglomerat sozusagen auf einen Nenner gebracht wird, indem man auf die Eigenschaft abstellt, die allen wirtschaftlichen Aktivitäten gemeinsam ist: wirtschaftliche Aktivitäten müssen finanziert werden und sich in entsprechenden Zahlungen niederschlagen. Finanzierungsvorgänge und Zahlungen sind dem monetären Bereich zuzuordnen. Damit ist ein Zusammenhang zwischen monetärem Bereich und wirtschaftlicher Aktivität hergestellt. Da wirtschaftliche Aktivität auch auf den realen Bereich bezogen ist, besteht dann ein Zusammenhang zwischen diesem und dem monetären Bereich.

Der Einfluß des monetären Bereichs auf die wirtschaftliche Aktivität liegt darin, daß er sie von der Finanzierungsseite her ermöglicht oder verhindert. Es wird am deutlichsten, wenn die vorhandenen Finanzierungsmittel nicht ausreichen, die finanziellen Konsequenzen wirtschaftlicher Aktivität abzudecken. Diese muß dann unterbleiben. Überträgt man diese Argumentation auf den umgekehrten Fall, daß vermehrt Finanzierungsmittel für Zahlungen bereitstehen, dann muß auf eine vermehrte wirtschaftliche Aktivität der Wirtschaftssubjekte als Reaktion auf diesen Sachverhalt geschlossen werden[5].

Diese These entspricht einer mikroökonomischen Betrachtungsweise. Sie wird im Konzept auf die makroökonomische Ebene übertragen. Die Summe aller wirtschaftlichen Aktivitäten einer Periode schlägt sich im gesamtwirtschaftlichen Zahlungsvolumen der gleichen Periode nieder. Das Zahlungsvolumen kann somit als Indikator der wirtschaftlichen Aktivität interpretiert werden.

Ein steigendes Zahlungsvolumen steht für eine Expansion der wirtschaftlichen Aktivität und umgekehrt. Geldpolitisch gewendet läuft die

[5] Die Annahme eines symmetrischen Wirkungszusammenhanges zwischen monetärem und realem Bereich ist später zu problematisieren.

These — wie in der Darstellung gezeigt — auf die Forderung hinaus, das Zahlungsvolumen zu kontrollieren, um die wirtschaftliche Entwicklung (Aktivität) in den Griff zu bekommen.

Diese Zusammenhänge werden in Abb. 1 a dargestellt.

Abb. 1 a: Zusammenhang zwischen wirtschaftlicher Aktivität (WA) und Zahlungsvolumen (Z)

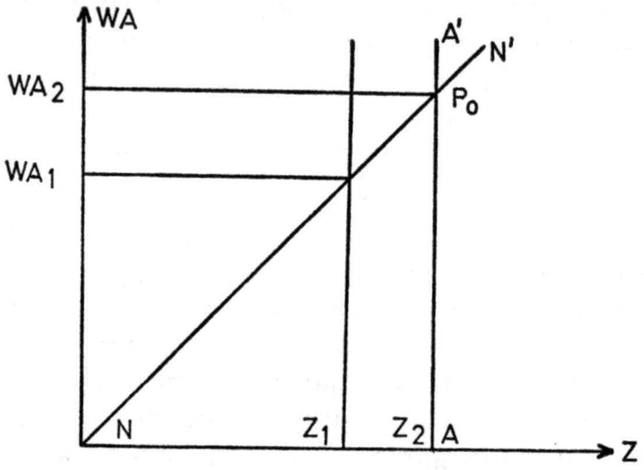

Die Gerade NN' gibt den Zusammenhang zwischen Zahlungsvolumen und wirtschaftlicher Aktivität an. Für $Z_2 > Z_1$ gilt $WA_2 > WA_1$. Der hier beispielhaft angenommene Verlauf von NN' gibt zu weiteren Überlegungen Anlaß. Abb. 1 a impliziert einen proportionalen Zusammenhang zwischen Zahlungsvolumen und wirtschaftlicher Aktivität.

Die möglichst genaue Kenntnis des Wertes von a ist insbesondere für das geldpolitische Steuerungsproblem von Bedeutung, soll die Kontrolle wirtschaftlicher Aktivität via Zahlungsvolumen nicht von vornherein zum Scheitern verurteilt sein. Die hier gemachte hypothetische Annahme $a =$ const. und bekannt kann als Idealfall gelten.

Im folgenden sind die Probleme zu diskutieren, die der Annahme dieses Idealfalls der Identifikation von wirtschaftlicher Aktivität und Zahlungen in der Wirklichkeit entgegenstehen.

2.2. Problematik der Identifikation von wirtschaftlicher Aktivität und Zahlungen

Theoretisch bereitete es keine großen Schwierigkeiten, wirtschaftliche Aktivität und Zahlungen einander gleichzusetzen. Die beiden Begriffe können theoretisch einander eindeutig zugeordnet werden: Es gibt keine Zahlungen ohne wirtschaftliche Aktivität und jeder wirtschaftlichen Aktivität muß eine Zahlung entsprechen. Beide Begriffe kennzeichnen nur zwei verschiedene Seiten desselben Vorgangs. Das ist der Sinn dessen, wenn bisher vom Zusammenhang zwischen wirtschaftlicher Aktivität und Zahlungen die Rede war. Für diesen Fall muß der Koeffizient a den Wert Eins annehmen; es bestehen dann keine Identifikationsprobleme.

Schwierigkeiten stellen sich dann ein, wenn man die sachlichen und die zeitlichen Aspekte der Zahlungen berücksichtigt. Sachlich ist zu klären, was unter den Zahlungsbegriff fällt. Die zeitlichen Aspekte der Zahlungen befassen sich mit den unterschiedlichen Zeitpunkten von Zahlung und entsprechender wirtschaftlicher Aktivität.

Nach der potentialorientierten Kreditpolitik werden Zahlungen mit Hilfe der vorhandenen Geldmenge und der zusätzlichen Kreditgewährung finanziert. Zahlungen stellen also für den *Zahlungsempfänger* Forderungen in Form von Geld dar, da es für ihn irrelevant ist, ob die Zahlung aus der vorhandenen Geldmenge oder zusätzlichem Kredit finanziert worden ist. Schränkt man die Zahlungen auf Forderungen ein, die Geld darstellen, dann ist es nicht mehr ohne weiteres möglich, Zahlungen und wirtschaftliche Aktivität gleichzusetzen, wenn letztere auch durch andere Forderungsarten, die nicht Geld darstellen, finanziert werden kann. Zahlungen, und damit die wirtschaftliche Aktivität, sind dann nicht mehr ausschließlich an die vorhandene Geldmenge und zusätzliche Kreditgewährung durch die Banken gebunden.

In der Realität sind solche Zahlungssysteme, die sich anderer Forderungsarten bedienen, durchaus vorstellbar und vorhanden. Zu denken ist in diesem Zusammenhang vor allem an das Industrieclearing. In diesem Zahlungssystem werden die Forderungen, die die beteiligten Firmen gegeneinander haben, aufgerechnet. Zahlungen im Sinne der potentialorientierten Kreditpolitik brauchen nur noch in Höhe der entstehenden Salden geleistet zu werden.

Eine andere Möglichkeit, Zahlungen in Form von Geld zu vermeiden, besteht in der Wechselfinanzierung. Dadurch wird zwar die der wirtschaftlichen Aktivität entsprechende Zahlung in Geld nicht wie beim Industrieclearing definitiv überflüssig, sie kann jedoch auf einen unbestimmten späteren Zeitpunkt verschoben werden, wenn man die Möglichkeit der Prolongation berücksichtigt.

Industrieclearing und Wechselfinanzierung stellen zwei Möglichkeiten dar, Zahlungen in anderer Form als Geld zu leisten. Die in der potentialorientierten Kreditpolitik vorgenommene Einschränkung auf Zahlungen in Form von Geld wird diesen beiden wie allen anderen nicht an Geld gebundenen Möglichkeiten, Zahlungen zu finanzieren, nicht gerecht.

Für die weitere Diskussion erscheint es deshalb sinnvoll, zwischen zwei verschiedenen Zahlungsbegriffen zu unterscheiden. Die an Geld gebundenen Zahlungen der potentialorientierten Kreditpolitik werden mit Zahlungen im engeren Sinne (Z1) bezeichnet. Bezieht man die hier erwähnten zusätzlichen Zahlungsarten, die nicht an Geld anknüpfen, mit ein, so kommt man zu den Zahlungen im weiteren Sinne (Z2). Der potentialorientierten Kreditpolitik entsprechend wird im folgenden weiter davon ausgegangen, daß es der Zentralbank gelingt, Z1 zu kontrollieren[6]. Die Frage ist, ob die wirtschaftliche Aktivität durch Z1 effektiv gesteuert werden kann.

Zunächst ist festzustellen, daß der Wert des Koeffizienten a größer als Eins sein kann. Wirtschaftliche Aktivität wird möglich, ohne zu Zahlungen führen zu müssen. Da dieser Satz nicht umkehrbar ist, folgt, daß a nicht kleiner als Eins sein kann.

Der Übertragungsmechanismus der potentialorientierten Kreditpolitik läßt eine Beurteilung der Auswirkungen, die von einer gegebenen Entwicklung von Z1 auf die wirtschaftliche Aktivität ausgehen, nur noch unter einer sehr restriktiven Ausnahme zu: a muß — wie zuvor beispielhaft angenommen — als konstant unterstellt werden. Dann ist es möglich, von einer gegebenen Wachstumsrate der Zahlungen auf eine gleich hohe Wachstumsrate der wirtschaftlichen Aktivität zu schließen[7]. Von $a = \text{const.}$ auszugehen, ist jedoch unrealistisch.

Zur Stützung dieser These können wir auf die zuvor genannten alternativen Zahlungsformen zurückgreifen. Die Effektivität von Industrieclearing und Wechselfinanzierung wird um so größer sein, je gleichförmiger die Entwicklung in den beteiligten Firmen bzw. Branchen verläuft. Das wiederum wird um so eher der Fall sein, je eindeutiger der Konjunkturverlauf auf Boom oder Rezession gerichtet ist. Gerade in diesen Situationen wird aber die Kontrolle der wirtschaftlichen Aktivität relevant, deren Steuerung über die Zahlungen unterlaufen werden kann. Beginnt die Steuerung des Zahlungsvolumens im Aufschwung restriktiv

[6] Wenn im folgenden allgemein von Zahlungen die Rede ist, wird von Z1 ausgegangen.

[7] Es ergibt:

$$\Delta WA = a \Delta Z \text{ bzw. } WA = aZ$$
$$a = \text{const.}$$
$$WA \frac{\Delta WA}{WA} = aZ \frac{\Delta Z}{Z}$$
$$WAw_{WA} = aZw_Z = WAw_Z$$
$$w_{WA} = w_Z$$

zu wirken, kann durch einen verstärkten Einsatz anderer Zahlungsformen das Verhältnis von Z2/Z1 erhöht werden. Der Koeffizient *a* steigt. Im Abschwung kehrt sich diese Entwicklung um, da dann keine Notwendigkeit des Ausweichens besteht und die alternativen Zahlungsformen auch Kosten verursachen, die dann nicht mehr hingenommen werden, wenn genügend „normale" Finanzierungsmöglichkeiten zu günstigeren Konditionen zur Verfügung stehen. Der Koeffizient *a* sinkt.

Bei einer an diesen realen Verhältnissen orientierten Betrachtungsweise kann von einer gegebenen Entwicklung des Zahlungsvolumens nicht auf eine entsprechende Entwicklung der wirtschaftlichen Aktivität geschlossen werden. Der Koeffizient *a* kann sich kurzfristig ändern. Verstetigung des Zahlungsvolumens ist dann nicht gleichbedeutend mit Verstetigung der wirtschaftlichen Aktivität. Mit der Substitution alternativer Zahlungsformen muß gerechnet werden.

Diese Zusammenhänge lassen sich in Abb. 1 a als Drehung der Geraden *NN'* darstellen, was in Abb. 1 b gezeigt wird.

Abb. 1 b: Modifizierte Darstellung des Zusammenhangs zwischen WA und Z

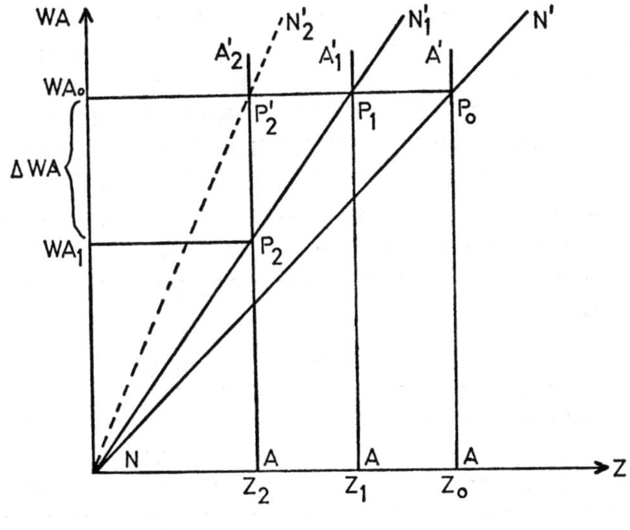

Die Gerade *NN'* kann als Nachfrage nach Zahlungen für den theoretischen Fall $a = 1$ interpretiert werden. *AA'* stellt dann das entsprechende Angebot an Zahlungen dar. Den Punkt P_0 kann man als Gleichgewichtssituation interpretieren. Dieser Fall ist jedoch praktisch irrelevant. Für den realistischen Fall $a > 1$ wird der Zusammenhang zwischen wirtschaftlicher Aktivität und Zahlungen durch eine Kurve angegeben, die oberhalb von NN' liegt, etwa durch NN'_1. Angenommen, die Zentralbank legt diesen Verlauf für ihre Maßnahmen zugrunde. Sie beabsichtige, die wirtschaftliche Aktivität um ΔWA auf WA_1 zu reduzieren. Das Zahlungsvolumen muß entsprechend NN'_1 von Z_1 auf Z_2 eingeschränkt werden, was annahmegemäß gelingt. Dann müßte der neue Gleichgewichtspunkt in P_2 erreicht werden. Weichen die Wirtschaftssubjekte als Reaktion auf diese Einschränkung auf alternative Zahlungsformen aus, wird zwar das Angebot an Zahlungen in Höhe von Z_2 ausgeschöpft, jedoch ohne daß es zu der angestrebten Einschränkung von WA kommt. Die Nachfragegerade hat sich nach links gedreht, dargestellt durch NN'_2. Die gleiche wirtschaftliche Aktivität wird mit einem geringeren Zahlungsvolumen bewältigt. Der Punkt P_2 stellt nur ein fiktives Gleichgewicht dar, tatsächlich wird P'_2 realisiert. Das allgemeine Problem der Stabilität von behaupteten Zusammenhängen läßt sich eben auch in diesem speziellen Fall ausmachen. Die Beurteilung der Wirkungen einer Einschränkung von Z führt zu einem falschen Ergebnis, wenn man den Übertragungsprozeß der potentialorientierten Kreditpolitik zugrundelegt. Veränderungen von a können gerade als Folge geldpolitisch realisierter Veränderungen von Z eintreten.

Die Berücksichtigung des zeitlichen Aspektes der Zahlungen führt zu ähnlichen Problemen. Zahlungsvolumen und wirtschaftliche Aktivität sind beide zeitraumbezogen. Umschreibt man den Begriff wirtschaftliche Aktivität näher durch die analytischen Konzepte Nachfrage und Angebot, dann lassen sich weitere Probleme der Gleichsetzung der Wachstumsraten von wirtschaftlicher Aktivität und Zahlungen aus der zeitlichen Stellung der Zahlungen im Nachfrage-Angebots-Prozeß ableiten.

Sowohl die Angebots- als auch die Nachfrageakte sind mit Zahlungen verbunden. Die Produktion eines Gutes erfordert z. B. Lohnzahlungen; die realisierte Nachfrage nach diesem Gut (Kauf) hat ebenfalls eine Zahlung zur Folge.

In der Realität zeigt sich nun, daß der Zeitpunkt der Zahlung nicht immer notwendigerweise mit der realen Aktivität zusammenfällt, teilweise gar nicht übereinstimmen kann, weil institutionelle Regelungen dem entgegenstehen, wie im Falle von wöchentlichen oder monatlichen Lohn- und Gehaltszahlungen. Daraus folgt, daß Zahlungen, die während einer Periode geleistet werden, eine wirtschaftliche Aktivität widerspiegeln können, die mit der tatsächlichen derselben Periode nicht übereinstimmt, wenn ein Beobachtungszeitraum einer bestimmten Länge, etwa ein Monat, vorgegeben wird. Die Steuerung des Zahlungsvolumens gewährleistet dann keinen entsprechenden Einfluß auf die wirtschaftliche Aktivität.

Die Bedeutung dieses Arguments ist nun wesentlich davon abhängig, wie lang der Zeitraum ist, für den man das Zahlungsvolumen betrachtet. Generell gilt, daß bei gegebenem Unterschied zwischen dem Zeitpunkt der wirtschaftlichen Aktivität und dem der Zahlung die Auswirkungen um so größer sind, je kürzer der Beobachtungszeitraum ist.

Im Rahmen der potentialorientierten Kreditpolitik soll das Zahlungsvolumen wie das Produktionspotential wachsen. Man kann davon ausgehen, daß sich das Produktionspotential kurzfristig nicht entscheidend ändert, dafür bedarf es längerer Zeiträume. Deswegen könnte man schließen, daß es zulässig ist, in der potentialorientierten Kreditpolitik von einer Gleichheit der Wachstumsraten von Zahlungen und wirtschaftlicher Aktivität auszugehen. Bei dieser Argumentation wird allerdings übersehen, daß die Gleichläufigkeit der Entwicklung von Zahlungsvolumen und Produktionspotential nicht im Sinne einer positiven Aussage, sondern als Forderung zu verstehen ist. Daraus folgt, daß die Zentralbank ständig die Entwicklung des Zahlungsvolumens überprüfen und bei Abweichungen korrigierend eingreifen muß. Die Wahrscheinlichkeit, daß sich die Determinanten der monetären Grundgleichung ändern, die von der Zentralbank zwar nicht kontrolliert werden können aber dennoch berücksichtigt werden müssen, ist sehr groß. Köhler stellt — wie bereits erwähnt — diesen kurzfristigen Aspekt der Geldpolitik, auch oder gerade wenn sie sich am Produktionspotential orientiert, deutlich heraus[8].

Im Prinzip verlangt also die potentialorientierte Kreditpolitik die Annahme relativ kurzer Zeiträume. Damit wird aber das zuvor angeführte Argument, das sich aus der zeitlichen Differenz zwischen Zahlungen und wirtschaftlicher Aktivität herleitet, zunehmend relevant.

Die Berücksichtigung des zeitlichen Aspekts der Zahlungen führt im Ergebnis ebenfalls zu einer Veränderung des Koeffizienten a. In der Realität treten Zeitunterschiede zwischen wirtschaftlicher Aktivität und Zahlung z. B. in Form von Lieferantenkrediten auf. Die Untersuchungen von Timmermann deuten darauf hin, daß es nicht unrealistisch ist, zumindest für einige Wirtschaftsbereiche davon auszugehen, daß die vermehrte Inanspruchnahme bzw. Einräumung von Zahlungszielen eine mögliche Ausweichstrategie bei restriktiv wirkender Geldpolitik darstellt[9]. Auch die bereits beim sachlichen Aspekt angeführte Wechselkreditfinanzierung kann man hier anführen. Es zeigt sich, daß sachliche und zeitliche Aspekte nicht immer eindeutig voneinander abgrenzbar sind, was dem Argument als solchem jedoch nicht widerspricht.

---

[8] Vgl. *C. Köhler* (I), S. 60 ff., *JG* 1972, Ziff. 435.

[9] Vgl. *V. Timmermann:* Anzeichen für gegenläufiges Verhalten in einzelnen Branchen, in: D. Duwendag (Hrsg.) (II): Macht und Ohnmacht der Bundesbank, Frankfurt 1973, S. 97 - 118.

Grundsätzlich wäre es wünschenswert, die These der Variabilität von *a* empirisch zu untersuchen. Das ist aus zwei Gründen kaum möglich. Einmal dürfte es schwierig sein, einen anderen Indikator für die wirtschaftliche Aktivität zu finden, der nicht ähnlichen Einwänden wie das Zahlungsvolumen ausgesetzt ist. Ein solcher Indikator ist jedoch erforderlich, da wirtschaftliche Aktivität nicht durch das Zahlungsvolumen approximiert werden kann, wenn der Einfluß des Zahlungsvolumens auf die wirtschaftliche Aktivität untersucht wird.

Zum anderen bestehen erhebliche Schwierigkeiten, das Zahlungsvolumen selbst empirisch einigermaßen exakt zu ermitteln. Bisher ist stillschweigend unterstellt worden, daß alle vorgenommenen Zahlungen[10] auch tatsächlich erfaßt werden können. Der Sachverständigenrat schlägt die Summe der giralen Verfügungen in der jeweiligen Periode als diejenige Größe vor, durch die das Zahlungsvolumen erfaßt werden soll[11]. Die giralen Verfügungen von Nichtbanken bei Kreditinstituten werden in den Monatsberichten der Deutschen Bundesbank ausgewiesen. Sie stellen Belastungen aus Giroüberweisungen, Lastschriftverfahren und Scheckverrechnungen der Bankenkundschaft dar[12].

Mit dieser Größe wird nur ein Teil der tatsächlich vorgenommenen Zahlungen erfaßt. So gehen z. B., um nur zwei wichtige Faktoren zu nennen, Zahlungen mit dem vorhandenen Bargeld und mit Barabhebungen von Sparbüchern nicht in diese Größe ein. Eine weitere Ungenauigkeit wird dadurch hervorgerufen, daß Zahlungen innerhalb des Bankensystems, also zwischen einzelnen Banken, und zwischen Banken- und Nichtbankensystem ebenfalls nicht in den giralen Verfügungen erfaßt werden. Zahlungen des Bankensystems an Nichtbanken sind solche, bei denen eine Bank unmittelbar am Zahlungsvorgang beteiligt ist und nicht nur als Zahlungsvermittler auftritt. Das ist z. B. bei Lohn- und Gehaltszahlungen der Banken an ihre Angestellten und bei Wertpapierkäufen der Banken auf eigene Rechnung der Fall. Mag man die quantitative Bedeutung des letzten Arguments auch für gering halten, so gilt das für den anderen erwähnten Faktor, die vorhandene Bargeldmenge nicht. Bei einem Bargeldumlauf von fast 50 Mrd. DM (Februar 1974) wird das damit abgewickelte Zahlungsvolumen nicht gerade unbedeutend sein.

Nimmt man die giralen Verfügungen als Approximation der gesamten tatsächlichen Zahlungen, so kommt man nicht ohne die Annahme einer Strukturkonstanzhypothese aus. Der Anteil der giralen Verfügungen am tatsächlichen Zahlungsvolumen muß als konstant unterstellt werden.

---

[10] Es sei daran erinnert, daß mit Zahlungen die Zahlungen im engeren Sinn (Z1) gemeint sind.

[11] Vgl. *JG* 1970, Ziff. 361.

[12] Schreiben der Deutschen Bundesbank vom 19. 2. 1973.

Auf das Verhalten der Wirtschaftssubjekte, auf die sogenannten Zahlungssitten bezogen, muß angenommen werden, daß sich diese vor allem kurzfristig nicht ändern. Eine empirische Überprüfung der Strukturkonstanzhypothese scheitert daran, daß eben das tatsächliche Zahlungsvolumen empirisch nicht ermittelt werden kann. Könnte man es, dann wäre allerdings die Strukturkonstanzhypothese selbst überflüssig.

Die bisherige Diskussion hat ergeben, daß die Möglichkeit, die wirtschaftliche Aktivität durch die Zahlungen zu approximieren, von der sachlichen und zeitlichen Abgrenzung der Zahlungen abhängig ist. In beiden Punkten sind nicht zu unterschätzende Probleme aufgezeigt worden. Empirisch stellt sich zusätzlich das Problem, das Zahlungsvolumen zu ermitteln. Das ist nur über die Einführung einer Strukturkonstanzhypothese möglich.

Orientiert man sich in der praktischen Politik mangels anderer Möglichkeiten an den giralen Verfügungen der Nichtbanken bei Kreditinstituten, dann kann folgendes eintreten: Die kreditpolitisch zu steuernde Größe gibt weder das theoretisch exakte Zahlungsvolumen wider, noch stimmt letzteres mit der wirtschaftlichen Aktivität überein. Der mögliche Erfolg einer geldpolitischen Strategie, die von einem theoretisch wie empirisch unbefriedigenden Ansatzpunkt ausgeht, muß schon von daher als unsicher betrachtet werden.

Einem weiteren Problem des Übertretungsmechanismus ist im folgenden Abschnitt nachzugehen.

2.3. Koordinationsmechanismus auf dem Markt für Zahlungen

Im folgenden ist ein besonderes Charakteristikum des Übertragungsmechanismus der potentialorientierten Kreditpolitik und dessen Problematik aufzuzeigen, indem explizit im Rahmen eines Nachfrage-Angebot-Konzepts diskutiert wird. Es wird also von der Vorstellung eines Marktes für Zahlungen ausgegangen. Das Angebot an Zahlungen Z^A wird durch die Zentralbank gesteuert; die Nachfrage nach Zahlungen Z^N resultiert aus der wirtschaftlichen Aktivität. Die potentialorientierte Kreditpolitik geht von der Annahme Z^N immer gleich Z^A aus. Zur Diskussion steht der Koordinationsmechanismus, der diese Annahme rechtfertigt. Ein Koordinationsmechanismus muß notwendiger Bestandteil des Übertragungsprozesses sein, da über das Angebot die Nachfrage nach Zahlungen und damit die wirtschaftliche Aktivität gesteuert werden soll.

Zunächst ist auf eine Implikation von $Z^N = Z^A$ hinzuweisen, die wenig realistisch ist. Das Angebot an Zahlungen kann als die Summe aller Finanzierungsmöglichkeiten bezeichnet werden, die in einer Volkswirtschaft zur Verfügung stehen. Die Zahlungen stellen die effektiv genutzten Finanzierungsmöglichkeiten dar. Im Gleichgewicht $Z^N = Z^A$ werden die Finanzierungsmöglichkeiten maximal ausgenutzt; der Finanzierungsspielraum, definiert als Differenz zwischen Finanzierungsmöglichkeiten und Zahlungen, ist gleich Null. Dieses Ergebnis setzt bei den Zahlungen Nachfragenden vollkommene Information über die Finanzierungsmöglichkeiten voraus. Diese Voraussetzung muß auch dann erfüllt sein, wenn die maximale Nutzung der Finanzierungsmöglichkeiten weniger streng dadurch definiert wird, daß die Wirtschaftssubjekte immer einen konstanten — relativen oder absoluten — Finanzierungsspielraum anstreben und realisieren. Von diesen Voraussetzungen kann man jedoch realistischerweise nicht ausgehen. Nicht einmal größere Unternehmen werden ihre maximale Kreditlinie bei den Banken kennen, ganz davon abgesehen, ob diese überhaupt bereit sind, solche Kreditlinien zu nennen.

Im Rahmen der potentialorientierten Kreditpolitik können sich daraus folgende Konsequenzen ergeben: Exogene, durch die Zentralbank hervorgerufene Veränderungen des Zahlungsangebots führen nicht zu Einschränkungen entsprechend der Nachfragegeraden. Vielmehr schlägt sich diese Veränderung des Angebots in einer gleichgerichteten Variation des Finanzierungsspielraums nieder. Er verringert sich bei restriktivem Einsatz und wird größer bei expansivem Einsatz der Geldpolitik. Die angestrebten Wirkungen können dadurch zumindest teilweise unterlaufen werden. Die tatsächlichen Zahlungen und insoweit die wirtschaftliche Aktivität stehen nicht in einer festen Beziehung zum Angebot an Zahlungen.

Sieht man einmal von diesem Einwand ab, so bleibt insbesondere das Koordinationsproblem auf dem Markt für Zahlungen: Durch welchen Mechanismus wird $Z^N = Z^A$ realisiert? Üblicherweise werden Nachfrage- und Angebotsfunktionen aus bestimmten Hypothesen über das Verhalten der Wirtschaftssubjekte abgeleitet. So wird beispielsweise in einem allgemeinen Marktmodell die nachgefragte und angebotene Menge eines Gutes als Funktion des Preises dargestellt. Der Preis fungiert als Zuteilungskriterium, das eine Determinante des Verhaltens der Wirtschaftssubjekte ist. Alle Nachfrager, die nur einen geringeren als den Gleichgewichtspreis zu zahlen bereit sind, werden am Markt nicht bedient. Analog verhält es sich mit den Anbietern.

Auf dem Markt für Zahlungen müßte nun ebenfalls ein solches Zuteilungskriterium auszumachen sein. Das ist in der potentialorientierten Kreditpolitik nicht der Fall. Für Z^A ist das Fehlen eines Zuteilungskriteriums weniger relevant, da Z^A als exogen vorgegeben angenommen wird, in bezug auf das Zuteilungskriterium also völlig unelastisch ist. Für die Nachfrage nach Zahlungen bleibt jedoch die Frage offen, wer und warum er vom Angebot an Zahlungen ausgeschlossen wird. Die

These: Kein Geld — keine wirtschaftliche Aktivität! ist zwar plausibel, trägt jedoch nichts zur Klärung dieser Frage bei.

Der Grund für diese Schwierigkeiten ist darin zu sehen, daß der Übertragungsmechanismus der potentialorientierten Kreditpolitik von den Motiven der Wirtschaftssubjekte abstrahiert, aus denen sich wirtschaftliche Aktivität und Zahlungen herleiten lassen. Die Zahlungen sagen nichts über die dahinterstehenden Motive bzw. Verhaltensfunktionen aus. Wenn z. B. der Preis eines Gutes für die wirtschaftliche Aktivität „Nachfrage nach diesem Gut" eine Rolle spielt, dann erfaßt die zugehörige Zahlung beim Kauf dieses Gutes nur noch das Produkt aus Preis und nachgefragter Menge, den Preis als solchen jedoch nicht mehr explizit. Der Preis ist hier aber entscheidendes Kriterium dafür, ob überhaupt die wirtschaftliche Aktivität realisiert wird, die zu einer Zahlung führt.

Die Problematik dieses Ansatzes kann dadurch verdeutlicht werden, wenn man annimmt, daß die von den Wirtschaftssubjekten geplanten Zahlungen einer Periode das geplante Angebot übersteigen. Für die geplanten Größen herrscht also eine Ungleichgewichtssituation. Es ist zwar noch plausibel, daß die tatsächlichen Zahlungen durch das geplante Angebot begrenzt werden. Die Wirtschaftssubjekte können ihre geplanten Zahlungen und die entsprechende wirtschaftliche Aktivität nicht realisieren. Es kann jedoch nicht erklärt werden, in welcher Art und Weise sich der Anpassungsprozeß vollzieht, nach welchem Kriterium die Überschußnachfrage nach Zahlungen ausgeschaltet wird.

Für diesen Fall könnte man argumentieren, daß der Anpassungsvorgang irrelevant ist, wenn nur das Ergebnis gewährleistet ist. Die Bedeutung des Anpassungsvorgangs wird jedoch sofort deutlich, wenn man den entgegengesetzten Fall untersucht, daß das geplante Angebot größer ist als die geplante Nachfrage. Unterstellt man eine symmetrische Wirkung, dann kommt man nicht umhin zu erklären, warum das Überschußangebot absorbiert wird. Man braucht also zusätzliche Verhaltenshypothesen, die in der potentialorientierten Kreditpolitik nicht genannt werden, um begründen zu können, daß das Angebot an Zahlungen tatsächlich ausgeschöpft wird. Selbst wenn man, was realistischer ist, von einer asymmetrischen Wirkung ausgeht, ist man auf Verhaltenshypothesen angewiesen. Denn ob etwas eintritt oder nicht eintritt, ist gleichermaßen erklärungsbedürftig. In dieser Hinsicht gleicht der Ansatz der potentialorientierten Kreditpolitik der älteren Quantitätstheorie, nach der, einfach ausgedrückt, ein Mehr oder Weniger an Geld automatisch zu einer gleichgerichteten Veränderung der Nachfrage führt.

Die Reduktion der wirtschaftlichen Aktivität auf ihren finanztechnologischen Aspekt und die Umgehung des Koordinationsproblems durch die Anwendung der Strömungsgröße Zahlungsvolumen sind nicht geeignet, den Übertragungsprozeß hinreichend zu erklären. Die Annahme $Z^N = Z^A$ ist ebenso problematisch wie die Identifikation von Zahlungen und wirtschaftlicher Aktivität, die der Erklärung des Einflusses dienen soll, der vom monetären Bereich ausgeht.

Wie schon zuvor, scheitert auch hier eine empirische Überprüfung der Annahme $Z^N = Z^A$ daran, daß beide Größen nicht unabhängig voneinander ermittelt werden können. Die Annahme $Z^N = Z^A$ hat im Konzept eher den Charakter eines Postulats denn einer positiven Aussage über die Realität. Die Mechanismen, die berücksichtigt werden müssen, um das Postulat realisieren zu können, bleiben ungeklärt.

Die bisher diskutierten Aussagen der potentialorientierten Kreditpolitik zum Übertragungsmechanismus kommen über ihren definitorischen Charakter nicht hinaus. Es ist keine Theorie vorhanden, die diesen auflöst. Ihre wirtschaftspolitische Relevanz wird dadurch stark eingeschränkt.

Bei diesem Sachverhalt erscheint es ungerechtfertigt, im Übertragungsmechanismus der potentialorientierten Kreditpolitik eine Alternative zu anderen geldtheoretischen Ansätzen zu sehen. Eine solche Alternative formulieren zu wollen, ist ohne Zweifel ein Anliegen der potentialorientierten Kreditpolitik[13]. Diesen Anspruch kann man nur als erfüllt ansehen, wenn man auf das analytische Konzept als solches abstellt. Die aktuelle Diskussion kann nämlich dadurch gekennzeichnet werden, daß der Übertragungsmechanismus mit Hilfe eines preistheoretischen Ansatzes untersucht wird[14]. Die potentialorientierte Kreditpolitik stellt dagegen auf das Strömungsgrößen-Konzept ab.

Wenn man die Einführung dieses Konzepts zur Erklärung makroökonomischer Zusammenhänge auf Keynes zurückführt, dann ist seine Anwendung auf geldtheoretische Probleme in der potentialorientierten Kreditpolitik keynesianischer als alle anderen Ansätze, die üblicherweise einer keynesianischen Tradition zugerechnet werden[15]. Die Formulierung dieser keynesianischen Alternative des Übertragungsmechanismus ist jedoch — wie aufgezeigt worden ist — unvollständig geblieben.

---

[13] Vgl. *C. Köhler* (III), S. 31 - 46.

[14] Vgl. *E. M. Claassen:* Probleme der Geldtheorie, Berlin, Heidelberg, New York 1970, S. 34 ff.

[15] Seit einiger Zeit wird die Gleichsetzung von Keynes und keynesianischer Tradition in Frage gestellt. A. Leijonhuvfud unterscheidet zwischen dem, was Keynes „eigentlich" gesagt hat und dem, was seine Nachfolger daraus gemacht haben. Vgl. *A. Leijonhuvfud:* Über Keynes und den Keynesianismus. Eine Studie zur monetären Theorie. Herausgegeben und mit einem Vorwort von G. Gäfgen, Köln 1973.

Man könnte nun versuchen, den formalen analytischen Ansatz des Strömungsgrößen-Konzepts inhaltlich zu ergänzen, indem man nach einem Zuteilungskriterium für die Zahlungen sucht. Für die globale Größe des Zahlungsvolumens ist das nicht möglich. Es ist erforderlich, auf die beiden Finanzierungsquellen Geldmenge und zusätzliche Kreditgewährung abzustellen. Dann könnte im Zinssatz ein solches Kriterium zu sehen sein.

Dieses Vorgehen führt jedoch direkt zu den Problemen, die man eigentlich vermeiden wollte. Es würde notwendig, den Zusammenhang zwischen Zinssatz einerseits und Geldmenge und zusätzlicher Kreditgewährung andererseits zu analysieren. Dadurch würde der Ausgangspunkt des Übertragungsmechanismus, nämlich die Zahlungen, mehr und mehr verlassen. Hier zeigen sich die theoretischen Grenzen eines ausschließlich auf Strömungsgrößen abstellenden Ansatzes zur Erklärung der Wirklichkeit. Der Schluß von der Zahlungsmittelfunktion des Geldes auf Zahlungen schlechthin führt zwar zu einem hohen Allgemeinheitsgrad des Ansatzes, stellt jedoch erst dann einen potentiellen Fortschritt dar, wenn die Zahlungen in einen Hypothesenzusammenhang gestellt werden, der einer empirischen Überprüfung zugänglich ist und sich bewährt.

Dieser Anspruch wird durch den Übertragungsmechanismus der potentialorientierten Kreditpolitik wegen des fehlenden Koordinationsprozesses nicht erfüllt. Es ist also äußerst zweifelhaft, ob eine Geldpolitik auf Basis dieses Ansatzes erfolgreicher als die praktizierte oder die von anderer Seite vorgeschlagenen Konzepte sein kann. Wäre sie es dennoch, könnte man mit Hilfe dieses Ansatzes nicht einmal erklären, warum sie es ist.

Abgesehen von diesen Problemen des Übertragungsmechanismus ist zu fragen, ob die Art und Weise, in der die gesamtwirtschaftlichen Ziele in den Übertragungsprozeß integriert sind, geeignet ist, zu deren Realisierung beizutragen.

2.4. Übertragungsmechanismus und gesamtwirtschaftliche Ziele

Wenn die potentialorientierte Kreditpolitik dazu beitragen soll, die gesamtwirtschaftlichen Ziele zu realisieren, dann ist es notwendig, daß zwischen diesen und dem Übertragungsmechanismus ein Zusammenhang besteht. Darauf wurde bei der Darstellung bereits kurz hingewiesen. Zweifelsohne ist der Zielerreichungsgrad von der wirtschaftlichen Aktivität der Wirtschaftssubjekte abhängig. Insofern ist der geforderte Zusammenhang zu konstatieren. Der globale Begriff der wirtschaftlichen Aktivität läßt jedoch keine explizite Berücksichtigung der einzelnen Ziele zu. Es bedarf deshalb ihrer ausdrücklichen Einbeziehung in die Diskussion. Außenwirtschaftliche Absicherung vorausgesetzt, geht es im folgenden also um den Zusammenhang zwischen Zahlungen einerseits und dem Beschäftigungsziel, der Entwicklung des Preisniveaus und dem Wachstum des Produktionspotentials andererseits.

Am wenigsten problematisch ist die Einbeziehung des Wachstumszieles. Das Zahlungsvolumen muß immer so ausgeweitet werden, daß das Wachstum des Produktionspotentials finanziell realisiert werden kann. Es darf nicht der Fall eintreten, daß eine gewünschte Ausweitung deswegen unterbleibt, weil nicht genügend Finanzierungsmittel zur Verfügung stehen. In dieser Art und Weise ist das Wachstumsziel in den Übertragungsmechanismus einbezogen. Darüber hinaus hat die Entwicklung des Zahlungsvolumens keinen Einfluß auf das Wachstum. Vielmehr geht der Sachverständigenrat von einer gegebenen Entwicklung des Produktionspotentials aus, an der sich das Zahlungsvolumen orientieren soll. Insofern können geldpolitische Maßnahmen das Wachstum nicht positiv fördern.

Die verbleibenden Ziele Beschäftigung und Preisniveau gehen über den Zahlungskoeffizienten $z = Z/Y$ in den Übertragungsmechanismus ein. Das nominale Volkseinkommen kann als Ergebnis der wirtschaftlichen Aktivität im realen Bereich interpretiert werden. Verändert sich das nominale Volkseinkommen, dann muß sich auch die Beschäftigung und/oder das Preisniveau verändert haben, da definitionsgemäß $Y = Y_r P$ gilt (Y_r = reales Volkseinkommen, P = Preisniveau).

Zunächst wird der Zusammenhang zwischen Zahlungsvolumen und nominalem Volkseinkommen untersucht. Im Anschluß daran wird explizit nach den Preis- und Beschäftigungswirkungen von Veränderungen des Zahlungsvolumens gefragt.

Die Interpretation des Zusammenhangs von Z und Y ist nicht einheitlich. Das Zahlungsvolumen wird einmal als unabhängige, zum anderen als abhängige Variable interpretiert. Nach dem Jahresgutachten 1970, Ziff. 359, ist das Einkommen über das Zahlungsvolumen zu steuern[16]. Köhler sieht das Zahlungsvolumen an anderer Stelle dagegen als Funktion des Einkommens, $Z = f(Y)$[17]. Beide Interpretationen sind miteinander vereinbar, wenn man wie schon zuvor bei der wirtschaftlichen Aktivität von einer asymmetrischen Wirkung der Zahlungen auf das Einkommen ausgeht. Bei gegebenem Zahlungskoeffizienten, der angibt, wieviel DM erforderlich sind, um 1 DM Volkseinkommen zu finanzieren, wird die Entwicklung des Einkommens durch das Zahlungsvolumen, das

[16] Die Aussage „Die Zentralbank hat ... das Zahlungsvolumen wie die monetäre Nachfrage dahingehend zu beeinflussen ...“ ist nur in diesem Sinne zu interpretieren, da die Zentralbank nach der potentialorientierten Kreditpolitik nur Einfluß auf das Zahlungsvolumen hat, nicht jedoch direkt auf die monetäre Nachfrage.

[17] Vgl. *C. Köhler* (II), S. 192 f.

die Zentralbank zur Verfügung stellt, begrenzt. In diesem Sinne ist das Zahlungsvolumen unabhängige Variable. Andererseits kann das Zahlungsvolumen bei gegebener Entwicklung des Einkommens einen bestimmten Wert nicht übersteigen, selbst wenn die Zentralbank ein höheres Zahlungsvolumen zugelassen würde. In diesem Fall ist Z abhängige Variable.

Der geldpolitisch relevantere Fall ist sicherlich der, in dem das Zahlungsvolumen die Entwicklung des Einkommens begrenzt. Das theoretisch wie geldpolitisch gleichermaßen relevante Problem besteht dann darin, die Auswirkungen einer kreditpolitisch kontrollierten Veränderung von Z auf Y zu untersuchen. Angenommen, die Zentralbank rechnet für die Planperiode mit einem konstanten Zahlungskoeffizienten. Die Entwicklung des Produktionspotentials läßt einen Zuwachs des nominalen Einkommens von 10 % zu. Dann muß auch das Zahlungsvolumen mit der gleichen Rate wachsen, damit das Einkommenswachstum auf diesen Wert begrenzt wird. Es ist zu zeigen, wovon es abhängt, welches Einkommen tatsächlich erreicht wird.

Zahlungen können danach unterschieden werden, ob sie dem realen oder monetären Bereich (reine Finanztransaktionen) der Wirtschaft zuzuordnen sind. Legt man diese Unterscheidung zugrunde, dann kann das Zahlungsvolumen als Summe dieser beiden Komponenten definiert werden

$$Z = Z_r + Z_m$$

Z_r = Zahlungen im realen Bereich,
Z_m = Zahlungen im monetären Bereich.

Dividiert man beide Seiten der Gleichung durch Y, so erhält man

$$\frac{Z}{Y} = \frac{Z_r}{Y} + \frac{Z_m}{Y}$$

Diese Unterscheidung ist deswegen sinnvoll, weil in der Realität immer nur Z_r und/oder Z_m beeinflußt werden kann, und nicht das Zahlungsvolumen schlechthin. Der empirisch feststellbare Zahlungskoeffizient ist immer nur der statistische Reflex der beiden Komponenten auf der rechten Seite der Gleichung.

Es erscheint realistisch, davon auszugehen, daß Z_r/Y und Z_m/Y nicht gleich groß sind. Nimmt man zunächst an, daß sie ebenso wie Z/Y konstant sind, so führt die Erhöhung des Zahlungsvolumens bei diesen Annahmen rein rechnerisch immer zu einem relativ gleich großen Wachstum des Einkommens. Die Werte für das Einkommen in den Nennern der Brüche sind jedoch nur dann miteinander vereinbar, wenn die Erhöhung des Zahlungsvolumens so auf Z_r und Z_m aufgeteilt wird, daß sich Z_r/Z_m nicht verändert. Alle anderen Fälle ergeben Werte für das Einkommen, die nicht miteinander vereinbar sind.

Diese formale Analyse läßt keine Aussagen darüber zu, welches Einkommen tatsächlich realisiert wird. Dazu sind mehr Informationen erforderlich, die sich aus dem Übertragungsmechanismus nicht ableiten lassen. Hebt man noch die Annahme konstanter Komponenten Z_r/Y bzw. Z_m/Y auf, lassen sich erst recht keine Aussagen über die wahrscheinliche Entwicklung von Y machen. Die Veränderungen von Z_r/Y und Z_m/Y werden unterschiedlich groß sein, wenn man davon ausgeht, daß die Zahlungen im realen Bereich in einem engeren Zusammenhang zum Volkseinkommen stehen als die im monetären Bereich. Das dürfte realistisch sein. Die Implikationen lassen sich für den extremen Fall aufzeigen, daß die Entwicklung von Y von Z_m völlig unabhängig ist und eine Erhöhung des Zahlungsvolumens sich ausschließlich in Z_m niederschlägt. Das Einkommen wird davon nicht beeinflußt, der Zahlungskoeffizient steigt. Das heißt aber auch für den umgekehrten Fall einer Verminderung bzw. geringeren Wachstums des Zahlungsvolumens, daß das Einkommenswachstum dadurch nicht notwendigerweise begrenzt werden muß. Der Zahlungskoeffizient sinkt dann.

Dieser Fall ist vor allem dann relevant, wenn, wie hier angenommen, das Zahlungsvolumen die Entwicklung des Einkommens begrenzen soll. Der Erfolg einer Begrenzung des Zahlungsvolumens ist sehr ungewiß, wenn der Zahlungskoeffizient so elastisch ist, daß er die Einschränkungen kompensieren kann. Das ist vor allem dadurch möglich, daß Zahlungen vom monetären Bereich in den realen Bereich verlagert werden. So kann z. B. eine Schuldentilgung kurzfristig verschoben werden, um zusätzlichen Konsum finanzieren zu können. Dieser Substitutionsprozeß kann natürlich nicht unbegrenzt fortgesetzt werden. Er kann jedoch dazu führen, daß der Zusammenhang zwischen Zahlungsvolumen und Volkseinkommen vor allem kurzfristig wenig streng ist.

Das ganze Problem stellt sich noch differenzierter, wenn das Zahlungsvolumen nach den Finanzierungsquellen, vorhandene Geldmenge und zusätzliche Kreditgewährung, unterschieden wird. Das wiederum ist erforderlich, da die Kontrolle des Zahlungsvolumens nach der potentialorientierten Kreditpolitik nur über die zusätzliche Kreditgewährung möglich ist. Zahlungen können dann sowohl nach ihrer Zurechenbarkeit zu einem der beiden Bereiche und den Finanzierungsquellen näher gekennzeichnet werden. Auch hier dürfte die Annahme realistisch sein, daß der Zusammenhang zwischen den einzelnen Zahlungskategorien und dem Volkseinkommen unterschiedlich stark ist. Dadurch wird erneut die Wahrscheinlichkeit sinken, aus einer angestrebten Entwicklung des Zahlungsvolumens die entsprechende Veränderung des Volkseinkommens auch nur annähernd genau abzuschätzen. Hinzu kommt, daß wegen des fehlenden Zuteilungskriteriums nicht gesagt werden kann, wie sich Veränderungen des Zahlungsvolumens, die auf die zusätzliche Kreditgewährung zurückzuführen sind, auf den monetären und realen Bereich verteilen.

Aus den bisherigen Überlegungen ist zu folgern, daß der empirisch feststellbare Zahlungskoeffizient, definiert als Verhältnis von giralen Verfügungen und Bruttosozialprodukt, nicht konstant sein dürfte. Bezieht man noch die Wachstumsraten des Bruttosozialprodukts explizit in die Analyse mit ein, so kann man möglicherweise Aufschluß darüber erhalten, ob gewisse Regelmäßigkeiten in der Entwicklung beider Reihen vorliegen.

Der Verlauf der beiden Reihen ist im folgenden Schaubild dargestellt. Es wird bewußt auf Vierteljahreszahlen abgestellt, weil dadurch den kurzfristigen Bewegungen des Zahlungskoeffizienten am besten Rechnung getragen werden kann. Die Vermutung, daß der Zahlungskoeffizient nicht konstant ist, wird durch die Entwicklung in der Vergangenheit bestätigt. In dem zugrundegelegten Zeitraum schwankte er zwischen 5 (1967, IV) und 6,8 (1970, I). Dabei sind keine Regelmäßigkeiten, etwa saisonale Schwankungen, festzustellen; Wendepunkte werden zum Teil jedes Quartal oder erst nach drei Quartalen erreicht.

Im Vergleich zur Entwicklung des Bruttosozialprodukts läßt sich folgendes sagen. Es fällt auf, daß im Konjunkturverlauf eine gewisse Parallelität beider Reihen gegeben ist. Das gilt insbesondere für die Aufschwungphase nach der Rezession 1966/67. Mit steigenden Wachstumsraten des Sozialprodukts waren überproportionale Steigerungen des Zahlungsvolumens verbunden. Diese Gleichläufigkeit ist im folgenden Abschwung allerdings weniger stark ausgeprägt. Auffällig ist die gegenläufige Entwicklung seit Mitte 1973. Unabhängig von diesen groben Entwicklungslinien ist festzustellen, daß kurzfristig mehrfach ausgeprägte gegenläufige Entwicklungen auftreten. Ein sinkender Zahlungskoeffizient ist vereinbar mit steigenden Wachstumsraten des Bruttosozialprodukts und umgekehrt.

Die vorstehenden Aussagen sind bewußt vorsichtig formuliert. Das empirische Material soll nicht überinterpretiert werden. Es ist allenfalls möglich, ein negativ formuliertes Ergebnis daraus abzuleiten: Das empirische Material läßt keinen hinreichend strengen Zusammenhang zwischen Zahlungsvolumen und Sozialprodukt erkennen. Die nach dem Konzept notwendige Beziehung zwischen beiden scheint nicht so fest zu sein, daß der geldpolitisch angestrebte Erfolg gewährleistet wäre, wenn das Zahlungsvolumen gesteuert würde. Dieses Ergebnis stimmt mit den zuvor diskutierten theoretischen Einwänden überein.

Die bisherige Diskussion hat erkennen lassen, daß der Versuch, zwischen Zahlungsvolumen und Volkseinkommen explizit eine Beziehung zu formulieren, zahlreiche Schwierigkeiten zu überwinden hätte. Sinn-

Abb. 2: Entwicklung des Zahlungskoeffizienten Z/BSP und der Wachstumsraten des BSP (nominal) gegenüber dem Vorjahrsquartal für die BRD, 1967 I - 1974 I, in v. H.

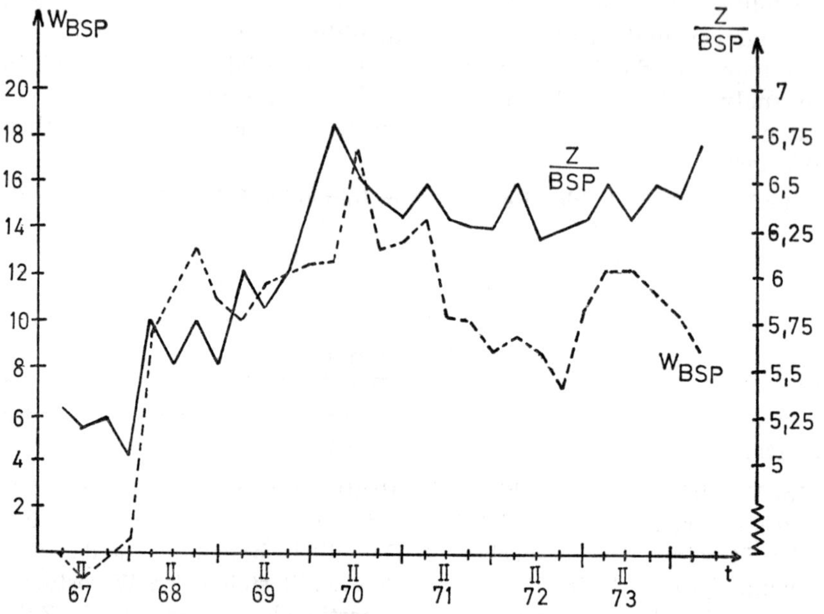

Quelle: Monatsberichte der Deutschen Bundesbank, verschiedene Jahrgänge, DIW-Vierteljahreshefte zur Wirtschaftsforschung, verschiedene Jahrgänge und eigene Berechnungen.

voll wäre ein solcher Versuch jedoch nur, wenn dabei gleichzeitig das nominale Volkseinkommen in die Beschäftigungs- und Preiskomponente aufgespalten würde. Der Einfluß auf Preise und Beschäftigung ist bisher nicht explizit berücksichtigt worden. Das ist dadurch möglich, daß man den Zahlungskoeffizienten wie folgt definiert:

$$z = \frac{Z}{Y} = \frac{Z}{Y_r P}$$

Y_r bezeichnet das reale Einkommen, P das Preisniveau. Generell gilt, daß mit einem gegebenen Zahlungsvolumen und gegebenem Zahlungskoeffizienten alternative Werte von Y_r und P vereinbar sind. Damit ist die grundsätzliche Problematik bereits angedeutet. Angenommen, man beschränke in einer Boomphase die Wachstumsrate des Zahlungsvolumens auf eine bestimmte Höhe, um damit ein weiteres Ansteigen des Preisniveaus zu verhindern bzw. die Inflationsrate zu verringern. Wenn dieses Ziel erreicht werden soll, so bedeutet das, daß die Reduktion der

Wachstumsrate des Zahlungsvolumens primär zu Preisreaktionen führen muß. Mengenreaktionen, die die Beschäftigung und das reale Einkommen einschränken, müssen weitgehend vermieden werden.

Aus dem Übertragungsmechanismus lassen sich diese Bedingungen nicht ableiten. Sowohl eine Senkung des Preisniveaus als auch eine Verringerung der Mengen führt zu einer Senkung des Zahlungsvolumens. Ist die Flexibilität der Preise nicht groß genug, um die Veränderung des Zahlungsvolumens zu kompensieren, müssen zwangsläufig Mengenreaktionen erfolgen. Inflation und rückläufige Produktion sind mit der gewünschten Zunahme des Zahlungsvolumens vereinbar. Beide Ziele werden nicht erreicht, obwohl Zahlungsvolumen und nominales Einkommen nicht von der angestrebten Entwicklung abweichen.

Der Sachverständigenrat selbst schreibt an anderer Stelle, daß es keine Anzeichen dafür gibt, „eine allmähliche Annäherung der inflatorischen Nachfrageexpansion an das Wachstum des Produktionspotentials werde nur Preiswirkungen (Verminderung des Preisauftriebs) und gar keine Produktionswirkungen (Veränderung der Beschäftigung) haben“[18].

Hier zeigen sich deutlich die Implikationen der Theorielosigkeit des Übertragungsmechanismus. Das Ergebnis ist weder in theoretischer noch politischer Hinsicht befriedigend. Schon vom Ansatz her verzichtet das Zahlungskonzept auf die Unterscheidung von Preis- und Mengenreaktionen. Die Strömungsgröße Zahlung ist immer schon das Produkt aus beiden[19].

Die Kritik an der fehlenden bzw. mangelhaften Einbeziehung von Preis- und Mengenreaktionen in die theoretischen Überlegungen trifft nicht den Ansatz der potentialorientierten Kreditpolitik allein. Teigen kennzeichnet den Stand der Diskussion zu diesem Problem folgendermaßen[20]: Keynesianisch orientierte Ansätze gehen von einem gegebenen Preisniveau aus, Anpassungen erfolgen ausschließlich über Mengenreaktionen. In monetaristischen Ansätzen ist der Output durch andere als monetäre Faktoren determiniert; der Anpassungsprozeß bei monetären Veränderungen führt zu Preisvariationen. Insofern spiegelt sich im Ansatz der potentialorientierten Kreditpolitik nur der gegenwärtige Stand der Forschung wider. Auch in diesem Punkt ist wie schon zuvor festzustellen, daß in diesem Ansatz keine bessere Alternative zu anderen zu sehen ist. Es mag überhaupt problematisch sein, dieses Problem im Rahmen einer

[18] *JG* 1972, Ziff. 346. Vgl. auch *JG* 1973, Ziff. 314.

[19] Die reinen Finanztransaktionen können bei dieser Argumentation unberücksichtigt bleiben.

[20] Vgl. *R. Teigen:* Some Observations on Monetarist Analysis, in: Kredit und Kapital, 4. Jg. (1971), S. 245 ff. Teigen greift dabei auf eine Unterscheidung Friedmans zurück. *M. Friedman* (IV): A Theoretical Framework for Monetary Analysis, New York 1971, S. 29 ff.

speziellen Theorie — hier der Geldtheorie — lösen zu wollen. Sinnvoller erscheint es, eine allgemeine Theorie der Preis- und Mengenreaktionen zum Forschungsobjekt zu machen.

Was den Sachverständigenrat betrifft, so läßt obiges Zitat vermuten, daß er dieses allgemeine Problem durchaus sieht. Diese Erkenntnis findet jedoch keinen Niederschlag in seinen stabilitätspolitischen Konzeptionen, hier der potentialorientierten Kreditpolitik. Die Integration von Preis- und Mengenreaktionen in den Übertragungsmechanismus wird nicht geleistet.

Faßt man die weitgehend immanent geführte Kritik am Übertragungsmechanismus der potentialorientierten Kreditpolitik zusammen, so erscheint folgende Aussage gerechtfertigt: Der Prozeß, durch den das Zahlungsvolumen auf die wirtschaftliche Aktivität im allgemeinen und die gesamtwirtschaftlichen Ziele im besonderen einwirkt, ist weitgehend ungeklärt bzw. in der Konzeption selbst nicht auszumachen. Unter Berücksichtigung der damit verbundenen Theorielosigkeit wird die geldpolitische Relevanz des Übertragungsmechanismus wie auch der angestrebte Alternativcharakter zu anderen Ansätzen in Frage gestellt. Es ist zu untersuchen, ob ein gleiches oder ähnliches Urteil auch für die beiden anderen Punkte des Theoriebereichs — die monetäre Grundgleichung und den Kreditangebotsprozeß — zutreffend ist.

3. Zur monetären Grundgleichung der potentialorientierten Kreditpolitik

Die monetäre Grundgleichung $Z = \Delta Klun$ verknüpft den Übertragungsmechanismus mit dem Kontrollproblem. Wenn das Zahlungsvolumen die monetäre Variable ist, die letztlich gesteuert werden soll, dann muß zumindest eine der Determinanten kontrolliert werden können, von denen das Zahlungsvolumen abhängig ist. Aus der Darstellung der potentialorientierten Kreditpolitik ist bekannt, daß es grundsätzlich zwei Finanzierungsquellen für Zahlungen gibt, nämlich die vorhandene Geldmenge und die zusätzliche Kreditgewährung. Nur die letztere kann nach dem Konzept durch die Zentralbank kontrolliert werden.

Die monetäre Grundgleichung hat im Konzept die Aufgabe, die Grundvoraussetzung für die Kontrolle des Zahlungsvolumens über die Kreditgewährung zu schaffen. Sie muß geeignet sein, den Umfang der zusätzlichen Kreditgewährung zu bestimmen, der erforderlich ist, damit das erwünschte Zahlungsvolumen Z realisiert wird. In diesem Sinn muß die Finanzierungsgleichung einen Orientierungsmaßstab für die Geldpolitik abgeben. Es ist zu untersuchen, ob die Finanzierungsgleichung diese Funktion erfüllen kann. Theoretische und empirische Aspekte sind dabei gleichermaßen zu berücksichtigen.

3.1. „Theorie" der monetären Grundgleichung

Bereits in der Darstellung der potentialorientierten Kreditpolitik war auf den tautologischen Charakter der monetären Grundgleichung hingewiesen worden. Sie läßt sich durch einfache tautologische Erweiterung aus Z = Z herleiten. Gegen eine Tautologie als solche können schlechthin kaum Einwände gemacht werden. Problematisch wird eine tautologische Aussage jedoch dann, wenn sie wie die monetäre Grundgleichung ein wesentliches Element im Aussagenzusammenhang einer wirtschaftspolitischen Konzeption ist. Dann wird es erforderlich, den tautologischen Charakter gewissermaßen aufzulösen, indem die Aussage durch Hypothesen mit Informationsgehalt, die also grundsätzlich überprüfbar sind, ergänzt wird.

Wird z. B. eine bestimmte Höhe der zusätzlichen Kreditgewährung aus der monetären Grundgleichung abgeleitet und auch tatsächlich realisiert, dann wird sich das erwünschte Zahlungsvolumen nur dann einstellen, wenn die Zusatzhypothesen, die sich auf die Entwicklung von l, u und n beziehen, mit der Realität übereinstimmen. So könnten die einfachsten Zusatzhypothesen darin bestehen, daß man annimmt, l, u und n seien konstant oder — wenn sie nicht konstant sind — sowohl untereinander als auch von ΔK unabhängig.

Die Variablen Umlaufgeschwindigkeit des Geldes und Liquiditätsneigung sind seit jeher Gegenstand der geldtheoretischen Diskussion gewesen. Die Einlagenkreditrelation wird unseres Wissens erstmals durch die potentialorientierte Kreditpolitik eingeführt. Man könnte vermuten, daß diese Diskussion in der potentialorientierten Kreditpolitik aufgegriffen würde, um daraus die notwendigen Zusatzhypothesen zu entwickeln. Das ist keineswegs der Fall. Es wird weitgehend auf die Formulierung expliziter Hypothesen verzichtet. Darauf ist einzugehen, nachdem einige Spezifika von Umlaufgeschwindigkeit und Liquiditätsneigung aufgezeigt worden sind, durch die sie sich in der monetären Grundgleichung von den üblichen Konzepten der Umlaufsgeschwindigkeit und Liquiditätsneigung unterscheiden.

Die Definition der Umlaufsgeschwindigkeit des Geldes weicht dadurch von den üblichen ab, daß die Geldmenge auf das Zahlungsvolumen und nicht auf eine Einkommens- oder Umsatzgröße bezogen wird. Die Notwendigkeit dieser Definition ergibt sich aus der Funktion der Zahlungen im Qbertragungsprozeß. Die Geldmenge wirkt nicht direkt als Geldmenge, sondern erst durch die Transformation in Zahlungen auf die wirtschaftliche Aktivität bzw. das Einkommen. Diese Transformation wird in der Umlaufsgeschwindigkeit erfaßt. Hier zeigt sich, daß die Geldmenge in der potentialorientierten Kreditpolitik keineswegs unbedeutend ist. Sie unterscheidet sich von der zusätzlichen Kreditgewährung nur dadurch, daß sie nicht kontrollierbar ist.

Kritisch ist gegen diese Definition der Umlaufsgeschwindigkeit einzuwenden, daß sie nicht wirkungshomogen ist, weil die Geldmenge in Beziehung zum gesamten Zahlungsvolumen gesetzt wird. Wirkungshomogenität läge dann vor, wenn nur die Zahlungen, die tatsächlich auf den Einsatz der Geldmenge zurückzuführen sind, in die Definition eingingen. Aus der Beobachtung einer steigenden Umlaufsgeschwindigkeit kann also nicht ohne weiteres geschlossen werden, daß die vorhandene Geldmenge tatsächlich intensiver genutzt worden ist. Das relative Ansteigen von Z gegenüber M kann auch auf eine verstärkte Kreditfinanzierung zurückzuführen sein. Diese Möglichkeit steht im Widerspruch zur theoretischen Zielsetzung der Umlaufsgeschwindigkeit, nämlich eine mehr oder weniger intensive Nutzung der Geldmenge widerzuspiegeln.

Die bekannteren Ansätze, beispielsweise Y/M, weisen in dieser Beziehung eine größere Konsistenz mit dem jeweiligen Übertragungsprozeß auf. Veränderungen von Y werden eindeutig auf M zurückgeführt, was bei Z nicht notwendigerweise der Fall sein muß. Die spezielle Formulierung des Übertragungsprozesses der potentialorientierten Kreditpolitik wird in der Definition der Umlaufsgeschwindigkeit nicht berücksichtigt.

Es läßt sich zeigen, daß dieser Einwand nicht nur theoretischer Art ist, sondern auch geldpolitisch relevant werden kann. Angenommen, das Zahlungsvolumen soll in einer Periode gleich groß mit dem der vorhergegangenen sein. Die Zentralbank rechnet mit einer steigenden Umlaufsgeschwindigkeit bei konstantem M. Der Beitrag der Geldmenge zur Finanzierung des Zahlungsvolumens wäre also größer als in der Vorperiode. Die zusätzliche Kreditgewährung muß demnach eingeschränkt werden, um zu verhindern, daß das Zahlungsvolumen den angestrebten Wert übersteigt.

Diese Zielsetzung wird nur dann erreicht, wenn die erwartete Erhöhung der Umlaufsgeschwindigkeit darauf zurückzuführen ist, daß die Wirtschaftssubjekte tatsächlich eine intensivere Nutzung der Geldmenge beabsichtigen und verwirklichen. Die Umlaufsgeschwindigkeit Z/M bleibt dann im Ergebnis konstant. Ist jedoch eine beabsichtigte relative größere Kreditfinanzierung der Grund für das erwartete Ansteigen, dann können die Wirtschaftssubjekte diese nicht realisieren, im Gegenteil, es steht noch weniger Kredit zur Verfügung als in der Vorperiode. Ceteris paribus sinkt das Zahlungsvolumen und die gemessene Umlaufsgeschwindigkeit Z/M. Eine mögliche Ausweichreaktion kann darin bestehen, daß die Krediteinschränkung tatsächlich zu einer effektiveren Nutzung der Geldmenge führt, so daß die Krediteinschränkung teilweise oder ganz kompensiert wird.

Es zeigt sich, daß der Beitrag der Geldmenge zum gesamtwirtschaftlichen Zahlungsvolumen durch die im Konzept vorgenommene Transformation über die Umlaufsgeschwindigkeit nicht korrekt wiedergegeben werden kann.

Die Umlaufsgeschwindigkeit läßt sich auch im Sinne einer Nachfrage nach Geld interpretieren[21]. Sie gibt an, wie groß die Geldmenge ist, die von den Wirtschaftssubjekten nachgefragt wird, um ein geplantes Zahlungsvolumen zu finanzieren. Setzt man die nachgefragte Geldmenge zu anderen finanziellen Aktiva in Beziehung, so kommt man zur Liquiditätsneigung M/E. Die Geldmenge ist ein Aktivum unter anderen. Die Höhe der Geldmenge ergibt sich dann aus der gewünschten Struktur dieser Aktiva. Die Theorie der Geldnachfrage wird zu einer allgemeinen Kapitaltheorie des Geldes[22].

In der potentialorientierten Kreditpolitik wird diesem Vorgehen nicht gefolgt, da dann ein anderer Übertragungsprozeß angenommen werden müßte. Primärer Bestimmungsgrund für die Höhe der Geldmenge ist das Zahlungsvolumen. Es „(werden) gerade soviel monetäre Forderungen (= Geldmenge, Ergänzung des Verfassers) verfügbar gehalten, wie für die technische Abwicklung der Zahlungen erforderlich sind“[23]. Alle anderen Aktiva spielen in diesem Zusammenhang keine Rolle. Ihre gesamte Höhe, das Geldkapital, ergibt sich als Restgröße aus dem gesamten Mittelaufkommen bei den Banken und der Geldmenge. Eine Anlage in Geldkapital findet nur deshalb statt, weil dadurch Zinserträge erzielt werden können, die bei ausschließlicher Haltung des finanziellen Vermögens in Form der Geldmenge geringer wären oder ganz ausfallen würden[24].

Diese These impliziert, daß die Wirtschaftssubjekte nicht bereit sind, wegen steigender Zinserträge auf das Halten von Geld zu verzichten, wenn deswegen eine Einschränkung der beabsichtigten Zahlungen erforderlich würde. Dadurch wird der Unterschied zum kapital- bzw. preistheoretischen Ansatz am deutlichsten. Der Vermögensaspekt des Geldes tritt hinter den der Zahlungsmittelfunktion zurück. Die Aufteilung der finanziellen Aktiva auf Geldmenge und andere Anlagen ist vom Zahlungsvolumen und nicht von den Ertragsraten der verschiedenen Aktiva abhängig. Die vom gegenwärtigen Stand der Diskussion abweichende Interpretation der Liquiditätsneigung läßt sich ebenso wie bei der Umlaufsgeschwindigkeit auf den Ausgangspunkt, den Übertragungsmechanismus, zurückführen[25].

---

[21] Vgl. *W. Neubauer:* Strategien, Techniken und Wirkungen der Geld- und Kreditpolitik, Göttingen 1972, S. 88 ff.

[22] Vgl. *H. G. Johnson* (I): Recent Developments in Monetary Theory, in: The Indian Economic Review, Vol. VI (1963), S. 1 - 28.

[23] *C. Köhler* (II), S. 25.

[24] Vgl. ebenda, S. 26.

In diesem Zusammenhang auf die dritte Variable der monetären Grundgleichung, die Einlagenkreditrelation, einzugehen, erscheint wenig sinnvoll. Es fällt schwer, diese Größe ökonomisch sinnvoll zu interpretieren. Es scheint vielmehr so zu sein, daß sie sich aus dem Zwang ergeben hat, die Tautologie der monetären Grundgleichung zu „vervollständigen", da $\Delta Kun \neq Z$ ist.

Wie bereits angedeutet, wird die Tautologie der monetären Grundgleichung nicht dadurch beseitigt, daß für l, u und n explizite Verhaltensfunktionen formuliert werden. Vielmehr wird angenommen, daß l, u und n voneinander unabhängig und nicht konstant sind. Ihre Werte „müssen daher laufend, entsprechend den gerade überwiegenden Einflußfaktoren, ermittelt werden"[26]. Mit diesem Verfahren versucht Köhler den tautologischen Charakter der monetären Grundgleichung aufzuheben. Die notwendigen Zusatzhypothesen werden auf ein Minimum beschränkt.

Der Verzicht auf Verhaltensfunktionen scheint eine theoretische Grundposition Köhlers und anderer Befürworter der potentialorientierten Kreditpolitik zu sein. Köhler führt aus: „Eine Arbeit, die sich das Ziel setzt, der Kreditpolitik Orientierungshilfen zu geben und sich dabei auf wirtschaftliche Aggregate beschränkt, muß die letzten Ursachen wirtschaftlicher Prozesse, die zum Teil im soziologischen Bereich liegen, vernachlässigen[27]." An anderer Stelle heißt es ergänzend: „Die tatsächliche Entwicklung läßt nun allerdings erkennen, daß fast alle monetären Größen und Relationen in der Zeit nicht konstant bleiben. Die monetären Größen bewegen sich so unregelmäßig, der Einfluß psychologischer und institutioneller Faktoren wechselt so stark, daß sich keine eindeutigen Abhängigkeiten erkennen lassen[28]."

Der Verzicht auf Verhaltenshypothesen findet demnach seine Begründung in der These, daß die monetären Faktoren kurzfristig auf den Wirtschaftsablauf einwirken — somit müssen geldpolitische Entscheidungen kurzfristiger Art sein —, die Informationen über kurzfristige Abhängigkeiten der Einflußfaktoren in der monetären Grundgleichung jedoch ungenügend sind. Es soll vermieden werden, „den Anschein einer Präzision zu erwecken, die in Wirklichkeit nicht vorhanden ist"[29].

In der Art und Weise, wie die Tautologie aufzulösen versucht wird, zeigt sich deutlich der Konflikt zwischen einem hohen theoretischen An-

[25] Einige Ökonomen, die Befürworter der potentialorientierten Kreditpolitik sind, sehen jedoch, abweichend vom Köhlerschen Standpunkt, einen Einfluß des Zinssatzes auf die Liquiditätsneigung. Vgl. z. B. *Rüdiger Pohl* (III), S. 108.

[26] *C. Köhler* (II), S. 193. Vgl. auch ebenda, S. 205.

[27] *C. Köhler* (I), S. 13.

[28] *C. Köhler* (II), S. 193.

[29] *K. H. Ketterer, Rüdiger Pohl,* S. 179.

spruchsniveau, das empirisch gehaltvolle Hypothesen verlangt, und der Notwendigkeit, kurzfristig geldpolitische Entscheidungen treffen zu müssen. Die Verfechter einer monetaristischen Position betonen den methodologischen Vorwurf, „daß die monetäre Grundgleichung nur als analytischer Satz ohne empirischen Gehalt interpretierbar ist“[30]. Die Befürworter der potentialorientierten Kreditpolitik räumen zwar die grundsätzliche Berechtigung des methodologischen Anliegens ein, halten aber dagegen, daß es „von keiner großen zentralbankpolitischen Relevanz (ist), Verhaltensfunktionen zu formulieren und dafür aus langen Zeitreihen gewonnene hohe Korrelationskoeffizienten vorzuweisen“[31]. Denn, „es zeigt sich immer wieder, daß empirisch scheinbar abgesicherte stabile Relationen in Zeiträumen, die innerhalb des ökonomischen Planungshorizonts wirtschaftlicher Instanzen liegen, in Wirklichkeit höchst instabil sind“[32]. Deshalb wird der zuvor angegebene Weg vorgeschlagen.

Eine kritische Würdigung dieser gegensätzlichen Positionen muß insofern unvollständig bleiben, als es den Rahmen dieser Arbeit sprengen würde, unter methodologischen Aspekten auf die theoretischen und empirischen Arbeiten der „Monetaristen“ einzugehen. Festzuhalten bleibt, daß in beiden Positionen eine unterschiedliche Beurteilung des Standes und der Möglichkeiten empirischer Wirtschaftsforschung zur Überprüfung kurzfristig wirtschaftspolitisch relevanter Aussagen zum Ausdruck kommt. Das ist das generelle Problem, das sich hier auftut. Dieses für den Bereich der Geldtheorie bzw. -politik durch die Anwendung der Regressionsanalyse und die Betrachtung von Korrelationskoeffizienten als gelöst anzusehen, mag mit Recht bezweifelt werden.

Näher einzugehen ist auf die Frage, ob die pragmatisch zu nennende Variante der potentialorientierten Kreditpolitik ihren eigenen Anspruch erfüllen kann, in der angegebenen Art und Weise die zusätzliche Kreditgewährung bestimmen zu können. Es ist also der These nachzugehen, daß die Determinanten der Faktoren voneinander unabhängig sind[33].

Die Unabhängigkeitsthese muß angezweifelt werden. Ein einfacher Zusammenhang ergibt sich bereits definitionsgemäß. Die Geldmenge M geht sowohl in die Definition der Umlaufsgeschwindigkeit (Nenner) als auch in die der Liquiditätsneigung (Zähler) ein. Veränderungen von M führen dann der Tendenz nach zu entgegengesetzten Veränderungen von Umlaufsgeschwindigkeit und Liquiditätsneigung. Nach Pohl bestätigt sich dieser Zusammenhang in der Realität: „Auffällig ist, daß in den

[30] *H. G. Monissen,* S. 148.

[31] *K. H. Ketterer, R. Pohl,* S. 178.

[32] Ebenda.

[33] Dem weiteren Problem, die Determinanten empirisch zu bestimmen, wird im nächsten Abschnitt nachgegangen.

Wachstumsraten-Reihen der ‚Umlaufsgeschwindigkeit' und der ‚Liquiditätsneigung' die Entwicklung der Sichteinlagen (*G*) durchschlägt (*G* ist in Relation zu *E* sehr klein und schwankt viel stärker als die Gesamtmasse von *E*)[34]." Ebenso weisen Untersuchungen von Köhler eine gegenläufige Entwicklung von *u* und *n* aus[35].

Berücksichtigt man diese Abhängigkeiten bei der Bestimmung der Werte für *u* und *n* nicht, was aus der Unabhängigkeitsthese folgt, dann werden die tatsächlichen Werte notwendigerweise von den prognostizierten abweichen. Der Wert für die zusätzliche Kreditgewährung kann nicht korrekt ermittelt werden. Die Folge ist, daß das tatsächliche Zahlungsvolumen von der erforderlichen Entwicklung abweicht. Gerade weil diese Abhängigkeit auch kurzfristig wirksam ist, wäre es notwendig, sie zu berücksichtigen, was ihre Kenntnis voraussetzen würde. Die Unabhängigkeitsthese kann diesem Sachverhalt nicht gerecht werden, verhindert möglicherweise sogar, diesen Zusammenhängen nachzugehen.

Ein weiterer Aspekt betrifft das Verhältnis von ΔK und den *lun*-Variablen. Unabhängigkeit bedeutet in diesem Fall, man bestimmt den Wert von *lun* und damit den von ΔK. Die Realisierung von ΔK wiederum darf keine Auswirkungen auf die tatsächliche Entwicklung von *lun* haben. Aus dem Aussagenzusammenhang der potentialorientierten Kreditpolitik selbst lassen sich Einwände gegen diese These formulieren. Sie ist dann nicht zu halten, wenn sich nachweisen läßt, daß zwischen zusätzlicher Kreditgewährung und Geldmenge ein Zusammenhang besteht. Verändert sich im Zuge der Kreditgewährung die Geldmenge, dann muß das auch Auswirkungen auf den Beitrag der Geldmenge zur Finanzierung des Zahlungsvolumens haben.

Bleiben *l*, *u* und *n* trotz der Geldmengenerhöhung konstant, steigt das mit der Geldmenge finanzierte Zahlungsvolumen und damit das gesamte Zahlungsvolumen. Verändern sich *l*, *u* und *n* als Folge der Geldmengenerhöhung, dann ist es unwahrscheinlich, daß ihr gemeinsames Produkt konstant bleibt. Nur in diesem Spezialfall wird eine unerwünschte Änderung des Zahlungsvolumens nicht eintreten. Das tatsächliche Zahlungsvolumen wird vom erwünschten abweichen, wenn man von der Unabhängigkeit von ΔK und *lun* ausgeht, den vorhandenen Einfluß von ΔK auf *M* also nicht berücksichtigt.

Auf den Zusammenhang zwischen ΔK und *M* wird von Köhler selbst hingewiesen. Er untersucht die Frage, in welcher Höhe neue Einlagen im Verlauf des Kreditschöpfungsprozesses entstehen[36]. Eine einfache Überlegung macht die Zusammenhänge klar. Die Zahlungsempfänger der mit

[34] Vgl. *Reinhard Pohl* (I), S. 200. Pohl setzt G = M.

[35] Vgl. *C. Köhler* (VII): Massive Restriktionspolitik, in: WSI-Mitteilungen, 26. Jg. (1973), S. 341.

Kredit finanzierten Zahlungen sind entweder Bankschuldner oder Bankgläubiger[37]. Beim Bankschuldner werden die Verpflichtungen verringert; die Geldmenge wird nicht beeinflußt. Ist der Zahlungsempfänger jedoch Bankgläubiger, steigt sein Guthaben bei der Bank und in einem ersten Schritt damit die Geldmenge[38]. Allgemein ist immer dann ein Einfluß der zusätzlichen Kreditgewährung auf die Geldmenge zu erwarten, wenn mit Kredit finanzierte Zahlungen auch Bankgläubigern zufließen. Davon ist realistischerweise auszugehen. Der Umfang des Einflusses wird dann durch die Verteilung dieser Zahlungen auf Bankgläubiger und -schuldner bestimmt.

Diese Zusammenhänge zwischen zusätzlicher Kreditgewährung und Geldmenge werden aufgrund der Unabhängigkeitsthese explizit vernachlässigt. Das ist um so erstaunlicher, als die Beziehungen — wie gezeigt — an anderen Stellen durchaus gesehen werden. Es wäre demnach erforderlich, den Zusammenhang zwischen Kreditgewährung und Geldmenge explizit in die monetäre Grundgleichung einzubeziehen.

Inwieweit das möglich ist, hängt von der Stabilität des Zusammenhanges zwischen beiden Größen ab. Kau hält sie aufgrund seiner empirischen Untersuchungen für gegeben. Für 1961 - 1971 wird festgestellt: „Eine Zunahme des Kreditvolumens führt im Mittel mit rund 19 % des Steigerungsbetrages in der gleichen Periode zu einem Geldmengenanstieg und umgekehrt[39].“ Ob sein spezieller Ansatz allerdings dem Konzept der potentialorientierten Kreditpolitik Rechnung trägt, ist fraglich[40]. Erstens geht mangels geeigneter Daten nicht die Brutto-, sondern die Nettokreditgewährung in den Ansatz ein. Entscheidend ist aber, ob die Beziehung zwischen Bruttokreditgewährung und Veränderung der Geldmenge stabil ist. Zweitens ist in der Nettokreditgewährung der Saldo aus Auslandsaktiva und -passiva des gesamten Bankensystems einschließlich der Bundesbank enthalten.

Diese Abgrenzung der Nettokreditgewährung ist sehr weit gefaßt und entspricht nicht dem Konzept der potentialorientierten Kreditpolitik, das auf die inländische Kreditgewährung abstellt. Eine stabile Beziehung zwischen der weit gefaßten Kreditgewährung und der Geldmenge impliziert darüber hinaus keine Stabilität des Zusammenhanges zwischen die-

---

[36] Vgl. *C. Köhler* (II), S. 124 f. Auch *Rüdiger Pohl* (III) weist auf diesen Zusammenhang hin, untersucht ihn aber nicht weiter: Grundzüge einer liquiditätstheoretischen Konzeption für die Zentralbankpolitik, in: WSI-Mitteilungen, 26. Jg. (1973), S. 109.

[37] Barzahlung sei ausgeschlossen.

[38] Überweisungen Dritter auf Spar- oder Termineinlagen sind nicht möglich.

[39] *W. Kau:* Probleme der potentialorientierten Kreditpolitik, in: Konjunkturpolitik, 18. Jg. (1972), S. 232.

[40] Vgl. ebenda, S. 231 ff.

ser und der inländischen Kreditgewährung, es sei denn, das Verhältnis von inländischer Kreditgewährung und weit gefaßter Abgrenzung der Kreditgewährung ist im Zeitablauf konstant.

Weitere Argumente sprechen für eine kurzfristige Instabilität. Das Ausmaß, in dem die Geldmenge beeinflußt wird, ist von der Verteilung kreditfinanzierter Zahlungen auf Bankgläubiger und -schuldner abhängig. Sowohl die Struktur von Bankgläubigern und -schuldnern ist variabel als auch die Verteilung der Zahlungen auf diese beiden Gruppen. Es ist also insgesamt problematisch, von einem stabilen Zusammenhang zwischen Bruttokreditgewährung und Geldmenge auszugehen.

Bisher ist die Grundsatzthese der monetären Grundgleichung, daß der Beitrag der Geldmenge zur Finanzierung des Zahlungsvolumens nicht kontrollierbar ist und daher das gesamte Zahlungsvolumen nur über die zusätzliche Kreditgewährung kontrolliert werden kann, nicht grundsätzlich in Frage gestellt worden. Es wurde nur die Art und Weise problematisiert, wie der Beitrag der Geldmenge bestimmt werden soll und welche Auswirkungen sich daraus auf das Zahlungsvolumen ergeben können.

Brunner/Neumann greifen nun diese Grundsatzthese auf, um daraus einen „fundamentalen Widerspruch im Konzept des Sachverständigenrates“ abzuleiten[41]. In ihrer Argumentation wird der zuvor diskutierte Zusammenhang zwischen ΔK und M besonders hervorgehoben. „Wenn Köhler und Pohl zugeben — was im Sachverständigenrat nicht klar zum Ausdruck kam — daß ‚jede Zahlung definitiv nur mit Geld geleistet werden kann‘, und nicht mit Kredit, dann gilt, daß eine noch so präzise Steuerung der Kreditgewährung keine Steuerung des Zahlungsvolumens bedeutet, weil zwischen beiden Größen die angeblich unkontrollierbare Geldmenge steht.“ Man habe dann „nur die Wahl, entweder die falsche oder rein spekulative Behauptung einer Unkontrollierbarkeit der Geldmenge fallenzulassen oder aber die Behauptung der Steuerbarkeit des Zahlungsvolumens über eine Kontrolle der Kreditgewährung aufzugeben. Man kann nicht beides gleichzeitig vertreten“[42].

Darüber hinaus gelangen sie aufgrund ihrer empirischen Untersuchungen zu dem Schluß, daß das Nichtbankenverhalten, mit dem die Unkontrollierbarkeit der Geldmenge in der potentialorientierten Kreditpolitik begründet wird, zwar einen Einfluß auf die Geldmenge, aber einen noch größeren auf die Kreditgewährung hat. Zu dieser Aussage kommen sie durch einen Vergleich der Elastizität der Bankkreditmenge in bezug auf den zusammengefaßten Termin- und Spareinlagenquotienten mit der Elastizität der Geldmenge in bezug auf denselben Quotienten. Für den

---

[41] Vgl. *K. Brunner, M. J. M. Neumann* (I), S. 233 ff. Dieselben (II), S. 131 f.

[42] *K. Brunner, M. J. M. Neumann* (II), S. 131 f.

Zeitraum 1958 - 1970 hat die erste nach Brunner/Neumann den Wert + 0,48, die zweite einen von — 0,26[43]. Im zusammengefaßten Termin- und Spareinlagenquotienten soll das Nichtbankenverhalten erfaßt werden. Er gibt an, in welchem Verhältnis die Wirtschaftssubjekte ihre Bankeinlagen auf Sichtdepositen und Termin- und Spareinlagen aufteilen. Brunner/Neumann beurteilen das Ausmaß der Kontrollierbarkeit der betreffenden Größe an der Höhe der Abweichung der jeweiligen Elastizität vom Wert Null. „Sofern aber aus einer solchen Beobachtung folgt, daß die Geldmenge der geldpolitischen Kontrolle entzogen ist, dann ist die Bankkreditmenge noch weniger steuerbar[44].“

Zunächst zum ersten Argument: Die These von der Unkontrollierbarkeit der Geldmenge muß nicht im Widerspruch zur Behauptung stehen, daß das Zahlungsvolumen über die Kreditgewährung zu steuern ist. In der monetären Grundgleichung geht es nicht nur um die Kontrollierbarkeit der Geldmenge schlechthin, sondern um ihren Beitrag zur Finanzierung des Zahlungsvolumens. Das erfordert die Berücksichtigung der Umlaufsgeschwindigkeit. Daraus folgt, daß selbst dann, wenn die Geldmenge dem Umfang nach kontrolliert werden kann, ihr Gesamtbeitrag sich dennoch einer Steuerung entzieht, sofern die Umlaufsgeschwindigkeit nicht kontrollierbar ist. Darauf gehen Brunner/Neumann in diesem Zusammenhang nicht ein. Ihr Argument sieht insofern an der eigentlichen Fragestellung vorbei. Was geleistet werden muß, ist die Bestimmung des Beitrages der einen Finanzierungsquelle, der hingenommen wird, und die entsprechende Kontrolle der anderen. Aus der nicht unumstrittenen These einer besseren Kontrollierbarkeit der Geldmenge kann der behauptete Widerspruch nicht in eindeutiger Weise abgeleitet werden.

Ebenfalls problematisch ist die Beweisführung des zweiten Arguments. Aus dem Vergleich der beiden Elastizitäten kann man nicht auf ein Mehr oder Weniger an Kontrollmöglichkeit schließen. Zunächst ist auf das generelle Problem hinzuweisen, die Elastizitäten im kausalanalytischen Sinne zu interpretieren, daß also Veränderungen des Termin-/Spareinlagenquotienten ursächlich für die angegebene Veränderung der Variablen im Zähler verantwortlich sind. Der Einfluß aller anderen Faktoren kann nicht als konstant angenommen werden.

Geht man dennoch von dieser Annahme aus und betrachtet nur die beiden relevanten Größen ΔK und M, so zeigt sich deutlich der begrenzte Aussagewert der empirisch ermittelten Elastizität. In Übereinstimmung mit Brunner/Neumann wird unterstellt, daß zwischen Kreditgewährung und Geldmenge ein Zusammenhang derart besteht, daß $w_K > O$ zu $w_M > O$

---

[43] Vgl. ebenda, S. 132.

[44] *K. Brunner, M. J. M. Neumann* (I), S. 236.

führt, wobei $w_{M/K} \neq 0$[45]. Steigt nun der Termin-/Spareinlagenquotient, dann muß entsprechend der Kreditelastizität auch die Kreditgewährung und aufgrund dieses Einflusses auch die Geldmenge steigen. Die Geldmengenelastizität hat jedoch ein negatives Vorzeichen, so daß die Geldmenge tatsächlich sinken muß. Das kann aber nur dann erreicht werden, wenn der Anstieg der Geldmenge als Folge der Kreditgewährung durch den Anstieg des Termin-/Spareinlagenquotienten mehr als kompensiert wird. Die Geldmengenelastizität wird systematisch verzerrt. Dieses Beispiel zeigt deutlich die Problematik, anhand des Elastizitätsvergleiches auf den Grad der Kontrollierbarkeit von *M* bzw. *K* zu schließen.

Läßt man diesen Einwand einmal beiseite, so kann die unterschiedliche Höhe der Elastizitäten immer noch keinen Hinweis auf Kontrollierbarkeit abgeben. Sie liefern ja gerade die Information, die man braucht, um den Einfluß des Nichtbankenverhaltens berücksichtigen zu können. Der Vorwurf, den man daraus ableiten kann, ist allenfalls der bereits erwähnte, daß die Zusammenhänge zwischen Kreditgewährung und den übrigen Variablen nicht berücksichtigt werden. Mit Kontrollierbarkeit hat das nur dann etwas zu tun, wenn die Einflüsse quantitativ ein solches Ausmaß annehmen, daß ihnen mit geldpolitischen Maßnahmen nicht mehr entgegengewirkt werden kann. Es ist zweifelhaft, ob bei den niedrigen Werten der von Brunner/Neumann angegebenen Elastizitäten unter diesem Aspekt ein signifikanter Unterschied behauptet werden kann.

Der Argumentation von Brunner/Neumann ist somit nicht in allen Punkten zuzustimmen. Gleichwohl deutet ihre Kritik auf die Schwierigkeiten hin, den Beitrag der Geldmenge zur Finanzierung des angestrebten Zahlungsvolumens und damit die Höhe der erforderlichen zusätzlichen Kreditgewährung unter Berücksichtigung aller gegebener Abhängigkeiten einigermaßen genau zu bestimmen. In der Tat ist mit der These von der Unkontrollierbarkeit der Geldmenge, genauer: des Beitrages der Geldmenge zur Finanzierung des Zahlungsvolumens, ein immunisierendes Element in die monetäre Grundgleichung eingebaut. Wird das angestrebte Zahlungsvolumen nicht realisiert, Kontrolle der Kreditgewährung einmal vorausgesetzt, dann kann man sich immer auf die These von der Unkontrollierbarkeit der Geldmenge berufen.

Im nächsten Abschnitt stellt sich daher die Frage, wie weit es möglich ist, den pragmatischen Ansatz der monetären Grundgleichung auf der empirischen Ebene zu realisieren, ob man die hier aufgezeigten theoretischen Probleme auf ihr gewissermaßen überwinden kann. Denn wenn man, gleich wie, die *l*, *u* und *n*-Größen annähernd genau schätzen kann,

---

[45] Vgl. *K. Brunner, M. J. M. Neumann* (II), S. 132.

so könnte argumentiert werden, verlieren die hier formulierten Einwände an Gewicht.

3.2. Empirische Probleme der monetären Grundgleichung

Soll die monetäre Grundgleichung praktisch relevant sein, dann ist es erforderlich, daß die Werte für *l*, *u* und *n* für die Planperiode ermittelt werden können. Auf damit verbundene theoretische Probleme wurde im vorangehenden Abschnitt eingegangen. Welchen empirischen Problemen Rechnung getragen werden muß, soll jetzt aufgezeigt werden.

Aus der bisherigen Diskussion hat sich bereits ergeben, daß von einer Konstanz der *l*, *u* und *n*-Größen nicht ausgegangen werden kann. Diese einfache Möglichkeit zur empirischen Bestimmung fällt damit aus. Der Sachverständigenrat selbst begründet mit ihrer Veränderung die Unkontrollierbarkeit des Beitrages der Geldmenge zur Finanzierung des Zahlungsvolumens[46]. Das Problem besteht also darin, nach Alternativen zu suchen, mit deren Hilfe man *l*, *u* und *n* bestimmen kann.

Ein naheliegendes Verfahren ist in der isolierten Prognose der Koeffizienten für die Planperiode zu sehen. Will man dabei nicht nur einfache Trendextrapolationen vornehmen, wobei ungeklärt ist, welcher Funktionstyp die Entwicklung am genauesten beschreibt, die Auswahl also willkürlich ist[47], muß man Bestimmungsfunktionen zugrunde legen, in denen die Koeffizienten als abhängige Variable eingehen. Auf der empirischen Ebene wird somit genau das erforderlich, was auf der theoretischen vermieden werden sollte. Man muß Verhaltensfunktionen einführen, um das Konzept überhaupt praktikabel zu machen. Hier zeigt sich ein Widerspruch zwischen dem Anliegen, einen theoretisch einfachen und gleichzeitig geldpolitisch relevanten Ansatz zu formulieren und den empirischen Notwendigkeiten. Auf der empirischen Ebene, wenn die Koefizienten zu schätzen sind, ist man mit den gleichen Problemen konfrontiert, wie sie sich für andere theoretische Ansätze stellen.

Die Schwierigkeiten kumulieren sich hier geradezu, da gleich drei Größen in einen geldpolitischen Zusammenhang gestellt werden. Die Forderung „die kurzfristig in Erscheinung tretenden Tendenzen ... immer wieder neu ... zu berücksichtigen“[48] läßt sich auf der empirischen Ebene nicht erfüllen, wenn man zuvor explizit auf die Formulierung von Einflußfaktoren verzichtet. Daß *l*, *u* und *n* irgendwelchen Einflüssen unterliegen, ist sicherlich immer richtig. Gerade deswegen bietet diese Aussage im konkreten Fall ebensowenig zentralbankpolitische Relevanz wie

---

[46] Vgl. JG 1970, Ziff. 360 f.

[47] Vgl. *Reinhard Pohl* (I), S. 202 f.

[48] *C. Köhler* (I), S. 15.

die aus besagten langen Zeitreihen abgeleiteten Koeffizienten. Auf der empirischen Ebene müssen die Faktoren als bekannt vorausgesetzt werden, von denen überhaupt ein Einfluß ausgehen kann. Erst dann können Richtung und Ausmaß bestimmt bzw. prognostiziert werden. Es zeigt sich somit, daß der Anspruch des pragmatischen Ansatzes der theoretischen Ebene auf der empirischen Ebene nicht eingelöst werden kann. Das Theoriedefizit läßt sich nicht einfach durch Empirie abdecken.

Diese allgemeine Beurteilung der Möglichkeiten, *l*, *u* und *n* zu bestimmen, ist nach den vorhergehenden theoretischen Überlegungen nicht überraschend. Es lassen sich jedoch Probleme aufzeigen, die auch dann relevant sind, wenn man sich bemühen würde, das Theoriedefizit durch die Formulierung kurzfristig relevanter Verhaltenshypothesen zu beseitigen.

Die derzeitigen Möglichkeiten, Koeffizienten wie die der monetären Grundgleichung zu prognostizieren, können durch folgendes Verfahren beschrieben werden. Von alternativen Ansätzen zur Erklärung der Koeffizienten wird derjenige ausgewählt, der für die Vergangenheit die beste Anpassung an die Zeitreihe der Koeffizienten aufweist. Abgesehen von dem generellen Problem, für die Zukunft auch die unabhängigen Variablen der Schätzfunktion prognostizieren zu müssen, ist es erforderlich, für die Vergangenheit von einer möglichst exakten Zeitreihe für *l*, *u* und *n* auszugehen. Die Mängel des empirischen Ausgangsmaterials schlagen sich ansonsten in der Schätzfunktion und damit auch in den Prognosewerten für die relevanten Variablen nieder.

Die empirische Bestimmung der Einlagenkreditrelation setzt voraus, daß die Bruttokreditgewährung bekannt ist. Das ist nicht der Fall; die gegenwärtig verfügbaren Statistiken weisen nur den Kreditbestand bzw. dessen Veränderung aus. Die Unterscheidung zwischen Brutto- und Nettokreditgewährung ist jedoch grundlegend für das Konzept der potentialorientierten Kreditpolitik. Zahlungen können mit zusätzlichem Kredit finanziert werden, ohne daß sich der Kreditbestand verändern muß. Approximiert man bei diesem Sachverhalt die Brutto- durch die Nettokreditgewährung, dann gibt die empirisch feststellbare Einlagenkreditrelation die tatsächliche nur dann exakt wieder, wenn das Verhältnis von Brutto- und Nettokreditgewährung konstant ist. Davon kann nicht ausgegangen werden. Darüber hinaus würde die Bedeutung der vorgenommenen Unterscheidung stark abgeschwächt.

Auf diesen Zusammenhang stellt Stützel mit seiner These ab, daß ein Ansteigen des Kreditbestandes darauf zurückzuführen sein kann, daß bei insgesamt sinkender Bruttokreditgewährung die Kreditrückzahlungen noch stärker zurückgehen[49]. Diese Aussage ist zwar ein Ergebnis logischer

---

[49] Vgl. W. *Stützel:* Moderne Kreditpolitik, in: E. Dürr (Hrg.): Geld- und Bankpolitik, Köln, Berlin 1969, S. 198 ff. Ähnlich im JG 1966, Ziff. 163 f.

Ableitung, erfährt jedoch eine gewisse Unterstützung durch die Untersuchung Glögglers[50]. Aufgrund der Analyse der Lead-Lag-Beziehungen zwischen gesamtwirtschaftlicher Nachfrage und Kreditgewährung kommt er zu einer gewissen Bestätigung der Stützelschen These. Die Ergebnisse legen die Erklärung nahe, daß das Kreditvolumen z. B. auch dann noch expandiert, wenn die monetäre Nachfrage zurückgeht.

Die empirisch feststellbare Einlagenkreditrelation weicht demnach in zweifacher Weise von der tatsächlichen ab: Erstens ist die Netto- kleiner als die Bruttokreditgewährung; das Niveau der Einlagenkreditrelation wird also systematisch überschätzt. Zweitens können sich in Abhängigkeit von der konjunkturellen Phase Richtung und/oder Ausmaß der Entwicklung von Brutto- und Nettokreditgewährung unterscheiden, was sich entsprechend auf die statistisch feststellbare und die tatsächliche Einlagenkreditrelation auswirkt.

Weitere Probleme lassen sich für die Umlaufsgeschwindigkeit aufzeigen. Die nicht wirkungshomogene Definition wird empirisch relevant und führt zu Verzerrungen des Ausgangsmaterials. Darüber hinaus ist sie ein Beispiel für das generelle Problem, eine Strömungsgröße und eine Bestandsgröße zueinander in Beziehung zu setzen. Die erste ist zeitraumbezogen, die zweite zeitpunktbezogen. Das übliche Verfahren besteht darin, die Bestandsgröße als Durchschnittswert der Periode zu berechnen, auf die sich die Strömungsgröße bezieht. Nun ist aber die Verteilung der Geldmenge über die Periode, etwa an den einzelnen Tagen eines Monats, abhängig von der zeitlichen Verteilung der Zahlungen über den Monat und — wie bereits angedeutet — von der Verteilung auf die Vermögensposition der Zahlungsempfänger gegenüber dem Bankensystem. Das Zeitprofil der Geldmenge und damit der Durchschnittswert der Geldmenge ist neben der Höhe des Zahlungsvolumens von den genannten Faktoren abhängig. Oder anders formuliert, ein gegebenes Zahlungsvolumen ist mit verschiedenen empirisch festgestellten Durchschnittswerten der Geldmenge vereinbar, ohne daß die Geldmenge tatsächlich unterschiedlich für Zahlungen genutzt wird. In den empirischen Erfassungsschwierigkeiten liegt somit ebenfalls ein Grund für die Wirkungsinhomogenität der Umlaufsgeschwindigkeit. Die Finanzierungsquelle vorhandene Geldmenge läßt sich empirisch nicht eindeutig ausmachen.

Bei der Liquiditätsneigung bestehen ähnliche Probleme, da die Geldmenge im Zähler steht. Das Zeitprofil der Einlagen wird wie die Geldmenge von den gleichen Faktoren beeinflußt. Der empirisch ermittelte Wert der Liquiditätsneigung ist somit ebenfalls verzerrt. Stellt man, da

---

[50] *A. Glöggler:* Liquiditätstheorie des Geldes, Ein empirischer Test für die Bundesrepublik Deutschland. Mit einem Nachwort von E. Dürr, Freiburg 1972, S. 99 ff.

es sich bei dieser Größe im Zähler und Nenner nur um Bestandsgrößen handelt, auf einen einzigen Zeitpunkt ab, kann man die erwähnte Verzerrung zwar vermeiden. Die Folge ist jedoch ein Informationsverlust über die Entwicklung während der Periode und die Vergleichbarkeit mit der zeitraumbezogenen Größe Umlaufgeschwindigkeit ist nicht mehr gewährleistet. Darüber hinaus ist es sowieso erforderlich, die Einlagen für die Einlagenkreditrelation zeitraumbezogen zu ermitteln.

Welche Auswirkungen Schätzfehler dieser Art haben können, soll im folgenden am Beispiel der Umlaufsgeschwindigkeit gezeigt werden. Es soll ein „monetäres Äquivalent" berechnet werden, das der Veränderung der Umlaufsgeschwindigkeit entspricht[51]. Es gibt an, um wieviel die Geldmenge sich bei konstanter Umlaufsgeschwindigkeit hätte ändern müssen, um das Zahlungsvolumen zu finanzieren, das tatsächlich realisiert worden ist. Dazu wird das Zahlungsvolumen einer Periode durch die Umlaufsgeschwindigkeit der Vorperiode dividiert. Es wird also angenommen, daß die Umlaufsgeschwindigkeit konstant ist. Durch die Division erhält man eine fiktive Geldmenge M_S^*, die man mit der tatsächlichen vergleichen kann. Die Differenz zwischen beiden wird als monetäres Äquivalent bezeichnet. Als Referenzperioden dienen beispielhaft die beiden letzten Quartale des Jahres 1972. Das Zahlungsvolumen wird durch die giralen Verfügungen der Nichtbanken approximiert, die in den Monatsberichten der Deutschen Bundesbank veröffentlicht werden. Die Geldmenge M_S wird durch die Sichteinlagen der Nichtbanken bei Banken definiert. Die giralen Verfügungen enthalten nicht die Zahlungen, die mit dem umlaufenden Bargeld finanziert worden sind. Deswegen wird der Bargeldumlauf hier nicht in die Geldmengendefinition einbezogen.

Das monetäre Äquivalent beträgt in diesem Beispiel 5,35 Mrd. DM. Das sind 92 % der tatsächlichen Änderung der Geldmenge [Spalte (7) in Tabelle 1]. Es zeigt sich, daß relativ kleine Änderungen der Umlaufsgeschwindigkeit, hier ein Anstieg um 5,88 %, in absoluten Werten ausgedrückt, keineswegs zu unterschätzen sind.

Abweichungen der tatsächlichen von der geschätzten Entwicklung in dieser Größenordnung dürften nicht unrealistisch sein. Angenommen, man wäre in diesem Fall von einer konstanten Umlaufsgeschwindigkeit ausgegangen und hätte die Entwicklung der Geldmenge für 1972 IV richtig prognostiziert. Das entsprechende Zahlungsvolumen sei gleichzeitig das erwünschte. Die entsprechende Wachstumsrate des Zahlungsvolumens ist dann 6,85 %[52]. Die tatsächliche Wachstumsrate betrug jedoch 13,15 %, also fast das Doppelte. Auf die Entwicklung des Produktions-

[51] Vgl. *A. Glöggler*, S. 116.

[52] Ceteris paribus gilt $w_Z = w_M$.

Tabelle 1

Berechnung eines monetären Äquivalents für die BRD 3. und 4. Quartal 1972 (Mill. DM)

Quartal	Z	M_S	$u = \frac{Z}{M_S}$	M_S^*	$M_S^* - M_S$	$\frac{M_S^* - M_S}{M_{S_{IV}} - M_{S_{III}}}$
(1)	(2)	(3)	(4)	(5)	(6)	(7)
1972 III	1 270 404	84 982	14,95	—	—	—
1972 VI	1 437 562	90 808	15,83	96 158	5350	0,92

Quelle: Monatsbericht der Deutschen Bundesbank, Febr. 1973 und eigene Berechnungen.
Z = Zahlungsvolumen,
M_S = Sichteinlagen der Nichtbanken bei Banken, Quartalsdurchschnitt,
u = Umlaufsgeschwindigkeit,
M_S^* = fiktive Geldmenge bei konstanter Umlaufsgeschwindigkeit,
$M_S^* - M_S$ = monetäres Äquivalent.

potentials bezogen ist das eine nicht unerhebliche Abweichung, die zu anderen als den angestrebten Wirkungen führen muß.

Die beispielhaft angeführten Überlegungen zu den Auswirkungen einer fehlerhaften Prognose der Umlaufsgeschwindigkeit leiten über zu einem weiteren Problem. Die Prognose der Umlaufsgeschwindigkeit wie auch der beiden anderen Größen geht davon aus, daß das angestrebte Zahlungsvolumen und die erforderliche Kreditgewährung tatsächlich realisiert werden. Für den prognostizierten Wert der Umlaufsgeschwindigkeit muß man im Zähler das Zahlungsvolumen einsetzen, das der Entwicklung des Produktionspotentials entspricht. In gleicher Weise impliziert die Bestimmung der Schätzfunktionen für l, u und n, daß die Werte des Zahlungsvolumens in der Vergangenheit den jeweils angestrebten entsprachen. Die Zeitreihen für l, u und n müssen ja für jeden Zeitraum die monetäre Grundgleichung erfüllen. Die Vergangenheit war aber gerade durch eine unstetige Entwicklung des Zahlungsvolumens gekennzeichnet.

Wendet man die so bestimmten Schätzfunktionen einfach auf die Zukunft an, dann wird unterstellt, daß die Kontrolle des Zahlungsvolumens keinen Einfluß auf die Höhe der Koeffizienten hat. Die Zielsetzung, die angestrebt wird, ist bei der Prognose bereits als erreicht vorausgesetzt. Damit werden die Prognose, ja die ganze Konzeption sowie geldpolitische Maßnahmen im Grunde genommen überflüssig.

Dieses Ergebnis läßt sich im wesentlichen dadurch erklären, daß das Zahlungsvolumen in der monetären Grundgleichung in zweifacher Weise von Bedeutung ist, nämlich als abhängige und unabhängige Variable zugleich. Die prognostizierte Entwicklung fällt mit der politisch angestrebten zusammen. Dieses Problem ließe sich in dieser Form dann vermeiden, wenn in der monetären Grundgleichung explizit zwischen dem Beitrag der Geldmenge zur Finanzierung des Zahlungsvolumens und der Bruttokreditgewährung unterschieden würde. Die tautologische multiplikative Verknüpfung von Geldmenge und Kreditgewährung läßt diese Unterscheidung jedoch nicht zu. Diese Tautologie läßt sich, wie gezeigt, auch auf der empirischen Ebene nicht auflösen. Die geldpolitische Relevanz der monetären Grundgleichung muß damit stark angezweifelt werden. Dieses Urteil wird, um es in einer kurzen Formel zusammenzufassen, durch ihre Theorielosigkeit begründet und durch die Schwierigkeiten auf der empirischen Ebene untermauert.

Je einfacher die Schätzfunktionen sind, um so schwieriger wird es auch sein, die Wendepunkte der relevanten Größen zu prognostizieren. Gerade weil es darum geht, kurzfristige Änderungen möglichst schnell zu berücksichtigen, kommt den Wendepunkten eine besondere Bedeutung zu. Bei einfachen Trendextrapolationen, wie Köhler sie sich offensichtlich vorstellt[53], können die Wendepunkte immer nur im nachhinein konstatiert werden. Es muß also notwendigerweise zu Abweichungen der tatsächlichen von der angestrebten Entwicklung kommen. Hier zeigt sich wiederum deutlich die Lücke zwischen dem theoretisch-pragmatischen Ansatz und den empirischen Möglichkeiten.

Wenn die theoretisch-empirischen Möglichkeiten, die monetäre Grundgleichung geldpolitisch für die Bestimmung der erforderlichen Kreditgewährung nutzbar zu machen, hier sehr gering eingeschätzt werden, so ist abschließend zu untersuchen, inwieweit die monetäre Grundgleichung zumindest im Rahmen von ex-post-Analysen aussagefähig ist. Ihre Eignung zur sinnvollen und widerspruchsfreien Strukturierung des statistischen Materials steht somit zur Diskussion.

3.3. Zur Anwendung der monetären Grundgleichung in Geldstromanalysen

Die von Köhler regelmäßig veröffentlichten Geldstromanalysen enthalten eine Analyse zur Finanzierung des Zahlungsvolumens und des Sozialprodukts[54]. In den Jahresgutachten wird erstmals 1973 im Minderheitsvotum von C. Köhler eine Übersicht „zur monetären Budgetierung" auf Basis der monetären Grundgleichung und unter Einbeziehung des Produktionspotentials gegeben[55].

---

[53] Vgl. *C. Köhler* (I), S. 14.

[54] Die Geldstromanalysen werden regelmäßig in den WSI-Mitteilungen veröffentlicht.

[55] Vgl. JG 1973, Tabelle 30.

Für die Geldstromanalysen wird folgendes Schema zugrundegelegt[56]:

Wachstumsrate Einlagenkreditrelation
\+ Wachstumsrate Umlaufsgeschwindigkeit
\+ Wachstumsrate Liquiditätsneigung
\+ Wachstumsrate zusätzliche Kreditgewährung

= Wachstumsrate Zahlungsvolumen
·/. Wachstumsrate Zahlungskoeffizient

= Wachstumsrate Bruttosozialprodukt (nominal)

Die Wachstumsraten geben die jährlichen bzw. vierteljährlichen Veränderungen gegenüber dem Vorjahr an[57]. Die Wachstumsrate des Zahlungsvolumens ist gleich der Summe aus den Wachstumsraten der einzelnen Variablen der monetären Grundgleichung. Die kritische Größe ist die Einlagenkreditrelation. Sie wird als Restgröße ermittelt, damit die monetäre Grundgleichung „stimmt". Die Wachstumsraten von Zahlungsvolumen, Kreditgewährung, Liquiditätsneigung und Umlaufsgeschwindigkeit werden unabhängig ermittelt, um die Einlagenkreditrelation bestimmen zu können.

Die These, daß die Einlagenkreditrelation als Restgröße und nicht unabhängig ermittelt wird, läßt sich belegen, wenn die unabhängige Bestimmung von l einen Wert ergibt, der nicht mit den in den Geldstromanalysen angegebenen übereinstimmt. Die Möglichkeit dazu geben die ebenfalls in den Geldstromanalysen ausgewiesenen Daten für die Kreditgewährung und die Einlagenentwicklung. Die Kreditgewährung wird durch die Nettokreditgewährung approximiert.

Für 1970 wird eine Veränderung der Einlagenkreditrelation von — 2,0 v. H. angegeben[58]. In der folgenden Tabelle werden die Veränderungen der Kreditgewährung und der Einlagen für die Jahre 1969 und 1970 einander gegenübergestellt.

Tabelle 2

Absolute Veränderungen von Nettokreditgewährung und Einlagen in der BRD, 1969 und 1970 (Mrd. DM)

	1969	1970
ΔE	+ 55,43	+ 66,28
ΔK	+ 73,05	+ 54,78

Quelle: C. Köhler (VI), S. 241.

[56] Vgl. z. B. *C. Köhler* (VI): Kreditpolitik 1973: Dilemma und Ausweg, in: WSI-Mitteilungen, 26. Jg. (1973), S. 240 f.

[57] Im Jahresgutachten 1973 ist nur die Reihenfolge in diesem Schema vertauscht.

[58] Vgl. *C. Köhler* (VI), S. 240 f.

Für die Veränderung der Einlagenkreditrelation folgt daraus, daß sie 1970 gegenüber 1969 gestiegen sein muß. Der Zähler von $E/\Delta K$ ist gestiegen, während der Nenner kleiner geworden ist. Dieses Ergebnis steht im Widerspruch zu der als Restgröße ermittelten Veränderung der Einlagenkreditrelation. Nicht nur das Ausmaß sondern auch die Richtung ist unterschiedlich. Der Widerspruch ist möglicherweise dadurch zu erklären, daß die Nettokreditgewährung eines Jahres auf den Kreditbestand des Vorjahres bezogen wird, um die Wachstumsrate zu bestimmen. Das legen zumindest die Zahlen im Jahresgutachten 1973 nahe (Tabelle 30, Zeile 12 und „Kredite der Banken" in der Zeile darunter). Das Konzept erfordert jedoch einen Vergleich mit der Nettokreditgewährung des Vorjahres, wenn die Veränderung der Einlagenkreditrelation richtig wiedergegeben werden soll und die Brutto- durch die Nettokreditgewährung ersetzt wird.

Selbst dann, wenn man das Verfahren anwendet, die Nettokreditgewährung auf den Kreditbestand zu beziehen, sind Widersprüche nicht zu vermeiden. So wird z. B. für das 3. Quartal 1971 ein Ansteigen der Einlagenkreditrelation ausgewiesen[59]. Das ist nicht vereinbar mit der Tatsache, daß die Kredite im gleichen Quartal absolut stärker gestiegen sind als die Einlagen. Die Wachstumsrate der Kreditgewährung ist somit größer als die der Einlagen. Daraus folgt, daß die Einlagenkreditrelation gesunken sein muß.

Bei dieser Handhabung läßt sich nicht einmal die Vergangenheit mit Hilfe der monetären Grundgleichung widerspruchsfrei beschreiben. Würde man auf Basis dieser ex-post-Analyse ex-ante Prognosen machen und daraus kreditpolitische Empfehlungen ableiten, so wird klar, daß man in der relevanten Frage, wie hoch die Kreditgewährung sein soll, zu keinem eindeutigen Ergebnis kommen kann. Damit würden auch verschiedene Werte des Zahlungsvolumens realisiert. Von einer Kontrolle des Zahlungsvolumens im Sinne des Konzeptes kann dann keine Rede mehr sein.

In der bereits erwähnten monetären Budgetierung (Jahresgutachten 1973) unternimmt Köhler den Versuch, auf Basis der monetären Grundgleichung kreditpolitische Empfehlungen für das Jahr 1974 abzuleiten. Er berücksichtigt dabei die Entwicklung in den beiden vorangegangenen Jahren. In diesem Versuch zeigt sich die ganze bisher diskutierte Problematik. In Tabelle 3 werden die von Köhler verwendeten, hier relevanten Daten wiedergegeben.

Der Anstieg des Zahlungsvolumens entspricht der Entwicklung des Produktionspotentials plus der unvermeidlichen Preissteigerungsrate, die

---

[59] Vgl. ebenda.

Tabelle 3

Zur monetären Budgetierung in den Jahren 1972, 1973 und 1974
Veränderungen in v. H. gegenüber dem Vorjahr

	1972	1973	1974	1974 A
Zahlungsvolumen	+ 8,4	+ 12,0	+ 10,5	+ 10,5
·/. Umlaufsgeschwindigkeit	— 5,8	+ 4,5	+ 1	+ 3
·/. Liquiditätsneigung	+ 1,1	— 3,8	— 2	— 1
·/. Einlagenkreditrelation	— 0,3	— 0,2	+ 1	+ 2
= Kreditgewährung	+ 13,4	+ 11,5	+ 10,5	+ 6,5

Quelle: JG 1973, Tabelle 30.

für 1972/73 der tatsächlichen Preisentwicklung (Deflator) des Bruttosozialprodukts entspricht. Der Zahlungskoeffizient wird als konstant angenommen; eine nähere Begründung dafür wird nicht gegeben.

Zu den übrigen Werten kommt Köhler aufgrund folgender Überlegungen: „Bei der 1974 anzunehmenden Dämpfung der Gesamtnachfrage und den etwas verbesserten Finanzierungsmöglichkeiten ist mit einem Rückgang der Zuwachsrate der Umlaufsgeschwindigkeit des Geldes zu rechnen. Auch wird die Geldkapitalbildung stärker zunehmen als die Geldmenge, d. h. die Liquiditätsneigung wird weiter sinken, angesichts der 1974 zu erwartenden Entzerrung der Zinsstruktur, wohl aber nicht so stark wie 1973[60].“ Der Anstieg der Einlagenkreditrelation wird mit der Forderung nach einer Lockerung der Kreditrestriktion begründet, wodurch sich der Liquiditätssaldo im Vergleich zum Einlagenwachstum erhöhen soll[61].

Es werden ad hoc Hypothesen eingeführt, die die Richtung der Veränderung erklären sollen. Nähere Begründungen werden nicht gegeben. Im Falle der Einlagenkreditgewährung werden die vagen Tendenzhypothesen durch eine kreditpolitische Forderung ersetzt. Die Fragwürdigkeit des Verzichts auf Theorie wird offenkundig.

Das wird deutlicher, wenn es um das Ausmaß der Veränderungen geht. Mit den Tendenzaussagen und Forderungen sind viele Entwicklungen vereinbar. In Spalte 1974 A sind beispielhaft alternative Werte angegeben, die genauso plausibel sind, wenn keine zusätzlichen Informationen vorhanden sind. Sie implizieren jedoch einen Anstieg der Kreditgewährung (netto) von nur 6,5 % gegenüber 10,5 %. Beliebige andere Werte für die Kreditgewährung sind denkbar; sie ist nicht mehr eindeutig festgelegt. Von diesem Verfahren sind relevante Orientierungs-

---

[60] JG 1973, Ziff. 378.
[61] Vgl. ebenda.

hilfen für die Kreditpolitik kaum zu erwarten. Die Annahmen über Richtung und Ausmaß der Veränderungen sind mehr oder weniger willkürlich gesetzt; ihre Begründungen sind zumindest nicht nachvollziehbar.

Es ist somit äußerst fraglich, ob in diesem Versuch eine positive Alternative zu anderen Ansätzen zu sehen ist. Auf dieser Basis würde auch der Vorschlag Köhlers, neben dem Jahreswirtschaftsbericht der Bundesregierung von der Bundesbank einen Jahresbericht zur Kreditpolitik vorlegen zu lassen, keine nennenswerten Vorteile bringen[62]. Es sei denn, man sieht darin, unabhängig vom Inhalt, einen Anreiz oder eine verstärkte Verpflichtung zur Kooperation zwischen Geld- und übriger Konjunkturpolitik.

Die Analyse des vorliegenden empirischen Materials zur monetären Grundgleichung bestätigt somit die vorangegangenen Überlegungen auf der theoretischen und empirischen Ebene. Die Mängel der monetären Grundgleichung, die als ein Kernstück der potentialorientierten Kreditpolitik angesehen werden muß, lassen nicht erwarten, daß eine Politik, die sich an ihr orientiert, zu einem besseren Ergebnis als die bisher praktizierte führt. Nach den hier angestellten Überlegungen muß bezweifelt werden, ob beim derzeitigen Informationsstand in der Orientierung an der monetären Grundgleichung die Chance steckt, „die Diskrepanz zwischen Ziel und Realität kleiner als bislang zu halten“[63].

4. Kreditangebotsprozeß der potentialorientierten Kreditpolitik

Das Konzept der potentialorientierten Kreditpolitik fordert die Steuerung des Zahlungsvolumens über die zusätzliche Kreditgewährung. Im vorhergehenden Abschnitt ist der erste Aspekt dieser Forderung untersucht worden: Kann mit Hilfe der monetären Grundgleichung die Höhe der erforderlichen zusätzlichen Kreditgewährung bestimmt werden?

Im folgenden ist einem zweiten Aspekt nachzugehen. Wenn die zusätzliche Kreditgewährung kontrolliert werden soll, dann muß der Kreditangebotsprozeß bekannt sein, weil sich nur daraus ableiten läßt, welche monetäre Variable bzw. Variablen die Zentralbank direkt beeinflussen muß und welche Auswirkungen kreditpolitische Maßnahmen auf die zusätzliche Kreditgewährung haben. Die Untersuchung des Kreditangebotsprozesses würde sich nur für den unrealistischen Fall erübrigen, daß die Kreditgewährung ausschließlich Sache der Zentralbank wäre.

---

[62] Vgl. ebenda, Ziff. 376.

[63] *K. H. Ketterer, R. Pohl,* S. 180.

Eine geldpolitische Konzeption bliebe in einem entscheidenden Punkte unvollständig, wenn der Kreditangebotsprozeß nicht berücksichtigt würde.

Der Sachverständigenrat trägt diesem Erfordernis Rechnung. Es ist zu untersuchen, inwieweit sein Erklärungsansatz hinreichend ist, um das angestrebte Ziel — Kontrolle der Kreditgewährung — realisieren zu können. Diese Frage ist nicht nur in bezug auf die potentialorientierte Kreditpolitik von Interesse, sondern auch unter einem allgemein theoretischen Aspekt, da sich die Geldtheorie in der jüngsten Vergangenheit verstärkt mit der Untersuchung der Angebotsprozesse im monetären Bereich beschäftigt hat[64].

Bevor auf die Einzelheiten des Kreditangebotsprozesses der potentialorientierten Kreditpolitik eingegangen wird, kann schon ein allgemeines Ergebnis vorweggenommen werden. Der Versuch des Sachverständigenrates ist insofern unvollständig, als eine Theorie der Kreditnachfrage fehlt. Die Kontrolle des Kreditangebots ist nur eine notwendige, nicht auch schon hinreichende Bedingung dafür, daß die Kreditgewährung gesteuert werden kann. Nur dann, wenn die Nachfrage nach Krediten stabil ist, d. h. insbesondere keine Verschiebungen der Nachfragekurve bei Veränderungen des Kreditangebots auftreten, kann man sich auf die Untersuchung und Kontrolle des Kreditangebots beschränken. Diesem Problem geht der Sachverständigenrat nicht nach. Man kann jedoch a priori nicht von einer stabilen Nachfragefunktion ausgehen.

In der Regel lassen sich die Ansätze zur Erklärung des Angebots an Kredit oder anderer monetärer Aggregate auf ein gemeinsames Konzept zurückführen. Die zu erklärende (kontrollierende) Variable (X) wird als das Vielfache einer anderen monetären Variablen (B) dargestellt:

$$X = mB$$

Die Größe m stellt den Vervielfachungsfaktor, den Multiplikator dar. Für X bzw. B sind im Prinzip beliebige monetäre Variable einzusetzen. Darin unterscheiden sich die alternativen Ansätze. Der Sachverständigenrat setzt für X die zusätzliche Kreditgewährung und für B den Liquiditätssaldo L ein. Die zusätzliche Kreditgewährung kann nach der

---

64 Beispielhaft seien nur folgende Arbeiten genannt: *B. Gaude:* Die Mechanismen der Zentralbankgeldschöpfung und ihre Kontrollierbarkeit durch die Zentralbank, Berlin 1969. *L. Kalish* III: A Study of Money Stock Control, in: Journal of Finance, Vol. 25 (1970), S. 761 - 776. *A. E. Burger:* The Money Supply Process, Belmont, 1971. *J. Siebke:* An Analysis of the German Money Supply Process: The Multiplier Approach, in: Proceedings of the First Konstanzer Seminar on Monetary Theory and Monetary Policy. Edited by K. Brunner, Berlin 1972, S. 243 - 272. *G. A. B. Kartsaklis:* Theoretische Untersuchungen zum mikro- und makroökonomischen Kreditangebot. Ein Beitrag zur Wirtschaftstheorie, Berlin 1970.

potentialorientierten Kreditpolitik über den Liquiditätssaldo gesteuert werden. Dieser Zusammenhang wird, wie bereits aufgezeigt, wie folgt spezifiziert:

$$\Delta K_{max} = \frac{1}{d + v\,(1-d)}\,(L-V).$$

Dabei sind: L = Liquiditätssaldo; V = angelegte liquide Mittel; d = Versickerungsrate; v = Verwendungsrate. Bei gegebenem Multiplikator ist die Differenz (L—V) so zu steuern, daß gerade die erforderliche Kreditgewährung realisiert wird[65].

Die beiden Komponenten des Kreditangebotsprozesses, der Liquiditätssaldo und der Multiplikator werden im folgenden zunächst isoliert, abschließend im Zusammenhang diskutiert. Es geht dabei um die generelle Frage, ob der Kreditangebotsprozeß der potentialorientierten Kreditpolitik geeignet ist, die tatsächliche Kreditgewährung zu erklären, denn diese soll ja kontrolliert werden.

4.1. Kreditangebotsprozeß und Liquiditätssaldo

Jede einzelne Bank wie auch das gesamte Bankensystem braucht Zentralbankgeld, um Kredite gewähren zu können. Der Zentralbankgeldbedarf richtet sich nach der Höhe der Bargeldabzüge und den sonstigen Verlusten an Zentralbankgeld, etwa durch die Mindestreserveverpflichtung, wenn im Zuge der Kreditgewährung neue Einlagen entstehen. Den Banken wird durch eine Kreditgewährung ebenfalls Zentralbankgeld entzogen, wenn der Kredit zum Kauf von Devisen oder zu Steuerzahlungen[66] verwendet wird.

Aus diesem Zentralbankgeldbedarf leitet sich die Bedeutung des Liquiditätssaldos für die Kreditgewährung ab. Was zum Liquiditätssaldo oder der Bankenliquidität gehört, kann nicht unabhängig von den institutionellen Bedingungen definiert werden[67]. Deswegen wird die Diskussion hier auf die Verhältnisse in der Bundesrepublik Deutschland abgestellt.

Die Abgrenzung des Liquiditätssaldos ist relevant, weil die geldpolitischen Maßnahmen auf diese Größe ausgerichtet sind. Bei unterschiedlichen Abgrenzungen müssen Art und Umfang der Maßnahmen eben-

---

[65] In welcher Art und Weise (L - V) beeinflußt werden kann, ist eine Frage der Instrumente, die im nächsten Kapitel diskutiert werden.

[66] Es wird davon ausgegangen, daß der Steuergläubiger seine Konten bei der Zentralbank unterhält.

[67] Vgl. *K. H. Ketterer, Rüdiger Pohl,* S. 162 f.

falls unterschiedlich sein. Grundsätzlich setzt sich der Liquiditätssaldo aus aktuellem und potentiellem Zentralbankgeld zusammen. Das aktuelle Zentralbankgeld ist unproblematisch zu bestimmen; es entspricht der Summe aus den Bargeldbeständen der Banken und ihren Sichtguthaben bei der Zentralbank[68].

Die Abgrenzung des potentiellen Zentralbankgeldes bereitet dagegen Schwierigkeiten. Ketterer und Pohl nennen als Kriterium, daß Aktiva der Banken dann zum potentiellen Zentralbankgeld gehören, wenn die Zentralbank den Umtausch in Zentralbankgeld jederzeit zuläßt[69]. Dieses Kriterium macht deutlich, daß der Umfang des Liquiditätssaldos selbst schon von kreditpolitischen Maßnahmen abhängig ist. Ein Aktivum, das heute noch die Eigenschaft potentiellen Zentralbankgeldes hat, kann diese morgen schon durch geldpolitische Maßnahmen verlieren.

Das genannte Kriterium stellt auf die Definition des Liquiditätssaldos von der Verwendungsseite ab[70]. Dazu gehören, wie aus der Darstellung bereits bekannt:

— die Zentralbankguthaben der Banken,
— Geldmarktpapiere der Banken,
— Geldmarktanlagen im Ausland,
— offene Refinanzierungskontingente.

Nach dem Kriterium der jederzeitigen Umtauschbarkeit sind insbesondere die beiden zuletzt genannten Aktiva problematisch. Ob sich Banken durch eine Rückführung von Geldmarktanlagen im Ausland im gleichen Umfang Zentralbankgeld beschaffen können, ist davon abhängig, ob die Zentralbank gezwungen ist, die Devisen unbegrenzt anzunehmen und in Inlandswährung umzutauschen. Die Eigenschaft potentiellen Zentralbankgeldes ist in diesem Falle also nicht vom Willen der Zentralbank abhängig, sondern im wesentlichen eine Frage fester oder flexibler Wechselkurse. Zur Zeit ist das Weltwährungssystem durch das Nebeneinander von festen und flexiblen Kursen gekennzeichnet, so daß in dieser Hinsicht über die Liquidität der Auslandsanlagen keine Aussagen gemacht werden können, wenn nur ihre globale Größe und nicht ihre Verteilung auf die einzelnen Länder bekannt ist.

Selbst bei festen Wechselkursen führt der Umtausch der Auslandsanlagen nur dann zu einem gleich hohen Zugang an Zentralbankgeld, wenn die Zentralbank durch den Umtausch zur Intervention gezwungen wird, um den Kurs der anderen Währung nicht unter den Interventionspunkt sinken zu lassen. Bei einem Kurs innerhalb der Bandbreiten nimmt die

---

[68] Dazu gehören auch die Mindestreserven. Es geht hier nur um den Umfang des Liquiditätssaldos.

[69] *K. H. Ketterer, R. Pohl*, S. 163.

[70] Vgl. ebenda, S. 168.

Zentralbankgeldmenge im Bankensystem nur dann zu, wenn inländische Nichtbanken die Devisen übernehmen und mit Bargeld bezahlen. In allen Fällen, in denen Nichtbanken Devisen zu Lasten ihrer Einlagen bei den Banken kaufen, fließt den Banken nur im Umfang der dadurch freiwerdenden Mindestreserve Zentralbankgeld zu. Das gilt unabhängig von der Art der Wechselkurse und vom Willen der Zentralbank.

Es ist also nicht eine Frage der Entscheidung, ob die Auslandsanlagen in vollem Umfang zum Liquiditätssaldo gerechnet werden oder nicht, wie Ketterer und Pohl meinen[71], sondern eine Frage der jeweiligen institutionellen Bedingungen. Wenn man sie jedoch dem Liquiditätssaldo und nicht der Kreditgewährung (ans Ausland) zurechnet, dann ist zu fragen, ob sie nicht wenigstens mit den Auslandsverbindlichkeiten saldiert werden sollten, um die Liquiditätslage der Banken unter Berücksichtigung der außenwirtschaftlichen Beziehungen richtig wiederzugeben. Denn analog zu den Auslandsanlagen kann den Banken umgekehrt Liquidität vom Ausland entzogen werden.

Die Bundesbank hat aus dieser Situation die Konsequenz gezogen, die Auslandsanlagen der Banken nicht mehr zu den freien Liquiditätsreserven zu rechnen[72].

Was die offenen Refinanzierungskontingente (in Form von Rediskont- und Lombardkontingenten) anbelangt, so besteht ein Problem darin, den Widerspruch aufzulösen, der dadurch entsteht, daß der Liquiditätssaldo an anderer Stelle als Differenz zwischen Einlagen und Krediten der Banken definiert wird[73] und gleichzeitig Wechsel- und Wertpapierkredite zum Liquiditätssaldo gezählt werden. Es gibt somit eine bestimmte Art von Aktiva, die nicht eindeutig zuzuordnen sind. Beide Definitionen legen jedoch eindeutige Zuordnungen fest, die nicht miteinander vereinbar sind. Potentielles Zentralbankgeld im Rahmen der Refinanzierungskontingente wird erst und nur durch Kreditgewährung selbst geschaffen. Diese Art der Kreditgewährung setzt kein aktuelles Zentralbankgeld voraus, sondern schafft uno actu die Möglichkeit für die Banken, sich Zentralbankgeld zu besorgen. Das gilt jedoch nicht in unbeschränktem Maße, sondern nur im Rahmen der Refinanzierungskontingente. Nur wenn die Refinanzierungskontingente voll ausgeschöpft sind bzw. gar nicht erst eingeräumt werden, sind beide Definitionen miteinander vereinbar.

Die Abgrenzung des Liquiditätssaldos hat den Sinn, die für die Kreditgewährung relevanten Bankaktiva genau zu identifizieren. Die bis-

---

[71] Vgl. ebenda, Die Einbeziehung von Auslandsanlagen in die Bankenliquidität ist weitverbreitet. Vgl. z. B. *Reinhard Pohl* (I), S. 209. *W. Neubauer*, S. 184 f.

[72] Vgl. *Monatsbericht der Deutschen Bundesbank* (MB) 6/73, S. 47 f.

[73] Vgl. *K. H. Ketterer, R. Pohl*, S. 162.

herige Diskussion hat gezeigt, daß es selbst bei gegebenen institutionellen Bedingungen schwierig ist, eine eindeutige Abgrenzung vorzunehmen. Das macht die Änderungen verständlich, die an der Definition der Bankenliquidität durch die Bundesbank verschiedentlich vorgenommen worden sind[74].

Auch der Sachverständigenrat ist in der Definition der Bankenliquidität nicht immer einheitlich. So verwendet er neben den bereits erwähnten Definitionen auch den Begriff der freien Liquiditätsreserven[75], der offensichtlich von der Deutschen Bundesbank übernommen worden ist. Er unterscheidet sich vom Liquiditätssaldo vor allem dadurch, daß von diesem die Mindestreserveverpflichtungen abgezogen werden. Daraus kann das Fazit gezogen werden, daß es eine von historischen Bedingungen unabhängige Abgrenzung der Bankenliquidität nicht geben kann, soll der Bezug zur Kreditgewährung einigermaßen adäquat wiedergegeben werden.

Die Lösung des Abgrenzungsproblems gibt natürlich noch keine Antwort auf die Frage, in welcher Art und Weise die Höhe bzw. die Struktur des Liquiditätssaldos die Kreditgewährung beeinflußt. Sowohl Höhe als auch Struktur müssen aber nach der potentialorientierten Kreditpolitik einen Einfluß haben, da beide Ansatzpunkt für das kreditpolitische Instrumentarium sind. Die Frage ist dann, wie sich die Kreditgewährung verändert, wenn Umfang und Struktur des Liquiditätssaldos durch Marktfaktoren und/oder kreditpolitische Maßnahmen beeinflußt werden. Nimmt man beispielsweise an, daß eine Erhöhung des Liquiditätssaldos expansiv auf die Kreditgewährung wirkt, eine Erhöhung der Verwendungskomponente V dagegen restriktiv, dann ist es notwendig, den Nettoeffekt auf die Kreditgewährung bestimmen zu können.

Der von Köhler abgeleitete Kreditangebotsprozeß beantwortet diese Frage rein mechanistisch. Es kommt einzig und allein auf die Differenz, die „Überschußreserve" an. Durch sie wird eine Obergrenze festgelegt, bis zu der die Kredite ausgeweitet werden können. Köhler sieht offensichtlich den Normalfall darin, daß dieses Kreditschöpfungspotential auch immer ausgenutzt wird, sofern nur die Kreditnachfrage immer groß genug ist[76]. Köhler folgt damit konsequent seinem Vorgehen, auf Theorie weitgehend zu verzichten. Die Analyse von Anpassungsprozessen des Kreditangebots der Banken erfordert die Einbeziehung der Nachfrageseite des Kreditmarktes. Da das Konzept rein angebotsorientiert ist, ist es allerdings konsequent, wenn man die Anpassungsprozesse nicht berücksichtigt.

---

[74] Vgl. z. B. *MB* 4/65; 7/70; 6/73; 7/74.

[75] Vgl. *JG* 1970, Fußnote 2 zu Schaubild 24.

[76] Vgl. *C. Köhler* (II), S. 125 f.

Im Vorwurf nicht vorhandener oder unklarer theoretischer Vorstellungen zur Rolle von Umfang und Struktur des Liquiditätssaldos läßt sich auch die Kritik von Brunner/Neumann zusammenfassen[77]. Sie bemängeln das Fehlen einer Erklärung für die These, daß sowohl Umfang als auch die Struktur des Liquiditätssaldos bedeutsam sein sollen wie „auch das Fehlen jeglicher Beschreibung der relevanten Anpassungsprozesse der Banken“[78]. Pohl begegnet diesen Einwänden, indem er darauf hinweist, „daß die Steuerung des Umfangs eine notwendige, aber keine hinreichende Voraussetzung für eine erfolgreiche Kreditpolitik ist und daher durch eine Steuerung der Veränderung der liquiden Mittel ergänzt werden muß“[79].

Diese gegensätzlichen Meinungen resultieren aus einer unterschiedlichen Interpretation der Größe (*L*—*V*). Die Argumentation von Brunner/Neumann basiert offensichtlich auf preistheoretischen Vorstellungen beim Kreditangebotsprozeß. Vor allem spielt hier die Struktur der Bankaktiva eine Rolle. Auf diesem Hintergrund sehen sie die Rolle des Liquiditätssaldos und der Kreditgewährung. Köhler wie auch Pohl stellen dagegen das Finanzierungsproblem in den Vordergrund, das für die Banken entsteht, wenn sie Kredite gewähren wollen. Die Differenz (*L*—*V*) gibt dann die Zentralbankgeldmenge an, die dem Bankensystem innerhalb der relevanten Periode für die Kreditgewährung zur Verfügung stehen soll. Die Motive der Banken für eine Kreditausweitung werden dann irrelevant, wenn sie keine Möglichkeit zur Finanzierung haben. Es zeigt sich, daß hier die gleiche Vorstellung zugrundeliegt wie schon zuvor beim Zusammenhang zwischen Zahlungen und wirtschaftlicher Aktivität. Insofern könnte man die Kritik analog führen.

Der preistheoretische Ausgangspunkt von Brunner/Neumann ist ein Versuch, eine Theorie des Kreditangebots unter Berücksichtigung des Bankenverhaltens zu liefern. Dabei spielt die Differenz (*L*—*V*) keine Rolle, sondern die Geldbasis, die sich aus der gesamten Zentralbankgeldmenge zusammensetzt[80].

In diesem Zusammenhang ist darauf hinzuweisen, daß die Unterschiede zwischen (*L*—*V*) und der Geldbasis teilweise verschwinden, wenn es um das Problem der Kontrolle dieser Größen geht. In beiden Fällen ist die Zentralbankgeldmenge zu steuern, die den Banken zur Kreditgewährung zur Verfügung steht. Denn auch im Geldbasiskonzept kann Kreditgewährung nur erfolgen, wenn die Banken auf Zentralbankgeld zurückgreifen können. Das Zentralbankgeld in den Händen der Nicht-

---

[77] Vgl. *K. Brunner, M. J. M. Neumann* (I, II), S. 232 bzw. S. 128 ff.

[78] *K. Brunner, M. J. M. Neumann* (II), S. 130.

[79] *Rüdiger Pohl* (I), S. 123.

[80] Vgl. dazu *A. E. Burger*.

banken spielt in diesem Zusammenhang keine Rolle, da es den Banken nicht zur Verfügung steht. Gleiches gilt für das Zentralbankgeld, das in der Mindestreserve gebunden ist[81].

Die Differenz (L—V) bzw. die Geldbasis können im Sinne eines Zustroms an Zentralbankgeld interpretiert werden. Dann läßt sich zeigen, daß beide Größen strukturelle Aspekte vernachlässigen. Das Zentralbankgeld kann den einzelnen Banken auf unterschiedliche Art und Weise und in unterschiedlichem Umfang zufließen. Wie in beiden Ansätzen unterstellt, kann die Zentralbank den Zentralbankgeldzufluß nur global kontrollieren. Da die einzelnen Banken sich in ihrem Verhalten unterscheiden, wird auch die gesamte Kreditgewährung davon abhängen, welche Banken gerade in den Besitz von Zentralbankgeld kommen. In der rein formalen Differenz (L—V) bzw. der Geldbasis kann dieser Einfluß nicht zum Ausdruck kommen. Seine Berücksichtigung erfordert die Einbeziehung struktureller Aspekte des Bankensystems im Kreditangebotsprozeß, die in keinem der beiden Ansätze einbezogen werden.

Setzt man einmal voraus, daß der Zentralbank die Steuerung von (L—V) gelingt und abstrahiert von den erwähnten strukturellen Faktoren, dann läßt sich die Bedeutung des Multiplikators im Kreditangebotsprozeß aufzeigen.

4.2. Kreditangebotsprozeß und Multiplikator

Im Multiplikator $m = \frac{1}{d + v\,(1-d)}$ wird der Einfluß der Banken, Nichtbanken und Zentralbank erfaßt. Die Versickerungsrate d spiegelt das Nichtbankenverhalten wider (Bargeldabzüge etc.). Die Verwendungsrate v faßt den Einfluß der Banken und Zentralbank zusammen. Sie enthält sowohl die Mindestreserve als auch die liquiden Anlagen der Banken. Maßnahmen der Nichtbanken, die zu einer Umstrukturierung der Passivseite der Bankbilanzen führen, wirken sich über die entsprechenden Mindestreserveänderungen ebenfalls, zumindest temporär, auf v aus. Bei gegebenem Zentralbankgeldzustrom (L—V) und gegebenem Multiplikator m ist die maximal mögliche Kreditgewährung bestimmt. Sie muß in dem Umfang realisiert werden, daß das angestrebte Zahlungsvolumen erreicht wird. Abweichungen der tatsächlichen Kreditgewährung von der maximalen führen zu entsprechenden Veränderungen des Zahlungsvolumens. Wenn (L—V) exakt kontrolliert wird, ist es also notwendig, den Multiplikator möglichst genau zu bestimmen. Die folgenden Überlegungen gehen auf die damit verbundenen Probleme ein.

---

81 Vgl. *W. Neubauer*, S. 103.

Der hier zugrundegelegte Multiplikator ist recht einfacher Art. Er unterscheidet sich kaum von den hinlänglich bekannten Lehrbuchversionen. Das muß gegenüber wesentlich komplizierteren Ansätzen[82] kein Nachteil sein, wenn der Multiplikatorprozeß in einen kreditpolitischen Zusammenhang gestellt wird und eine weitere Aufspaltung des Multiplikators, die theoretisch sehr reizvoll sein mag, für die praktische Geldpolitik kaum zusätzliche relevante Informationen liefert. Auf einen Vergleich mit anderen Ansätzen soll deshalb weitgehend verzichtet werden. Vielmehr ist auf einige Punkte hinzuweisen, die in der bisherigen Diskussion zum Multiplikatorproblem weniger Beachtung gefunden haben. Es geht dabei um Fragen der adäquaten Periodenabgrenzung für den Multiplikatorprozeß, um den Einfluß struktureller Faktoren auf die Höhe des Multiplikators und um die fehlende Unterscheidung zwischen Brutto- und Nettokreditgewährung. Die beiden ersten Punkte sind für alle Ansätze relevant, während der letzte insbesondere auf die potentialorientierte Kreditpolitik zutrifft.

In einer rein theoretischen Untersuchung von Multiplikatorprozessen kann man darauf verzichten, seine Periodenbezogenheit hervorzuheben, nur um das Prinzip deutlicher zu machen. Im geldpolitischen Konzept wird es jedoch unerläßlich, zu berücksichtigen, daß der Multiplikatorprozeß nur in der Zeit ablaufen kann, also Zeit erfordert. Legt man bei einer Untersuchung oder Prognose alternative Zeiträume zugrunde, dann wird sich auch die Höhe des Multiplikators unterscheiden. Der Multiplikator ist eine Funktion des zugrundeliegenden Zeitraums. Bei gegebenen Koeffizienten des Multiplikators wird ein maximaler Wert bestimmt, der nur dann auch tatsächlich erreicht wird, wenn der Prozeß ganz ablaufen kann. Die dadurch definierte Periode kann nicht eindeutig festgelegt werden und dürfte variabel sein. Je kürzer nun die tatsächlich zugrundegelegte Periode im Vergleich zur theoretisch notwendigen ist, um so mehr wird auch der Wert des Multiplikators, der in dieser Periode erreicht werden kann, nach unten abweichen.

In der praktischen Politik wird es kaum möglich sein, unterschiedlich lange Zeiträume zugrunde zu legen, die sich am Zeitbedarf des Multiplikators orientieren. Realistischer dürfte es sein, daß man von gleich langen Perioden, etwa von einem Monat oder einem Quartal als Planungszeitraum ausgeht. Die Folge ist, daß der tatsächliche Wert des Multiplikators von dem prognostizierten abweicht und damit auch die tatsächliche von der erforderlichen Kreditgewährung. Abweichungen ergeben sich nur dann nicht, wenn man die Zeitabhängigkeit des Multiplikatorprozesses in der Prognose berücksichtigen kann. Die dazu notwendigen

---

[82] Vgl. die am Anfang von Abschnitt 4 zitierten Arbeiten.

relevanten Informationen dürften jedoch kaum empirisch zu bestimmen sein.

Das Multiplikatorkonzept verlangt die Identifikation jeder einzelnen Zentralbankgeldeinheit während des ganzen Multiplikatorprozesses, der dann abgelaufen, beendet ist, wenn die letzte zur Verfügung stehende Zentralbankgeldeinheit für die Kreditgewährung verbraucht ist. Diese Identifikation ist bei der heutigen Ausgestaltung des Geldwesens nicht möglich. Darin liegt eine prinzipielle Schwierigkeit, den Zeitbedarf von Multiplikatorprozessen empirisch zu bestimmen und in den Prognosen des Multiplikatorwertes für eine Periode zu berücksichtigen.

Die Zeitabhängigkeit des Multiplikatorprozesses spielt dann keine Rolle, wenn man bereits von einer stetigen Entwicklung ausgeht und der Zeitbedarf konstant ist. Bewegt man sich jedoch schon auf einem gleichgewichtigen Wachstumspfad, reduziert sich das konjunkturpolitische Steuerungsproblem auf ein Minimum. In der praktischen Politik läßt sich das Problem der Zeitabhängigkeit des Multiplikators somit nicht umgehen.

Neben der Zeitabhängigkeit ist der Einfluß struktureller Faktoren auf die Höhe des Multiplikators zu berücksichtigen. Er ist an der Implikation der Annahme eines bestimmten Wertes der Verwendungsrate v zu verdeutlichen. Bei der globalen Betrachtungsweise folgt daraus, daß sich alle Banken im Durchschnitt gleich verhalten. Es ist gleichgültig, über welche Banken bzw. Bankengruppen der Multiplikatorprozeß abläuft, weil sich hinsichtlich der Kreditgewährung alle relativ gleich verhalten, oder alle in gleichem Maße in den Multiplikatorprozeß einbezogen werden. Das gesamte Bankensystem wird gewissermaßen als einzelne Bank interpretiert.

Davon kann man realistischerweise nicht ausgehen. Einige Banken werden eher als andere bemüht sein, zugeflossenes Zentralbankgeld wieder zur Kreditgewährung zu verwenden. Auch der relative Umfang wird sich unterscheiden. Wie groß die tatsächliche Kreditgewährung bei einem bestimmten Zentralbankgeldzufluß sein wird, ist dann wesentlich davon abhängig, welche Banken am Multiplikatorprozeß beteiligt sind. Der Multiplikator bleibt somit von diesen strukturellen Faktoren nicht unbeeinflußt. Gerade für relativ kurze Zeiträume kann dieser strukturelle Einfluß zum Tragen kommen, der zu Veränderungen des Multiplikators führt, die bei einem Durchschnittswert für v nicht berücksichtigt werden können. Für längere Perioden ist es dagegen wahrscheinlicher, daß es zu kompensatorischen Effekten innerhalb des Bankensystems kommt, die den Durchschnittswert realistischer erscheinen lassen.

Sowohl diese strukturellen Faktoren als auch die zuvor diskutierte Zeitabhängigkeit des Multiplikators sind für die potentialorientierte Kreditpolitik relevant, da sie auf kurze Zeiträume für ihre Entscheidungen und Maßnahmen abstellt. Da ihnen nicht Rechnung getragen wird bzw. auch gar nicht getragen werden kann, kommt es zu Abweichungen des tatsächlichen vom prognostizierten Multiplikator.

Abschließend ist zu zeigen, daß der Multiplikator auf die Nettokreditgewährung bezogen ist und nicht, wie es im Konzept der potentialorientierten Kreditpolitik notwendig wäre, auf die Bruttokreditgewährung. Brutto- und Nettokreditgewährung sind nur dann identisch, wenn alle mit Kredit finanzierten Zahlungen an Bankgläubiger gehen, Einlagen- und Kreditschöpfung also identisch sind, wenn von Barabzügen einmal abstrahiert wird. Es darf nicht der Fall eintreten, daß die mit Kredit finanzierte Zahlung an einen Bankschuldner geht, da sich dann Kreditgewährung und -rückzahlung gerade ausgleichen. Das ist der eine Faktor, der eine Differenz zwischen Brutto- und Nettokreditgewährung bewirkt.

Ein zweiter besteht darin, daß durch die Kreditrückzahlung weder die Bank des Zahlungsempfängers noch das gesamte Bankensystem Zentralbankgeld durch Bindung in der Mindestreserve verlieren. Die Bankenliquidität bleibt unverändert. Ein kurzes Beispiel möge diesen Gedankengang erläutern. Es wird von einem Zentralbankgeldbestand in Höhe von 10 Geldeinheiten (GE) zu Beginn des Multiplikatorprozesses ausgegangen. Zentralbankgeld wird im Verlaufe des Prozesses nur durch den Mindestreservesatz von 10 v. H. der entstehenden Einlagen gebunden. Es werden zwei Fälle A und B unterschieden. Im Fall A erfolgt im Ablauf des Prozesses keine Kreditrückzahlung. Im Fall B führt die Kreditgewährung gleich im ersten Schritt zu einer gleichgroßen Tilgung. Gefragt wird nach der Höhe der Bruttokreditgewährung in den beiden Alternativen.

Tabelle 4

Bruttokreditgewährung ohne (A) und mit (B) Kreditrückzahlung im Multiplikatorprozeß

	A	B
1. Schritt	10,00	10,00
2. Schritt	9,00	10,00
3. Schritt	8,10	9,00
4. Schritt	7,29	8,10
	Σ 34,39	Σ 37,10

Im Fall B stehen im zweiten Schritt die zu Beginn vorhandenen 10 GE wieder vollständig für die Kreditgewährung zur Verfügung, so daß in der Folge die Bruttokreditgewährung immer größer ist als im Fall A, für den Brutto- und Nettokreditgewährung identisch sind. Der realistischere Fall dürfte jedoch B sein. Für ihn gilt zusätzlich, da die Nettokreditgewährung erst nach vollständigem Ablauf des Prozesses ebenso groß ist wie im Fall A, daß vorher immer Nettokreditgewährung B < Nettokreditgewährung A ist.

Wie groß der Unterschied zwischen Brutto- und Nettokreditgewährung bei gegebenem Mindestreservesatz ist, läßt sich der Tendenz nach ebenfalls aus dem Beispiel ableiten. Der Unterschied ist um so größer, je früher und je häufiger eine Kreditrückzahlung im Prozeßablauf erfolgt. Ebenso spielt die Höhe der Kredittilgung eine Rolle. Sie kann zwar nicht größer sein als eine mit Kredit finanzierte Zahlung und hat für den Fall Zahlung = Kredittilgung keinen zusätzlichen Einfluß. Ist die Tilgung geringer als die Zahlung, dann spielt die Höhe eine zusätzliche Rolle. Dieser Differenz zwischen Brutto- und Nettokreditgewährung entspricht ein Unterschied in den Multiplikatoren. Der hier theoretisch abgeleitete Multiplikator kann die Beziehung zwischen dem Multiplikandum (L—V) und der Bruttokreditgewährung nicht wiedergeben, da er sich nur auf die Nettokreditgewährung bezieht.

Diese Kritik am Multiplikator läßt sich auf ähnliche Ansätze zur Erklärung des Kreditangebots übertragen. Nur wiegt sie dort nicht so schwer, da diese in der Regel nicht den Unterschied zwischen Brutto- und Nettokreditgewährung betonen. Dieser ist jedoch gerade für die potentialorientierte Kreditgewährung grundlegend. Die Differenzierung wird im Konzept nicht durchgehalten. Der Grund dafür ist in der herkömmlichen Kreditangebotstheorie zu sehen, die in das Konzept übernommen wird. In ihr spielt der Unterschied zwischen Brutto- und Nettokreditgewährung keine Rolle; folglich wird er in der Theorie auch nicht berücksichtigt und sichtbar gemacht. Die Übernahme dieses analytischen Konzepts in die potentialorientierte Kreditpolitik wirkt sich negativ auf diese selbst aus, da die Kreditangebotstheorie ein notwendiger Eckpfeiler des Gesamtkonzepts ist. Die Theorie müßte das Angebot an Brutto- und nicht — wie es im Konzept der Fall ist — an Nettokreditgewährung erklären.

Die hier diskutierten problematischen Aspekte des Multiplikatorkonzepts haben gemeinsam, daß sie geldpolitisch relevant werden, wenn es darum geht, den Multiplikator für eine bestimmte Periode zu schätzen, um die Kreditgewährung zu steuern. Der Sachverständigenrat selbst gibt kein Verfahren zur Schätzung des Multiplikators an.

Allgemein kann man feststellen, daß den theoretisch aufwendigen und differenzierten Untersuchungen die Entsprechung im empirischen Bereich fehlt. Man begnügt sich mit relativ einfachen Regressionsansätzen, oder noch einfacher, der zu schätzende Multiplikator für einen bestimmten Zeitraum, z. B. einen Monat, wird als Durchschnitt der vergangenen 6 bzw. 12 Monate berechnet[83]. Hier ist eine beträchtliche Diskrepanz zwischen theoretischer Analyse und empirischen Möglichkeiten festzustellen, selbst wenn einige Autoren ihre eigenen Ansätze als naiv bezeichnen, hindert sie das nicht, daraus weitreichende Schlüsse zu ziehen[84]. Die möglichen theoretischen Vorteile einer weitgehenden Differenzierung des Multiplikators lassen sich auf der empirischen Ebene nicht identifizieren. Köhler wie auch der Sachverständigenrat haben sich in diesem Punkt im theoretischen Bereich den empirischen Möglichkeiten angepaßt — ob bewußt oder unbewußt, sei dahingestellt. Allerdings legen sie selbst keine empirischen Ergebnisse vor.

4.3. Zusammenhang zwischen Multiplikator und Multiplikand

Abschließend ist die Frage zu untersuchen, ob man von der Unabhängigkeit von Multiplikator und Multiplikand ausgehen kann, wie es das geldpolitische Vorgehen impliziert: Der Multiplikator wird für die zukünftige Periode geschätzt. $(L—V)$ wird dann so gesteuert, daß sich gerade die angestrebte Kreditgewährung ergibt. Wenn ein Zusammenhang zwischen Multiplikand und Multiplikator besteht, genauer: wenn sich als Reaktion auf geldpolitische Maßnahmen der Multiplikator ändert, dann muß dieser Zusammenhang bei der Prognose berücksichtigt werden. Ansonsten wird der tatsächliche vom prognostizierten Multiplikator abweichen.

Ein offensichtlicher Zusammenhang besteht über die Verwendungsrate $v = \frac{V}{E}$, in deren Zähler eine Komponente des Multiplikanden eingeht. Wird z. B. die Verwendungskomponente V durch kreditpolitische Maßnahmen erhöht, dann hat das notwendigerweise auch Einfluß auf v. Welche Auswirkungen sich allerdings ergeben, kann nur dann gesagt werden, wenn gleichzeitig bekannt ist, wie sich die Einlagen E entwikkeln. Hier ist festzuhalten, daß eine Abhängigkeit zwischen Multiplikator und Multiplikand besteht.

Ebenso kann sich die Versickerungsrate d im Gefolge der kreditpolitischen Maßnahmen verändern. So etwa dadurch, daß die Bargeldhaltung auf Zinsveränderungen reagiert und sich relativ verändert. D. h. es muß in diesem Falle sowohl der Einfluß geldpolitischer Maßnahmen auf den Zinssatz als auch dessen Auswirkung auf die Bargeldhaltung bekannt sein, wenn Veränderungen von d zu berücksichtigen sind.

---

[83] Vgl. z. B. *L. Kalish III.*, S. 763 f. und *A. E. Burger*, S. 196 ff.; der sich weitgehend auf Kalish bezieht.

[84] Vgl. ebenda.

Sowohl über v als auch über d kann sich die Veränderung des Multiplikanden auf den Wert des Multiplikators auswirken. Daraus läßt sich schließen, daß das zuvor erwähnte Verfahren, den Multiplikator einfach als Durchschnittswert aus vergangenen Perioden zu schätzen, kaum zu zufriedenstellenden Ergebnissen führen kann. Die Multiplikatoren zurückliegender Perioden sind abhängig von bestimmten geldpolitischen Maßnahmen, die nur in den seltensten Fällen mit denen identisch sein werden, die in der zukünftigen Periode ergriffen werden. Zusätzlich wird immer auch eine unterschiedliche Ausgangssituation zu berücksichtigen sein. Die gleiche Maßnahme, etwa eine Erhöhung der Mindestreservesätze um 10 v. H., wird nicht in allen Situationen die gleichen Effekte auf die hier relevanten Größen haben. Deren Elastizitäten in bezug auf den Multiplikanden sind jedoch nicht bekannt.

Bei dem geringen empirischen Wissen über die hier diskutierten Probleme ist es nicht verwunderlich, daß der Sachverständigenrat zu wenig befriedigenden Ergebnissen kommt, wenn er den Zusammenhang zwischen maximal möglicher und tatsächlicher Kreditgewährung untersucht[85]. Das was sich theoretisch als Kreditangebot ableiten läßt, spiegelt in keiner Weise die tatsächliche Entwicklung des Kreditbestandes wider, wie aus Abbildung 3 ersichtlich ist.

Die tatsächliche Kreditgewährung hat sich unabhängig von der theoretisch möglichen entwickelt. Die Höhe der Abweichungen erklärt sich aus den stark vereinfachenden Annahmen, die dieser Berechnung zugrundeliegen[86]. Das mag kritisiert werden, es macht jedoch andererseits in aller Deutlichkeit klar, daß die Banken ihren Kreditspielraum nicht ausgeschöpft haben. Sowohl der angenommene Multiplikator als auch der Multiplikand entsprechen nicht den tatsächlichen. Die Berücksichtigung weiterer Faktoren im Multiplikator und die Einbeziehung eines anderen Multiplikanden führen zu keiner prinzipiellen Verbesserung. Es sei denn, man ermittelt den Multiplikator einfach definitorisch, indem man den Kreditbestand durch den Multiplikanden dividiert. Dieses Verfahren liefert jedoch keine Auskunft darüber, ob der Kreditangebotsprozeß theoretisch richtig erklärt wird.

Das grundlegende Problem, nämlich die Prognose des tatsächlichen Multiplikators, scheint beim gegenwärtigen Stand der theoretischen wie empirischen Forschung nicht hinreichend genau zu lösen zu sein, um die Kreditgewährung erfolgreich steuern zu können. Inwieweit die Kontrolle des Multiplikanden gelingt, ist eine Frage des Instrumentariums, das im nächsten Kapitel diskutiert wird.

[85] Vgl. *JG* 1971, Ziff. 141 ff. Ebenso *K. H. Ketterer* (I): Ein Indikator für die Stärke und Wirkungsrichtung monetärer Impulse, in: Konjunkturpolitik, Bd. 17 (1971), S. 349 - 362.

[86] Vgl. *JG* 1971, Methodische Erläuterungen, Anhang VIII.

Abb. 3: Rechnerisches Kreditmaximum und tatsächlicher Kreditbestand für die BRD, 1963 - 1973 (Mrd. DM)

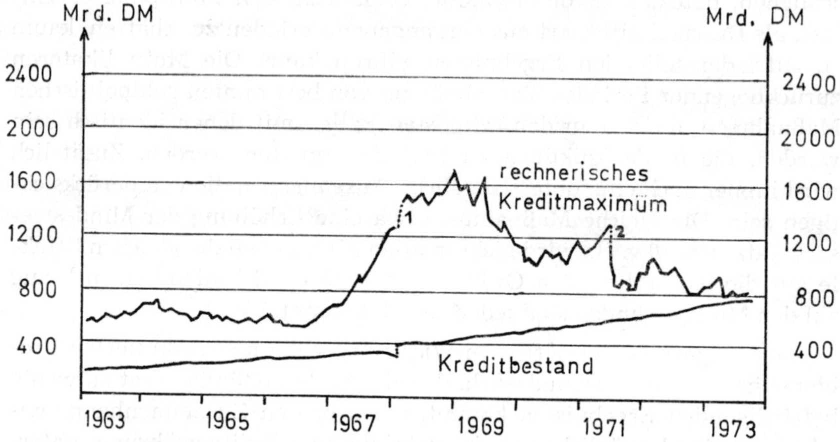

[1] Umstellung der Bankenstatistik zum 1. 1. 1968.
[2] Ab Mai 1971 veränderte Abgrenzung der freien Liquiditätsreserven.
Quelle: JG 1973, Schaubild 28.

Der Kreditangebotsprozeß der potentialorientierten Kreditpolitik zeigt die grundsätzlichen Probleme auf. Sie ändern sich prinzipiell auch nicht dadurch, daß man zu einem anderen geldpolitischen Konzept übergeht, wie es der Sachverständigenrat endgültig im Jahresgutachten 1974 tut. Er zieht jetzt eine monetaristisch orientierte Geldangebotsstrategie vor[87]. Die Substitution des monetären Aggregates (*L*—*V*) durch die Geldbasis *B* und der Kreditgewährung durch die Geldmenge kann die Probleme nicht lösen. Die Klärung des Transformationsprozesses über den Multiplikator und die adäquate empirische Bestimmung bzw. Prognose des Multiplikators stehen beide noch aus[88].

Hierin zeigt sich eine Schwachstelle einer jeden geldpolitischen Konzeption, in der das Kredit- bzw. Geldmengenangebot eine Rolle spielt. Die Angebotsseite wiederum ist in jeder geldpolitischen Konzeption eine notwendige Bedingung, soll sie nicht von vornherein unrealistisch sein. Das Multiplikatorkonzept muß auf seine Eignung zur Erklärung von Angebotsprozessen im monetären Bereich hin überprüft und möglicherweise modifiziert werden. Denn die einzige Information, die es mit

[87] Vgl. *JG* 1974, Ziff. 374 ff.

[88] Vgl. z. B. *K. H. Ketterer, D. B. Simmert,* Moderne Quantitätstheorie und Laissez faire Liberalismus, in: C. Köhler (V), S. 86 f., die auf die stark gegenläufige Entwicklung der Veränderungsraten von Geldbasis und Geldangebotsmultiplikator in der BRD hinweisen. Die Abhängigkeit zwischen beiden Größen besteht offensichtlich auch hier.

hinreichender Genauigkeit liefert, besteht darin, daß das Bankensystem mit einer Einheit Zentralbankgeld, die ihm zur Verfügung steht, ein Mehrfaches an Geldmenge bzw. Krediten schaffen kann. Alle weiteren Informationen, die notwendig wären, um das Multiplikatorkonzept geldpolitisch nutzbar zu machen, sind nur unvollständig vorhanden. Das hat sich auch beim Kreditangebotsprozeß der potentialorientierten Kreditpolitik bestätigt.

Die Diskussion des Kreditangebotsprozesses hat damit zu Ergebnissen geführt, die Anlaß dazu geben, die Eignung des Konzepts der potentialorientierten Kreditpolitik, nämlich zu einer Verstetigung des Wirtschaftsablaufs beizutragen, auch in dieser Hinsicht anzuzweifeln. Wie schon zuvor beim „Übertragungsprozeß" monetärer Impulse in den realen Bereich und der „Theorie" der monetären Grundgleichung konnten sowohl auf der theoretischen wie empirischen Ebene Einwände formuliert werden, die die behauptete Effizienz des Konzepts in Frage stellen.

Die Stärke der potentialorientierten Kreditpolitik liegt demnach offensichtlich nicht im Theoriebereich, in dem es darum geht, die Konzeption theoretisch wie empirisch zu untermauern. Theoretische Mängel einer Konzeption müssen jedoch nicht notwendigerweise zu den gleichen Einwänden im Bereich der Instrumente führen, sofern man diesen nicht ausschließlich von den Ergebnissen im Theoriebereich her beurteilt. Insofern soll im folgenden untersucht werden, ob im Bereich der Instrumente eine andere Beurteilung als im Theoriebereich gerechtfertigt ist.

Abschnitt IV

Der Instrumentbereich der potentialorientierten Kreditpolitik

1. Einleitung

Aus dem Aussagenzusammenhang der potentialorientierten Kreditpolitik wurde als direkte Zielgröße der Geldpolitik der Liquiditätssaldo des gesamten Bankensystems abgeleitet. Der Liquiditätssaldo wird über einen Multiplikator mit der Bruttokreditgewährung und über diese mit dem Zahlungsvolumen verknüpft. Die Entwicklung des Zahlungsvolumens wiederum beeinflußt nach der potentialorientierten Kreditpolitik die monetäre Nachfrage. Diese Zusammenhänge sind in den vorstehenden Ausführungen einer kritischen Analyse unterworfen worden. Im hier zu diskutierenden Instrumentbereich geht es um die Beziehungen zwischen Zentralbank und übrigem Bankensystem. Im Kontext der potentialorientierten Kreditpolitik stellt sich damit konkret die Frage nach den Instrumenten zur Kontrolle des Liquiditätsssaldos, die bisher als gegeben vorausgesetzt war.

Der Sachverständigenrat schlägt, wie bereits erwähnt, Instrumente vor, die den Liquiditätssaldo in zweifacher Hinsicht beeinflussen sollen, nämlich seinen Umfang und seine Struktur.

Zur Steuerung des Umfangs sollen eingesetzt werden:

— die Offenmarktpolitik mit Nichtbanken,
— die Einlagen-/Schuldenpolitik
mit der öffentlichen Hand
— und die Refinanzierungspolitik.

Die Struktur des Liquiditätssaldos ist durch folgende Instrumente zu beeinflussen:

— der Mindestreservepolitik,
— der Offenmarktpolitik mit Banken
— und der Swap-Politik.

Die Kriterien, die zur Auswahl dieser Instrumente geführt haben, werden vom Sachverständigenrat nicht genannt. Irgendeines oder mehrere muß es aber geben, denn sonst kann man nicht begründen, warum gerade diese und nicht noch andere Instrumente vorgeschlagen werden.

Nach dem nahestliegenden Kriterium, alle die Instrumente zu nehmen, die sich auf den Liquiditätssaldo auswirken, kämen noch weitere Instrumente in Betracht, z. B. die Diskontpolitik.

Ein Kriterium finden wir bei Köhler, der zwischen direkter und indirekter Kreditpolitik unterscheidet[1]. Danach sind nur solche Instrumente ausgewählt worden, die die Kreditgewährung indirekt über den Liquiditätssaldo beeinflussen. Die direkte Kreditsteuerung via Kreditplafondierung wird demnach ausgeschlossen[2], obwohl diese ebenfalls einen Einfluß auf den Liquiditätssaldo hat.

Ein weiteres Kriterium ist darin zu sehen, daß die Instrumente primär auf das Kreditangebot einwirken sollen, insbesondere dessen mengenmäßige Beeinflussung. So ist z. B. die Diskontpolitik primär auf die Beeinflussung der Nachfrage nach kurzfristigen Krediten ausgerichtet. Gleichzeitig wird dadurch auch die Höhe des Liquiditätssaldos berührt. Der Intention nach sind die mengenmäßigen Folgen für das Kreditangebot weniger bedeutend, so daß die Diskontpolitik nicht in das Konzept der potentialorientierten Kreditpolitik integriert wird.

Diese beiden Kriterien erlauben es, bei der Diskussion der Instrumente auch auf die aktuelle Problematik einer geldpolitischen Reform einzugehen. Die Diskussion um diese bewegt sich im wesentlichen auf der Instrumentenebene, ohne in eine umfassende geldpolitische Konzeption eingebettet zu sein. Daran zeigt sich, daß die geldpolitischen Instrumente in einem gewissen Umfang Theorie-indifferent sind, d. h. sie können im Rahmen von Konzeptionen zur Anwendung kommen, die auf unterschiedlichen Theorien basieren.

Die Klassifikation der Instrumente danach, ob sie auf den Umfang oder die Verwendung des Liquiditätssaldos wirken, wird im folgenden beibehalten, um ein formales Gliederungskriterium zu haben.

Diese Differenzierung wird dagegen inhaltlich nicht für sehr sinnvoll gehalten, da in ihr eine Bewertung der Instrumente hinsichtlich ihrer prinzipiellen Bedeutung zum Ausdruck kommt. So sind nach Köhler „von den kreditpolitischen Instrumenten ... die am wirksamsten, die den Umfang der liquiden Mittel der Banken beeinflussen"[3]. Danach ist ein Entzug liquider Mittel durch Offenmarktoperationen mit Nichtbanken einer mengenmäßig gleich wirkenden Erhöhung der Mindestreservesätze vorzuziehen. Welche Maßnahmen sich leichter realisieren lassen, spielt in diesem Zusammenhang keine Rolle, entscheidend ist die grundsätzliche Bewertung.

---

[1] Vgl. *C. Köhler* (II), S. 242, 244 ff., 255 ff.

[2] Im *JG* 1972, Ziff. 398, geht der Sachverständigenrat in einem anderen Zusammenhang auf die Kreditplafondierung ein.

[3] *C. Köhler* (II), S. 239.

Begründet wird diese Einschätzung folgendermaßen: „So empfinden Kreditinstitute den Verlust liquider Mittel schwerwiegender als eine kreditpolitische Bindung vorhandenen Zentralbankgeldes. Verliert die Bank Zentralbankgeld, so ist sie auf jeden Fall gezwungen, entsprechend vorsichtiger zu disponieren. Wird dagegen Zentralbankgeld nur in seiner Verwendung beschränkt, so bleibt der Bank bewußt, daß sie liquide Mittel besitzt, die notfalls von der Zentralbank wieder freigegeben werden[4]."

Die im Kreditangebotsprozeß ($\Delta K = m\,(L—V)$) formale Gleichwertigkeit der Veränderung von Umfang und Struktur des Liquiditätssaldos wird auf der Instrumentenebene aufgehoben und differenzierter beurteilt. Die Realisierung einer bestimmten Differenz ($L—V$) hat unterschiedliche Auswirkungen auf die Kreditgewährung zur Folge, je nachdem ob L oder V manipuliert wird.

Dieser Argumentation wird hier nicht gefolgt. Einmal schlägt sich die Köhlersche These nicht in der Formulierung des Kreditangebotsprozesses nieder. Sie kann bei der quantitativen Bestimmung der angestrebten Differenz ($L—V$) nicht berücksichtigt werden. Zum anderen ist zweifelhaft, ob diese Hypothese das tatsächliche Bankenverhalten hinreichend erfaßt. Das Bankensystem muß es als Faktum hinnehmen, daß es die Dispositionsmöglichkeit über liquide Mittel verliert, gleich wie dieser Dispositionsverlust herbeigeführt wird. Im Umfang des Liquiditätsentzuges steht den Banken weniger Zentralbankgeld zur Verfügung, auf das sie im Bedarfsfall für die Kreditgewährung nicht zurückgreifen können.

Die von Köhler behauptete unterschiedliche Wirkung basiert auf der Annahme, daß die Banken die Möglichkeit eines späteren Liquiditätsrückflusses in ihrem Verhalten berücksichtigen. Die Köhlersche These impliziert hinsichtlich der Mindestreservepolitik eine größere Wahrscheinlichkeit für das Eintreten dieser Möglichkeit als im Falle der Offenmarktpolitik mit Nichtbanken, um bei dem zuvor genannten Beispiel zu bleiben. Dagegen ist einzuwenden, daß gerade bei der Mindestreservepolitik ungewiß ist, wann und in welchem Umfang die Zentralbank durch Senken der Mindestreservesätze Zentralbankgeld freisetzt. Vielmehr haben die Banken im Habenzinssatz einen Aktionsparameter, die durch Offenmarktgeschäfte der Zentralbank mit Nichtbanken verlorene Liquidität wieder zurückzugewinnen, was bei der Mindestreserve nicht möglich ist.

Zumindest für das hier gewählte Beispiel kann die aufgestellte Behauptung mit plausiblen Argumenten ins Gegenteil gewendet werden. Damit kann man aber nicht mehr generell von einer größeren Bedeutung der einen oder anderen Art von Instrumenten sprechen. Die Be-

[4] Ebenda, S. 239 f.

gründung für die Unterscheidung muß sich auf die formale Betrachtungsweise, die durch (*L*—*V*) nahegelegt wird, beschränken. Dennoch kann die Unterscheidung als Gliederungskriterium beibehalten werden, ohne gleichzeitig auch die unterschiedliche Bewertung übernehmen zu müssen. Die aktuelle Diskussion um die Reform der Geldpolitik in der Bundesrepublik läßt sich dabei ohne weiteres integrieren.

Gegenstand der aktuellen Diskussion ist u. a. das Instrument der Kreditplafondierung. Nach dem Kriterium, daß nur solche Instrumente in die potentialorientierte Kreditpolitik einbezogen werden, die indirekt auf die Kreditgewährung einwirken, müßte man die Diskussion der Kreditplafondierung ausschließen, da sie ja auf die direkte Beeinflussung der Kreditgewährung ausgerichtet ist. Nun ist aber die Effizienz der übrigen Instrumente letztlich davon abhängig, in welchem Ausmaß die tatsächliche Kreditgewährung durch den Liquiditätssaldo determiniert wird. Gegen diesen Zusammenhang sind im vorstehenden Kapitel einige kritische Punkte angeführt worden. Von daher ist die Überlegung zu rechtfertigen, auch Instrumente zu diskutieren, die nicht erst auf dem Umweg über den Liquiditätssaldo indirekt auf die Kreditgewährung einwirken, sondern direkt an dieser ansetzen. Ein Instrument wie die Kreditplafondierung läßt sich somit durchaus in das Konzept der potentialorientierten Kreditpolitik einbeziehen.

Weitere zur Diskussion stehende Reformvorschläge bereiten nach den genannten Kriterien keine Schwierigkeiten der Einordnung in die potentialorientierte Kreditpolitik.

Neben den kreditpolitischen Instrumenten zur Steuerung des Liquiditätssaldos existieren noch weitere Faktoren, die die Höhe des Liquiditätssoldos beeinflussen. Es ist notwendig, diese Faktoren kurz zu kennzeichnen, bevor die Instrumente einzeln diskutiert werden, da der Umfang des Liquiditätssaldos nur dann zieladäquat gesteuert werden kann, wenn der Einfluß der übrigen Faktoren bekannt ist. Das sei beispielhaft für den Fall des Bargeldumlaufs erläutert.

Ein steigender Bargeldumlauf entzieht und ein sinkender führt dem Bankensystem Liquidität zu. Angenommen, die Zentralbank strebe in der relevanten Periode, z. B. für einen Monat, eine bestimmte Höhe des Liquiditätssaldos an, die gegenüber dem Ausgangsniveau zu Beginn des Monats eine Verringerung darstellt. Wird jetzt dem Bankensystem aufgrund der Verringerung des Bargeldumlaufs Liquidität zugeführt, dann wird die Liquidität, die durch kreditpolitische Maßnahmen gebunden werden muß, größer sein als für den Fall, daß dem Bankensektor durch die Bargeldreduktion der Nichtbanken keine Liquidität zufließt. In gleicher Weise sind die übrigen Faktoren zu berücksichtigen.

Da der Liquiditätssaldo als Differenz zwischen Einlagen und Krediten beim Bankensystem (ohne Zentralbank) definiert werden kann, sind grundsätzlich alle Faktoren relevant, die diese beiden Größen beeinflussen. Neben den kreditpolitischen Faktoren nennt Köhler die Marktfaktoren, die dadurch gekennzeichnet sind, daß die Zentralbank keine Kontrolle über sie hat[5].

Dazu zählen nach Köhler[6]:

- der Bargeldumlauf,
- die Zahlungsbilanz,
- die Kassentransaktionen der öffentlichen Hand,
- die Transaktionen des privaten Sektors mit der Zentralbank (Direktgeschäfte),
- sonstige Einflüsse.

Vergleicht man diese Aufzählung mit den Instrumenten, die auf den Umfang des Liquiditätssaldos wirken, so stellt man fest, daß die getroffene Unterscheidung zwischen kreditpolitischen und marktmäßigen Einflußfaktoren nicht mehr hält. Den Kassentransaktionen mit der öffentlichen Hand entspricht die Einlagen-Schuldenpolitik. Die Offenmarktgeschäfte mit Nichtbanken nicht zu den Direktgeschäften der Zentralbank rechnen zu wollen, ist ziemlich willkürlich. Die Unterscheidung ist nur dann gerechtfertigt, wenn in einer konkreten Volkswirtschaft die hier als marktmäßige Bestimmungsfaktoren des Liquiditätssaldos gekennzeichneten Vorgänge nicht bewußt zu einem kreditpolitischen Instrument ausgebaut sind, wie es Köhler bei den Instrumenten fordert.

Auch bei den Marktfaktoren Bargeldumlauf und Zahlungsbilanz ist die These, daß sich die Zentralbank ihrem Einfluß nicht entziehen kann, nicht ganz unproblematisch. Tatsache ist, daß die Zentralbank die möglichen liquiditätsmäßigen Auswirkungen von Veränderungen in der Zahlungsbilanz bzw. des Bargeldumlaufs hinnehmen muß, wenn sie eintreten. Ob sie aber eintreten, kann durchaus vom kreditpolitischen Verhalten der Zentralbank abhängig sein. Zu erwähnen wären hier insbesondere die Auswirkungen der Zinspolitik. Gerade für die Bundesrepublik ist festzuhalten, daß Zinspolitik immer auch unter Berücksichtigung der außenwirtschaftlichen Beziehungen, insbesondere des Kapitalverkehrs, betrieben worden ist. Dadurch sollte von vornherein das Eintreten des Umtauschzwanges verhindert werden. Insofern besteht, wenn schon keine direkte, so doch eine indirekte Kontrollmöglichkeit der als marktmäßig bezeichneten Faktoren durch die Zentralbank. Ob diese immer effizient ist, mag dahingestellt sein.

---

[5] Vgl. C. *Köhler* (II), S. 89.

[6] Vgl. ebenda, S. 82 ff.

Je unregelmäßiger sich die Marktfaktoren im Zeitablauf entwickeln, um so störender wird ihr Einfluß auf den Liquiditätssaldo sein. Zumindest für den Bargeldumlauf und die Kassentransaktionen mit der öffentlichen Hand, die ja derzeit noch nicht liquiditätspolitisch genutzt werden, lassen sich gewisse Regelmäßigkeiten feststellen[7]. Sie sind also für die Banken wie für die Zentralbank einigermaßen vorhersehbar und können in den Liquiditätsdispositionen entsprechend berücksichtigt werden. Für die Zahlungsbilanzeinflüsse auf den Liquiditätssaldo kann das nicht gesagt werden. Insbesondere dann nicht, wenn, wie in den vergangenen Jahren häufig der Fall, die internationalen Kapitalbewegungen durch Spekulation bedingt sind. Diese Abhängigkeit der binnenwirtschaftlich orientierten Liquiditätspolitik läßt sich nur im Rahmen der Neuordnung des internationalen Währungssystems verringern.

Diesen kurz skizzierten Einflußfaktoren des Liquiditätssaldos hat die Zentralbank beim Einsatz ihrer Instrumente Rechnung getragen. Um deren Beurteilung geht es im folgenden. Zunächst werden die Instrumente analysiert, die auf den Umfang des Liquiditätssaldos einwirken. Im Anschluß daran diejenigen, die an seiner Struktur ansetzen.

Die Beurteilung erfolgt anhand zweier Kriterien: Der Effizienz und der politischen Durchsetzbarkeit. Die Effizienz ist danach zu beurteilen, ob die Instrumente überhaupt einen Einfluß auf den Liquiditätssaldo und damit auf die Kreditgewährung haben. Sofern es sich um neue Instrumente oder eine Erweiterung des vorhandenen Instrumentariums handelt, ist zusätzlich zu fragen, ob dadurch eine Effizienzsteigerung erzielt werden kann. Die politische Durchsetzbarkeit des neuen bzw. erweiterten Instrumentariums wird wesentlich davon abhängen, wie die beteiligten Hauptakteure — Zentralbank, Regierung und Banken — dazu stehen und welche politischen Kräfteverhältnisse zwischen diesen drei Akteuren herrschen. Da diese Fragen sehr stark mit der institutionellen Ausgestaltung zusammenhängen, wird im folgenden auf die Verhältnisse in der Bundesrepublik abgestellt.

2. Beurteilung der Instrumente, die auf die Höhe des Liquiditätssaldos wirken

In der folgenden Diskussion werden die Instrumente untersucht, mit deren Hilfe die Zentralbank die Höhe des Liquiditätssaldos kontrollieren soll. Es sind dies die Offenmarktpolitik mit Nichtbanken, die Einlagen-/Schuldenpolitik mit der öffentlichen Hand und die Refinanzierungspolitik. Sie werden in dieser Reihenfolge behandelt.

---

[7] Vgl. *MB* 7/1970, S. 29.

2.1. *Offenmarktpolitik mit Nichtbanken*

Die Zielsetzung einer Offenmarktpolitik mit Nichtbanken ist im Rahmen der potentialorientierten Kreditpolitik eindeutig bestimmt. Zielgröße ist der Liquiditätssaldo des Bankensystems[8]. Das Funktionsprinzip ist im darstellenden Teil bereits kurz genannt worden. Hier geht es jetzt darum, das Funktionsprinzip auf seine Voraussetzungen hin zu untersuchen. Es ist zu prüfen, von welchen Faktoren die Veränderung des Liquiditätssaldos $L = E - K$ im Rahmen einer Offenmarktpolitik mit Nichtbanken abhängt.

Generelles Kennzeichen jeder Offenmarktpolitik ist es, daß eine Zentralbank dabei vom Willen Dritter abhängig ist. Sie kann niemanden dazu zwingen, mit ihr ein Offenmarktgeschäft abzuschließen, will man noch von „Markt"-geschäften sprechen. Das gilt auch für den Fall, daß die Partner der Zentralbank Nichtbanken sind. Es kommt also darauf an, die Offenmarktpolitik mit Nichtbanken so zu konzipieren, daß die Abhängigkeit möglichst gering gehalten wird. Letztlich, und diese Beurteilung kann hier bereits vorgenommen werden, ist die Abhängigkeit der Offenmarktpolitik nicht aufzuheben. Ihre Effizienz muß daher von vornherein als eingeschränkt beurteilt werden. Auf diesem allgemeinen Hintergrund müssen die folgenden Ausführungen gesehen werden.

Die Auswirkungen der Offenmarktpolitik mit Nichtbanken auf den Liquiditätssaldo hängen ab von den beteiligten Nichtbanken, der Art und dem Umfang der gehandelten Papiere und der Ausgestaltung des Offenmarktgeschäftes selbst, d. h. der Art und Weise, in der die Papiere von der Zentralbank gekauft bzw. verkauft werden.

Die Nichtbanken, die am Offenmarktgeschäft beteiligt sein können, werden nach privaten Haushalten, Unternehmen und den öffentlichen Verwaltungen unterschieden. Diese Unterscheidung stützt sich auf die These, daß die Effizienz der Offenmarktpolitik von den jeweiligen Marktteilnehmern abhängig ist. Sie ist im folgenden näher zu begründen.

Aus der Differenzierung des Nichtbankensektors läßt sich die Bedeutung ableiten, die Art und Umfang der am offenen Markt gehandelten Papiere haben. So ist es realistisch anzunehmen, daß private Haushalte und Unternehmen ein unterschiedliches Anlageverhalten aufweisen, was sich z. B. in einer unterschiedlichen Präferenz für bestimmte Anlagearten ihres Vermögens äußert, wie z. B. Geld- und Realvermögen, Fristigkeit der Anlage und Stückelung.

---

[8] Damit ist keineswegs ausgeschlossen, daß auch andere Zielsetzungen, etwa die Beeinflussung der Zinssätze am Geldmarkt, verfolgt werden können. Vgl. allgemein zur Offenmarktpolitik; *O. Pfleiderer* (I): Art. Offenmarktpolitik, in: HdSW, Bd. 8, Stuttgart, Tübingen, Göttingen 1964, S. 74 - 82.

Grundsätzlich muß man für das Funktionieren der Offenmarktpolitik davon ausgehen, daß das Vermögen der Wirtschaftssubjekte überhaupt ausreichend groß genug ist. damit sie als potentielle Marktpartner in Frage kommen können. Man kann voraussetzen, daß diese Forderung in den entwickelten Ländern erfüllt ist. Denn in einer Volkswirtschaft, die sich auf einem geringen Entwicklungsniveau befindet — gemessen etwa am Pro-Kopf-Einkommen —, in der die große Masse der Bevölkerung kein Vermögen besitzt und ein finanzielles System kaum vorhanden ist, wird sich das Problem der Kreditsteuerung im hier relevanten Sinne kaum stellen. Der Entwicklungsstand des finanziellen Systems ist eben auch abhängig vom Einkommens- und Vermögensniveau eines Landes. Insofern werden im allgemeinen mit dem Auftreten der Probleme, denen die Offenmarktpolitik entgegenwirken soll, auch deren Funktionsbedingungen hinsichtlich der Höhe des Einkommens und Vermögens vorliegen. Was dann von Relevanz sein wird, ist vielmehr die Verteilung des Vermögens.

Schließlich kann die Wirkung der Offenmarktpolitik von der Ausgestaltung des Verfahrens abhängen. Dabei geht es um die Frage, ob die Zentralbank die An- und Verkaufssätze für die Offenmarktpapiere festsetzt und den Mengeneffekt, d. h. das Volumen der zu diesen Sätzen tatsächlich umgesetzten Papiere, dem Markt überläßt oder umgekehrt.

Da die Aspekte der Nichtbankengruppen und die der Art und des Umfangs der gehandelten Offenmarktpapiere eng zusammengehören, sollen sie im folgenden gemeinsam behandelt werden. Die geldpolitische Praxis in der BRD zeigt, daß die Offenmarktpolitik mit Nichtbanken kaum eine Rolle gespielt hat. „Die freien Liquiditätsreserven der Banken wären zwar im Prinzip auch durch die Abgabe von kürzerlaufenden Staatstiteln an Nichtbanken zu beeinflussen gewesen; im Juni 1971 hatte der Zentralbankrat auch beschlossen, bis zu 2 Jahre laufende Schatzanweisungen, die die Bundesbank (im Umtausch gegen Ausgleichsforderungen) als sogenannte Mobilisierungs- und Liquiditätstitel begibt, nunmehr auch an Nichtbanken zu verkaufen. Geschäfte dieser Art konnten jedoch im wesentlichen nur mit Sozialversicherungen abgeschlossen werden“, heißt es im Geschäftbericht der Deutschen Bundesbank für das Jahr 1971[9]. Die Bundesbank hat weitgehend auf die Ausnutzung des großen Spielraums für die Offenmarktpolitik verzichtet, der ihr vom Gesetz her gegeben ist. Denn neben einigen besonders erwähnten Geschäften darf die Bundesbank „andere zum amtlichen Börsenhandel zugelassene Schuldverschreibungen“ kaufen und verkaufen[10].

---

[9] Geschäftsbericht der Deutschen Bundesbank für das Jahr 1971, S. 17 f.

[10] Bundesbankgesetz (BbG) § 21 Nr. 4.

Es kann hier nicht die Aufgabe sein, den Gründen für diese Zurückhaltung nachzugehen. Vielmehr sollen die damit gegebenen Möglichkeiten eingehender diskutiert werden. Die Offenmarktpolitik hat prinzipiell symmetrischen Charakter. Sie kann expansiv oder kontraktiv eingesetzt werden. Für einen expansiven Einsatz ist es notwendige Voraussetzung, daß die Nichtbanken im Besitz von Offenmarktpapieren sind. D. h. es muß den Nichtbanken möglich sein, Offenmarktpapiere durch andere Finanzaktiva zu ersetzen. Legt man die Verhältnisse in der BRD zugrunde, dann muß man feststellen, daß die Nichtbanken, unter ihnen fast ausschließlich die Sozialversicherungsträger, nur einen unbedeutenden Betrag an Offenmarktpapieren in der derzeitigen Abgrenzung besitzen. Anders ist es dagegen, wenn die Bundesbank wie 1967 ad hoc Rentenwerte am Kapitalmarkt kauft[11].

Würde der Markt für langfristige Papiere systematisch in die Offenmarktpolitik einbezogen, so würde das Problem des nicht vorhandenen oder zu geringen „Materials“ für Offenmarktoperationen bei den Nichtbanken bedeutend verringert.

Die Flexibilität und Effizienz der Offenmarktpolitik kann erhöht werden, wenn auch die kurzfristigen Papiere in die Offenmarktpolitik mit Nichtbanken einbezogen werden. Daraus folgt, daß einem expansiven Einsatz dieses Instruments notwendig ein kontraktiver vorausgegangen sein muß, da die Privaten sonst gar nicht im Besitz dieser Papiere sein können. Die generelle Einbeziehung der Offenmarktpolitik mit Nichtbanken in das kreditpolitische Instrumentarium ist demnach an eine spezielle konjunkturelle Situation gebunden, in der es darum geht, den Liquiditätssaldo der Nichtbanken zu verringern. In diesen Situationen kann systematisch ein Bestand an Offenmarktpapieren aufgebaut werden, der für einen expansiven Einsatz notwendige Voraussetzung ist.

In der folgenden Tabelle wird ein Überblick über Umfang und Verteilung einiger finanzieller Aktiva auf die drei inländischen Nichtbankengruppen gegeben. Auf Basis dieser Informationen kann für die jeweiligen Nichtbankengruppen gefragt werden, welche ihrer Vermögensanlagen durch Geldmarktpapiere substituiert werden könnten.

Auf die Einbeziehung des Realvermögens wird hier verzichtet. Die Diskussion der Substitutionsprozesse zwischen Real- und Finanzaktiva im allgemeinen und Realvermögen und Geldmarktanlagen im besonderen würde über den hier gesteckten Rahmen hinausgehen.

Zunächst ist festzustellen, daß der empirische Befund die zuvor gemachten Ausführungen bestätigt. Nur die Sozialversicherungsträger be-

---

[11] Vgl. Die währungspolitischen Institutionen und Instrumente in der Bundesrepublik Deutschland, Sonderdruck der Deutschen Bundesbank, o. O. 1971, S. 54. Im folgenden zitiert als: Die währungspolitischen Institutionen.

Tabelle 5

Ausgewählte finanzielle Aktiva der privaten und öffentlichen Haushalte und Unternehmen in der BRD, Stand Ende 1973, in Mrd. DM

Sektor	Private Haushalte	Unternehmen, ohne Banken, Bausparkassen u. Versicherung	Gebietskörperschaften a)	Sozialversicherungen b)	Versicherungen c)
Position	1	2	3	4	5
Geldanlage bei Banken	396	147	118	31	23
— Bargeld + Sichteinlagen[d)]	71	71	19	3	2
— Termingelder[e)]	46	73	94	27	21
— Spareinlagen	279	4	6	1	—
Geldanlage bei Barsparkassen	58	2	2	—	—
Geldanlage bei Versicherungen	110	14	1	—	—
Geldanlage in — Geldmarktpapieren	1	0	0	5	0
— festverzinsl. WP.	74	13	2	19	27
— Aktien	26	37	10	—	5

a) Einschließlich Lastenausgleichsfonds und ERP-Sondervermögen. — b) Einschließlich Zusatzversorgungsanstalten öffentlicher Stellen. — c) Einschließlich Pensionskassen. — d) Einschließlich des Saldos der schwebenden Verrechnungen zwischen Kreditinstituten und nichtfinanziellen Sektoren. — e) Einschließlich Sparbriefe, Inhaberschuldverschreibungen und durchlaufender Gelder sowie einschließlich der Beteiligungen öffentlicher Haushalte an öffentlichrechtlichen Kreditinstituten.

Quelle: MB 5/1974, S. 72.

saßen Ende 1973 Geldmarktpapiere im relativ geringen Umfang von 5 Mrd. DM. Kapitalmarktpapiere im Besitz der privaten Nichtbanken machen dagegen einen weitaus höheren Betrag aus. Das Schwergewicht der Untersuchung beschränkt sich im folgenden jedoch auf die verschiedenen Geldanlagen bei Banken, besonders die Spareinlagen und die Termingelder. Diese Einschränkung erscheint einmal wegen des relativ hohen Anteils dieser Anlagen gerechtfertigt. Zum anderen haben die anderen Anlagen einen überwiegend langfristigen Charakter. So sind von allem die Geldvermögen bei den Bausparkassen und Versicherungen in der Regel vertraglich gebunden, so daß eine jederzeitige Disposition über diese Positionen nur unter erschwerten Umständen möglich ist. Vor allem dürften die Zielsetzungen, die für die Wahl dieser Anlagearten bestimmend sind, so unterschiedlich von denen für eine Anlage in Offenmarktpapieren sein, daß dieser Bereich ohne große Bedenken ausgeklammert werden kann.

Die liquideste Form des Geldvermögens, das Bargeld und die Sichteinlagen, braucht unter bestimmten Umständen ebenfalls nicht in die Untersuchung einbezogen zu werden. Sofern es sich dabei um dispositionsbedingte Guthaben handelt, kommen sie für eine anderweitige Anlage nicht in Frage, selbst wenn diese eine sehr kurze Laufzeit hat. Sofern aber Bargeld und Sichteinlagen zugunsten anderer Anlagearten eingeschränkt werden, so vollzieht sich dieser Prozeß unabhängig davon, ob Offenmarktpapiere angeboten werden oder nicht. Andernfalls müßte man nachweisen können, daß allein aufgrund der Tatsache, daß Offenmarktpapiere angeboten werden, zusätzlich zu Lasten des Bargelds und der Sichteinlagen über den Betrag hinaus gespart würde, der ohnehin nicht in dieser Form gehalten wird. Das dürfte jedoch kaum möglich sein, so daß es gerechtfertigt erscheint, auf die Berücksichtigung von Bargeld und Sichteinlagen zu verzichten. Damit verbleiben vor allem die Termin- und Spareinlagen, die daraufhin untersucht werden sollen, ob sie für eine Substitution durch kurzfristige Offenmarktpapiere in Frage kommen.

Daß Termingelder und Spareinlagen zu einem großen Teil kurzfristigen Charakter haben, läßt sich durch die Empirie untermauern. Für die inländischen Unternehmen und privaten Haushalte betrug der Anteil der Termingelder mit Befristung von 1 Monat bis zu 1 Jahr einschließlich an den gesamten Termingeldern im Monatsdurchschnitt des 1. Halbjahres 1974 ca. 75 %. Der entsprechende Anteil der Spareinlagen mit gesetzlicher Kündigungsfrist an den gesamten Spareinlagen lag bei fast 55 %[12]. Bei den in der Tabelle angegebenen absoluten Beträgen ist somit die „Manövriermasse“ ohne Zweifel groß genug.

Für die folgenden Überlegungen wird zunächst davon ausgegangen, daß die privaten Haushalte und Unternehmen in gleicher Weise mit einer Veränderung ihrer Einlagenstruktur zugunsten der Offenmarktpapiere reagieren, wenn diese Anlage gegenüber anderen eine höhere Rendite erbringt. Unter dieser Annahme, die später zu modifizieren ist, läßt sich die These aufstellen, daß ein restriktiver Einsatz der Offenmarktpolitik mit privaten Nichtbanken von der Höhe des Mindestbetrages, zu dem die Offenmarktpapiere begeben werden, bei gegebenem Mindestbetrag von der Zahl, die der einzelne Marktteilnehmer übernimmt, abhängig ist. Die Höhe des Mindestbetrages legt fest, wie groß die Zahl der potentiellen Teilnehmer an Offenmarktgeschäften ist. Damit wird die Verteilung von Einkommen und Vermögen, hier vor allem des Vermögens, für den Einsatz des kreditpolitischen Instrumentariums relevant. Das soll exemplarisch am Beispiel der Offenmarktpapiere gezeigt werden, die von der Bundesbank seit 1972 an private Nichtbanken abgegeben werden.

[12] *MB* 8/1974, S. 22* f.

„Der Kreis der Erwerber solcher Geldmarkttitel (Mobilisierungs- bzw. Liquiditätspapiere, d. Verf.) hat sich gegen Jahresende durch das zunehmende Interesse privater Käufer merklich ausgeweitet, nachdem die Bank in der Absicht, ihre Offenmarktpolitik zu aktivieren ihr Zinsangebot verbessert und damit begonnen hatte, die Öffentlichkeit über die Art der Anlagemöglichkeit auf breiter Basis zu informieren. Die vermehrte Abgabe von U-Schätzen des nicht vor Fälligkeit an die Bank rückgebbaren und daher höher verzinslichen Typs (Lit. N. bzw. LN.) an private Erwerber in Abschnitten von mindestens DM 5 000,— fiel quantitativ freilich noch wenig ins Gewicht[13]." Der Erfolg dieses Instruments wird demnach noch nicht sehr hoch eingeschätzt.

Dieses Ergebnis überrascht eigentlich nicht, wenn man einmal die Struktur der Spareinlagen untersucht. Im Jahre 1973 betrug das Durchschnittsguthaben von Privatpersonen im Sparkassenbereich je Sparkassenbuch mit gesetzlicher Kündigungsfrist DM 2 590,—[14]. Dieser im Vergleich zum Mindestbetrag von DM 5 000,— relativ geringe Betrag gibt einen ersten Hinweis darauf, daß die Spareinlagen bei dieser Ausgestaltung kaum durch Offenmarktpapiere substituiert werden können. Die Größenklassengliederung der Sparkassenbücher verstärkt diesen Eindruck noch. Man kann davon ausgehen, daß die Bereitschaft, über DM 5 000,— Sparguthaben zu disponieren, d. h. eine andere Anlageart zu wählen, nicht gegeben sein wird, wenn dadurch ein bestimmtes Mindestguthaben unterschritten wird. Setzt man dieses einmal hypothetisch ebenfalls bei DM 5 000,— an, dann kommen für eine alternative Anlage nur die Sparkassenbücher in Betracht, die ein Guthaben von mehr als DM 10 000,— aufweisen. Das waren Ende 1963 nur 6,3 % aller Sparkassenbücher. Das sind absolut immer noch mehr als 3,5 Mill. Stück mit einem Gesamtguthaben von über 80 Mrd. DM[15]. Aber es zeigt sich doch, daß bei dieser Stückelung die Breitenwirkung des Instruments eingeschränkt ist, zumal berücksichtigt werden muß, daß darin auch die Sparkassenbücher mit vereinbarter Kündigungsfrist enthalten sind.

Dafür, daß eine möglichst große Breitenwirkung die Effizienz der Offenmarktpolitik erhöht, sprechen vor allem zwei Argumente. Das eine: Wenn es darum geht, die Abhängigkeit der Bundesbank vom Willen Dritter bei diesem Instrument zu verringern, dann ist eine möglichst große Zahl potentieller Marktpartner anzustreben. Die „Verweigerung" des einen Marktteilnehmers wird dann quantitativ nicht so stark ins Gewicht fallen und durch die „Einwilligung" eines anderen möglicherweise kompensiert werden.

---

[13] Geschäftsbericht der Deutschen Bundesbank für das Jahr 1972, S. 138.

[14] Vgl. Deutscher Sparkassen- und Giroverband, Jahresbericht 1973, S. 93.

[15] Vgl. ebenda.

Mag man dieses Argument mit dem Hinweis auf die noch relativ hohe Zahl möglicher Adressaten abtun, so ist ein anderes zu berücksichtigen. Ein gegebenes Volumen verkaufter Offenmarktpapiere impliziert bei einer großen Zahl von Teilnehmern eine kleinere Stückelung als bei geringerer Zahl von Teilnehmern. Je größer aber der Betrag ist, den ein potentieller Käufer umzudisponieren bereit ist, um so eher wird von seiten seiner Bank versucht werden, diese Disposition zu verhindern. Die Bank wird bereit sein, mit ihren Kunden über bessere Zinskonditionen zu verhandeln, um dadurch den möglichen Liquiditätsentzug zu vermeiden. Dieser würde sowohl die einzelne Bank als auch das gesamte Bankensystem treffen. Die Ausweichreaktionen des gesamten Bankensystems können also nur über die einzelne Bank realisiert werden. Es kommt demnach in diesem Zusammenhang darauf an, dieses Instrument möglichst unmerklich dadurch zu gestalten, daß die Offenmarktpapiere in kleiner Stückelung angeboten werden.

Das aufgezeigte Verhalten der Banken unterstützt, selbst wenn es erfolgreich ist, zumindest über eine Erhöhung der Zinssätze die restriktive Politik der Zentralbank. Ob dadurch jedoch die tatsächlich gewährten Kredite getroffen werden, ist eine Frage, deren Beantwortung davon abhängt, wie zinselastisch die Kreditnachfrage ist. Nach der potentialorientierten Kreditpolitik ist in jedem Falle die tatsächliche Einschränkung der Bankenliquidität effizienter zu beurteilen. Um so wichtiger ist es gerade bei restriktivem Einsatz, über einen geringen Mindestbetrag der Offenmarktpapiere die Breitenwirkung und dadurch die Unmerklichkeit zu vergrößern.

Generell könnte gegen die These, daß in den Spareinlagen ein Ansatzpunkt für die Offenmarktpapiere zu sehen ist, eingewendet werden, daß Spareinlagen ihrem ökonomischen Charakter nach langfristig angelegt sind, selbst wenn sie nur der gesetzlichen Kündigungsfrist unterliegen. Aus diesem Grunde seien sie für eine Substitution durch Offenmarktpapiere wenig geeignet. Dann ist nach einer Alternative zu suchen, die in den Termineinlagen gesehen werden könnte. Sie sind in der Regel kurzfristiger Natur und verlangen jeweils nach Ablauf der Festlegungsfrist eine erneute Disposition. Den größten Teil der Termineinlagen hält der Unternehmenssektor. Bei den Unternehmen könnte man auch eine größere Dispositionsbereitschaft als bei den privaten Haushalten vermuten. Würde man also Offenmarktpapiere so ausstatten, daß sie vom Unternehmenssektor aus gesehen die Funktion von Termineinlagen übernehmen können, dann wäre damit ebenfalls ein möglicher Ansatzpunkt für die Offenmarktpolitik mit Nichtbanken gegeben.

Diesem Vorteil einer größeren Dispositionsbereitschaft in bezug auf die Termineinlagen stehen jedoch die zuvor genannten Hemmnisse verstärkt entgegen, insbesondere was den Unternehmenssektor anbelangt. Bei dem Versuch, eine Umstrukturierung von Termineinlagen hin zu Offenmarktpapieren zu verhindern, befinden sich die Banken in einer ungleich stärkeren Position als im Falle der Spareinlagen bzw. Termineinlagen der privaten Haushalte. Wenn — vorsichtig — formuliert wird, „daß bei der Wahl einer Anlageform neben Zinsüberlegungen auch persönliche Bindungen eine Rolle spielen, die gerade im Verhältnis zwischen den Geschäftsbanken und ihren Kunden nicht unterschätzt werden dürfen“[16], so verbirgt sich dahinter nichts anderes als das Junktim zwischen Einlagenüberlassung und zukünftiger Kreditgewährung an den Kunden. Dieser Sachverhalt dürfte ein sehr starkes Hindernis für die vom Kunden angestrebte Umstrukturierung sein. Ist unter solchen Umständen die Transaktion nur zu realisieren, wenn gleichzeitig die „Hausbank“ gewechselt wird, dann stehen dem möglicherweise geringen Ertragsvorteil einer Anlage in Offenmarktpapiere die Anpassungskosten durch Wechsel der Hausbank gegenüber. Es ist zweifelhaft, ob unter diesen Umständen eine Disposition über Termineinlagen vom jeweiligen Unternehmen noch als vorteilhaft angesehen wird. Ein weiteres Hindernis ist darin zu sehen, daß neben den erwähnten „persönlichen“ Bindungen auch kapitalmäßige Verbindungen in Form von Beteiligungen, Aktienbesitz etc. der Banken eine Rolle spielen, die den Wechsel zu einer anderen Bank nahezu ausschließen.

Innerhalb des Unternehmenssektors könnte sich dagegen eine Gruppe besonders als Teilnehmer an Offenmarktgeschäften eignen, da die bisher genannten Argumente auf sie nur bedingt zutreffen, nämlich auf die privaten Kapitalsammelstellen, wie z. B. Versicherungsunternehmen. Sie halten immerhin einen Betrag von 21 Mrd. DM in Form von Termingeldern[17]. Die Kreditabhängigkeit dieser Unternehmen von den Banken ist nicht in dem Umfang wie bei anderen Unternehmen gegeben. Von daher werden kaum Hemmnisse zu erwarten sein. Es bleibt die Möglichkeit der Banken, über ein höheres Zinsangebot eine Verlagerung der Einlagen zu verhindern. Ebenso kann die sehr geringe Zahl der hier in Frage stehenden Unternehmen ein Problem darstellen. Man kann darin einen Vorteil sehen, da es vorstellbar ist, daß die Zentralbank direkt mit den Unternehmen in Verbindung tritt, um Offenmarktgeschäfte abzuschließen. Sie kennt die potentiellen Adressaten. Andererseits ist zuvor aufgezeigt worden, daß dadurch die Abhängigkeit der Zentralbank erhöht wird.

---

[16] *J. Becker*, S. 105.

[17] Es ist zu berücksichtigen, daß in Tabelle 5 auch andere Vermögensanlagen zu den Termingeldern gerechnet werden. Der Einfluß auf den Liquiditätsaldo der Banken wird bei einer Substitution durch Offenmarktpapiere jedoch in gleichem Umfang betroffen.

Zieht man an dieser Stelle ein Fazit aus den bisherigen Überlegungen, so ist festzuhalten, daß die privaten Haushalte und deren Spareinlagen ein geeigneter Ansatzpunkt für die Offenmarktpolitik mit Nichtbanken sein können. Dazu ist eine entsprechende Ausgestaltung dieser Papiere erforderlich, insbesondere ein niedrig genug angesetzter Mindestbetrag. Die Offenmarktpolitik mit den privaten Haushalten erscheint deswegen effizienter, weil diese von den Banken über die Kreditbeziehungen weniger abhängig sind als die Unternehmen.

Dieses Ergebnis ist jedoch davon abhängig, inwieweit die eingangs erwähnte Annahme realistisch ist, daß sich private Haushalte und Unternehmen in ihren Reaktionen auf Ertragsunterschiede bei der Alternative Offenmarktanlage nicht unterscheiden. Trifft diese Annahme nicht zu, etwa weil die privaten Haushalte nur bei größeren Zinsdifferenzen reagieren als die Unternehmen oder weil die Offenmarktpapiere nicht den mit den Spareinlagen verfolgten Zielsetzungen entsprechen, dann sind Abstriche an der Eignung der Spareinlagen als Ansatzpunkt für die Offenmarktpolitik zu machen. Im Extremfall wird selbst ein Mindestbetrag von DM 100,— dann nicht zum gewünschten Erfolg führen.

Unter diesen Umständen wird die Effizienz der Offenmarktpolitik mit privaten Nichtbanken, insbesondere der mit den privaten Haushalten, wesentlich vom Informationsstand der potentiellen Marktpartner darüber abhängen, daß und in welcher Art und Weise Offenmarktpapiere eine Anlagealternative darstellen. Bei der Lösung dieses Informationsproblems wird sich die Bundesbank kaum des Bankensystems bedienen können, denn dieses würde damit seinen eigenen Interessen zuwiderhandeln müssen. Und das gerade in einer Situation, in der die einzelne Bank wie auch das gesamte Bankensystem kaum auf Liquidität quasi freiwillig verzichten werden. Daraus folgt, daß die Bundesbank ihre Informationspolitik „am Bankensystem vorbei" konzipieren muß. Ansonsten gerät sie bereits auf dieser Ebene in Abhängigkeit von den Banken, wenn sie Offenmarktpolitik mit privaten Nichtbanken betreiben will.

Das zuletzt angesprochene Problem, die privaten Nichtbanken über die Anlagealternative Offenmarktpapiere ausreichend zu informieren, leitet über zur Frage der politischen Durchsetzbarkeit dieses Instruments. Sie wird sich nicht durchsetzen lassen, wenn die davon Betroffenen sie als unerwünscht ablehnen, sei es nun trotz oder gerade wegen ihrer Effizienz.

Betroffen sind in erster Linie die Bundesbank und die Banken. Wie läßt sich die Offenmarktpolitik mit privaten Nichtbanken unter dem Aspekt des Verhältnisses zwischen Bundesbank und Banken beurteilen?

Aus der Aufgabe der Bundesbank, „die Währung zu sichern“ (§ 3 BbG), läßt sich gegenüber dem Bankensystem eine hoheitliche Funktion ableiten. „Die Bundesbank ist eine unabhängig von der Bundesregierung bestehende bundesunmittelbare juristische Person des öffentlichen Rechts eigener Art, die für den monetär-kreditären Bereich das dem Bund zustehende Hoheitsrecht der Steuerung der Währung selbständig (autonom) in bankmäßiger Form und unter Zuhilfenahme bankwirtschaftlicher Mittel wahrnimmt[18].“

Im Vordergrund steht nach dieser Difinition die hoheitliche Funktion der Bundesbank, die Mittel zu ihrer Ausübung sind *bankwirtschaftlicher Art*. Der Kreis der in diese Instrumente einzubeziehenden Wirtschaftssubjekte ist damit nicht eindeutig bestimmt, d. h. er ist nicht ausschließlich auf das Bankensystem begrenzt. Die Anwendung bankwirtschaftlicher Instrumente wie der Offenmarktpolitik auch auf Nichtbanken läßt von diesen aus gesehen die hoheitlichen Funktionen der Zentralbank in den Hintergrund treten. Sie steht auf einer Ebene mit den anderen Banken. Vom Standpunkt der Banken aus betrachtet tritt bei der Offenmarktpolitik mit Nichtbanken der hoheitliche Charakter ebenfalls hinter die Tatsache zurück, daß sie sich dadurch einer direkten Konkurrenz gegenübersehen, die ihnen gerade in Restriktionsperioden besonders unerwünscht sein muß. Die Offenmarktpolitik mit Nichtbanken führt zu Einlagenkonkurrenz von Zentralbank und Banken, d. h. die Zentralbank ist nicht mehr nur Bank der Banken, sondern auch Bank der privaten Nichtbanken.

In Rezessionsphasen wird das Konkurrenzverhältnis nicht so deutlich. Vielmehr könnte man der Meinung sein, daß eine expansive Offenmarktpolitik mit Nichtbanken den Banken nicht ungelegen sein kann, kommen sie dadurch doch in den Besitz zusätzlicher Liquidität. Diese Politik wurde von der Bundesbank im zweiten Halbjahr 1967 praktiziert. Sie kaufte für ca. 1,3 Mrd. DM Rentenwerte am Markt auf, wodurch die erwünschte Zinssenkung durchgesetzt werden konnte. Diese war zuvor von den Banken dadurch verhindert oder zumindest nicht unterstützt worden, daß sie die zugeflossene Liquidität an ausländischen Geldmärkten anlegten. Die Zinssenkung wurde also entgegen den Intentionen der Banken mehr oder weniger „erzwungen“[19].

Die Banken konnten in dieser Situation nicht an einem sinkenden Zinsniveau interessiert sein, da erfahrungsgemäß die Einlagezinsen weniger reagibel sind als die Sollzinsen. Dadurch wird die Zinsspanne ver-

---

[18] *v. Spindler / Becker / Starke*, Die Deutsche Bundesbank, Grundzüge des Notenbankwesens und Kommentar zum Gesetz über die Deutsche Bundesbank, 4. neubearb. und erw. Auflage, Stuttgart u. a. 1973, S. 173.

[19] Vgl. Die währungspolitischen Institutionen, S. 54.

ringert; ein Prozeß, der noch dadurch verstärkt werden kann, daß die Einlagen schneller steigen als die Kredite. Besteht in solchen Phasen die Alternative einer günstigeren Anlage der Liquidität im Ausland, dann ist auch bei expansivem Einsatz der Offenmarktpolitik mit Nichtbanken ein Konkurrenzverhältnis — sozusagen eine negative Einlagenkonkurrenz —, nicht auszuschließen.

Von der Einlagenkonkurrenz zwischen Zentralbank und Banken, also dem Passivgeschäft ausgehend, liegt es nahe, auch den Gedanken der Konkurrenz im Aktivgeschäft, bei der Kreditgewährung anzusprechen. Dadurch würde die hoheitliche Funktion der Bundesbank nach außen hin noch mehr in den Hintergrund treten. Sie ist, was diese Aktivitäten anbelangt, nicht mehr von den anderen Geschäftsbanken zu unterscheiden. Ein gewichtiger Unterschied ist allerdings darin zu sehen, daß die Bankgeschäfte der Bundesbank unter einer anderen Zielsetzung als im privaten Bankgewerbe betrieben würden. Nicht mehr die Gewinnerzielung wäre Richtschnur des Handelns, sondern die gesamtwirtschaftlichen Zielsetzungen der Bundesbank.

Von seiten der Bundesbank sind, wie ausgeführt, die ersten Schritte auf dem Weg zu einer Offenmarktpolitik mit Nichtbanken bereits getan worden. Insofern kann man auf die Bereitschaft der Bundesbank zu Offenmarktoperationen mit privaten Nichtbanken schließen. Inwieweit diese Politik allerdings im hier angedeuteten Sinne von der Bundesbank weiterentwickelt wird, kann kaum abgeschätzt werden.

Ob das geschieht, wird neben organisatorischen Fragen, Verwaltungsaufwand etc. nicht unwesentlich davon abhängen, welche Widerstände und Argumente von den betroffenen Banken geltend gemacht und durchgesetzt werden. Tatsache ist, daß von seiten einiger Bankvertreter eine Ausweitung und Intensivierung der Offenmarktpolitik eben wegen des damit verbundenen Konkurrenzverhältnisses abgelehnt wird[20]. Wie sich diese Argumente der Banken im faktischen Verhalten der Bundesbank niederschlagen, kann hier kaum beantwortet werden. Es ist bestenfalls nur zu vermuten, daß die Bundesbank um so eher bereit sein wird, die Offenmarktpolitik mit Nichtbanken verstärkt einzusetzen, je mehr ihre traditionellen Instrumente versagen. D. h. nichts anderes, als daß der Einsatz letztlich vom Bankenverhalten selbst abhängt.

Scheint die Ausweitung der Offenmarktpolitik auf Nichtbanken rechtlich nicht mehr umstritten zu sein[21], so ist das Aktivgeschäft der Bundesbank durch das Gesetz auf die Kreditinstitute beschränkt worden[22]. Die

---

[20] Vgl. z. B. *A. Münchmeyer:* Bankenliquidität, Objekt der Kreditpolitik, in: Zeitschrift für das gesamte Kreditwesen (ZKW), 25. Jg. (1972), S. 1082.

[21] Vgl. *v. Spindler / Becker / Starke,* S. 433 f.

[22] Vgl. ebenda, S. 383 f.

Bundesbank selbst wird wohl von ihrem eigenen Selbstverständnis her das Aktivgeschäft mit Nichtbanken nicht anstreben wollen. Darüberhinaus ist fraglich, welche Wirkungen auf die Organisation des Bankensystems bei einer generellen Eröffnung dieser Möglichkeit sich ergeben würden. Was die Banken betrifft, so würden sie das Aktivgeschäft der Bundesbank mit privaten Nichtbanken wohl prinzipiell ablehnen. Da beide Seiten die Ausweitung des Aktivgeschäftes nicht anstreben bzw. ablehnen, wird diese Möglichkeit wahrscheinlich nicht einmal das Stadium der Diskussion erreichen.

In der bisherigen Diskussion wurde aufzuzeigen versucht, in welcher Art und Weise die Bundesbank bei der Offenmarktpolitik mit Nichtbanken vom Willen Dritter abhängig ist und welche Ansatzpunkte bestehen, diese Abhängigkeit zu vermindern. Eine Möglichkeit wurde darin gesehen, die derzeitigen institutionellen und qualitativen Grenzen zwischen Nichtbanken und Bundesbank durchlässiger zu machen. Die Abhängigkeit der Zentralbank ist im wesentlichen durch die gewinnorientierten Verhaltensweisen der Marktteilnehmer bedingt. Dann bietet sich eine weitere Möglichkeit, die Abhängigkeit zu verringern, wenn es Marktteilnehmer gibt, die nicht notwendigerweise gewinnorientiert handeln müssen, sondern auch auf gesamtwirtschaftliche Zielsetzungen verpflichtet werden können, ohne ihre übrigen Aufgaben dadurch vernachlässigen zu müssen. Damit sind die Sozialversicherungsträger angesprochen, die in der bisherigen Diskussion nicht eingehend berücksichtigt worden sind.

Es erscheint gerechtfertigt, die Sozialversicherungsträger hier in die Diskussion einzubeziehen und nicht nur im Rahmen der Einlagen-/Schuldenpolitik zu behandeln. Sie sind innerhalb der öffentlichen Hand hinreichend abgrenzbar und haben einen Vermögensbestand, der liquiditätspolitisch genutzt werden könnte. Auch sind in die entsprechenden Gesetze Bestimmungen aufgenommen worden, durch die die Sozialversicherungsträger in die Liquiditätspolitik einbezogen werden[23].

Das Vermögen der Rentenversicherungen der Arbeiter und Angestellten betrug Ende 1973 mehr als 40 Mrd. DM, das der Bundesanstalt für Arbeit knapp 6 Mrd. DM[24].

In Geldmarktpapieren hatten die Rentenversicherungen ca. 4 Mrd. DM angelegt, ein im Vergleich zum Gesamtvermögen relativ geringer Betrag. Andererseits dürfte damit der gesetzlich zugelassene Rahmen ausgeschöpft sein[25]. Es zeigt sich somit, daß die geltenden Regelungen einer

---

[23] Vgl. § 1383 b Abs. 2 Reichsversicherungsordnung (RVO), § 220 Abs. 3 Arbeitsförderungsgesetz (AFG).

[24] Vgl. *MB* 8/74, S. 63*.

intensiveren Ausgestaltung der Offenmarktpolitik mit Nichtbanken Grenzen setzen. Fraglich ist jedoch, ob die festgelegten Grenzen absolut gelten, d. h. ob sie grundsätzlich nicht überschritten werden dürfen. Ist das nicht der Fall, dann besteht die Möglichkeit, über den nach § 1383 b Abs. 2 RVO bestimmten Höchstbetrag hinaus Offenmarktgeschäfte im Rahmen kooperativer Zusammenarbeit zwischen Sozialversicherungsträgern und Bundesbank zu tätigen. Die Intensivierung dieser Kooperation ist nach dem erwähnten Paragraphen zumindest anzustreben[26].

Auf der Basis einer engeren Kooperation ist dann auch zu überlegen, ob Offenmarktgeschäfte nicht nur im Rahmen der Liquiditätsreserve der Sozialversicherung möglich sind, auf die sich die jetzige Regelung bezieht. Die allgemeine Anlagepolitik der Sozialversicherungsträger wird dadurch nicht eingeschränkt. Im Gegenteil, die Anlagemöglichkeiten werden noch erweitert, ohne daß dadurch die Zielsetzungen der Sozialversicherungsträger berührt werden müssen, die, was die Anlagepolitik betrifft, auf Ertrag und Sicherheit gerichtet sind. Letztere dürfte bei Offenmarktpapieren nicht in Frage gestellt sein. Der Ertrag kann im Vergleich zu anderen Anlagemöglichkeiten garantiert werden. Von seiten der Bundesbank sollten die Ertrags- bzw. Kostengesichtspunkte dieser Anlagepolitik nicht ins Gewicht fallen. Die Bundesbank hat im Jahre 1973 ohnehin ca. 1,1 Mrd. DM für Zinszahlungen auf Mobilisierungs- und Liquiditätspapiere benötigt.

Es ist somit nicht auszuschließen, daß eine Intensivierung der Offenmarktpolitik mit den Sozialversicherungsträgern im Bereich des Möglichen liegt. Dadurch könnte die Offenmarktpolitik mit Nichtbanken insgesamt effektiver gestaltet werden. Durch das Nebeneinander von privaten und öffentlichen Marktteilnehmern steigt die Wahrscheinlichkeit, daß sowohl die erwünschte quantitative Wirkung als auch eine entsprechende Breitenwirkung erzielt wird.

Für sich genommen kann man von der Offenmarktpolitik mit Nichtbanken durchaus Auswirkungen auf die Höhe des Liquiditätssaldos erwarten. Nicht zu erwarten ist allerdings, daß dieses Instrument geeignet ist, die übrigen Steuerungsmöglichkeiten zu ersetzen. Denn im Zweifelsfalle wird sich die Abhängigkeit der Bundesbank von den Marktteilnehmern darin äußern, daß die erwünschten Transaktionen nicht realisiert werden, selbst wenn die Bundesbank die Möglichkeit hätte, die Konditionen beliebig auszugestalten. Diese Möglichkeit wird außerdem durch

---

[25] In § 1383 b Abs. 2 RVO wird ein Höchstbetrag festgelegt, bis zu dem die Rentenversicherung verpflichtet werden kann, Teile der Liquiditätsreserve in Geldmarkttiteln der Bundesbank stillzulegen.

[26] Vgl. *Stern/Münch/Hansmeyer:* Gesetz zur Förderung der Stabilität und des Wachstums der Wirtschaft. Kommentar. 2. neubearbeitete und erweiterte Aufl. Stuttgart 1972, S. 379.

den Zusammenhang der verschiedenen Zinssätze und damit verbundenen unerwünschten Nebenwirkungen begrenzt sein. Es ist also erforderlich, nach weiteren Instrumenten zu suchen, bei denen diese Abhängigkeit nicht oder wenigstens in geringem Maße vorhanden ist. Das gilt im Prinzip für die im folgenden zu diskutierenden Instrumente der Einlagen-/Schuldenpolitik und der Refinanzierungspolitik.

2.2. Einlagen-Schuldenpolitik mit der öffentlichen Hand

Die Einlagen-Schuldenpolitik ist ein Instrument, mit dessen Hilfe die liquiditätsmäßigen Auswirkungen der finanzwirtschaftlichen Tätigkeit des Staates geldpolitisch genutzt werden sollen. Dafür ist eine bewußt gestaltete Kooperationsform zwischen Zentralbank und der öffentlichen Hand erforderlich, die in einem föderativen Staatsaufbau auch die Gebietskörperschaften der unteren Ebenen, also die Länder und Gemeinden, einbeziehen muß.

Die beiden möglichen Extreme verdeutlichen das Problem, um das es geht. Werden alle Konten der öffentlichen Hand bei der Zentralbank geführt, wird den Banken in vollem Umfang der Transaktionen der öffentlichen Hand Zentralbankgeld entzogen oder zugeführt. Im umgekehrten Fall, in dem die Konten des Staates ausschließlich beim Bankensystem unterhalten werden, führen diese Transaktionen nur zu Liquiditätsbewegungen zwischen den Banken einerseits und den Konten der öffentlichen Hand und der Privaten andererseits[27].

Bei der Einlagen-Politik geht es nicht, um das ganz deutlich zu machen, um eine Änderung des Haushaltsvolumens und seiner Struktur aus geldpolitischen Überlegungen. Vielmehr geht es nur darum, ein gegebenes Haushaltsvolumen unter Liquiditätsgesichtspunkten kassenmäßig abzuwickeln. Dadurch soll vermieden werden, daß Transaktionen der öffentlichen Hand mit dem privaten Sektor die von der Zentralbank angestrebte Entwicklung der Bankenliquidität zumindest nicht konterkarieren. Das ist bei bestimmten institutionellen Ausgestaltungen möglich, bei anderen nicht.

Grundsätzlich könnte man allerdings die Frage stellen, ob es überhaupt notwendig und sinnvoll ist, die Einlagenpolitik in das kreditpolitische Instrumentarium einzubeziehen und auszubauen. Schließlich sind die finanzwirtschaftlichen Transaktionen nur ein Faktor, der die Bankenliquidität beeinflußt. Man könnte ihn als Datum hinnehmen und das Ausmaß, in dem die anderen Instrumente zum Einsatz kommen, entsprechend modifizieren.

---

[27] Die Auswirkungen einer staatlichen Kreditaufnahme werden später untersucht.

Dem sind zwei Argumente entgegenzuhalten. Erstens ist der Umfang der staatlichen Aktivität so groß geworden, daß es kaum möglich ist, die liquiditätsmäßigen Auswirkungen einfach zu vernachlässigen. Nimmt man sie als Datum hin, werden dadurch die Anforderungen an die anderen Instrumente um so höher. Zweitens sollte zumindest auf dieser eher technokratischen Ebene der öffentlichen Finanzwirtschaft die Kooperation zwischen öffentlicher Hand und Zentralbank sichtbar werden. Daß die Einlagenpolitik in der gegenwärtigen Diskussion keine Rolle spielt, ist nach diesen beiden Argumenten unverständlich und geht wohl auf die zunächst erwähnte These zurück, der Einlagenpolitik sei keine Bedeutung zuzuschreiben.

Wie die Dinge in der BRD liegen, eröffnet sich hier noch ein erhebliches Potential zur Verbesserung der Liquiditätspolitik. Grundsätzlich hat natürlich auch die zeitliche Verteilung von Einnahmen und Ausgaben der öffentlichen Hand einen Einfluß auf die Liquidität des Bankensystems. Darauf hat die Bundesbank jedoch keinen Einfluß.

Zur Zeit sind der Bund, die Länder, das Sondervermögen Ausgleichsfond und das ERP-Sondervermögen verpflichtet, die flüssigen Mittel bei der Bundesbank auf Girokonto anzulegen[28]. Diese Verpflichtung besteht nicht für die Gemeinden und Gemeindeverbände (GV) sowie für die Sozialversicherungsträger. Man kann demnach von einem relativ hohen Zentralisationsgrad des öffentlichen Kassenwesens sprechen. Das darf jedoch nicht darüber hinwegtäuschen, daß allein der Bundeshaushalt von rund 58 000 Kassen und Zahlstellen des Bundes, der Länder und der Gemeinden abgewickelt wird (Stand 1969)[29].

Die zeitliche Verteilung der Einnahmen und Ausgaben soll hier nur exemplarisch dargestellt werden. In Tabelle (6) wird die Entwicklung der Einkommensteuern und die Veränderung der Netto-Guthaben von Bund, Ländern und Lastenausgleichsfond bei der Bundesbank aufgezeigt.

Die Schwankungen der Einkommensteuerzahlungen sind nicht unerheblich. Entsprechend stark schwankt der Einfluß auf die Bankenliquidität, da im Umfang der Steuerzahlungen dem Bankensystem direkt Liquidität entzogen wird. Deutlich heben sich dabei die Monate mit den sogenannten großen Steuerterminen ab, in denen sich vor allem die Vorauszahlungen auf die veranlagte Einkommensteuer niederschlagen.

Die Veränderung der Netto-Guthaben bewegt sich erwartungsgemäß auf einem niedrigeren Niveau, da sich darin auch die Ausgabenseite

---

[28] Vgl. § 17 BbG.

[29] Vgl. Das neue Haushaltsrecht, herausgegeben vom Bundesministerium der Finanzen, Bonn 1969, S. 30 f.

Tabelle 6: **Zeitliche Verteilung der Einkommensteuern und der Veränderung der Netto-Guthaben von Bund und Ländern und Lastenausgleichsfond bei der Bundesbank, 1972 (Mrd. DM)**

	Jan.	Feb.	März	Apr.	Mai	Juni	Juli	Aug.	Sept.	Okt.	Nov.	Dez.
Einkommensteuer	6,1	4,2	9,5	4,2	3,7	9,4	4,5	5,6	11,0	5,5	5,0	14,3
Netto-Guthaben[a)]	— 0,5	— 1,9	— 2,6	+ 9,7	+ 1,5	— 0,7	+ 3,9	+ 1,3	— 2,1	— 0,7	+ 2,5	+ 2,5

a) Zunahme der Bankenliquidität: —
Quelle: MB 3/73, S. 56*, *MB* 6/73, S. 6*, S. 56*.

Tabelle 7: **Vergleich der Entwicklung von tatsächlichen und fiktiven Netto-Guthaben bei zeitlicher Gleichverteilung der Einkommensteuerzahlungen, 1972 (Mrd. DM)**

	Jan.	Feb.	März	Apr.	Mai	Juni	Juli	Aug.	Sep.	Okt.	Nov.	Dez.
Netto-Guthaben[a)] tatsächlich	— 0,5	— 1,9	— 2,6	+ 0,7	+ 1,5	— 0,7	+ 3,9	+ 1,3	— 2,1	— 0,7	+ 2,5	+ 2,5
Netto-Guthaben[a)] fiktiv	+ 0,4	+ 0,9	— 5,1	+ 3,5	+ 4,8	— 3,1	+ 6,4	+ 2,7	— 6,1	+ 0,8	+ 4,5	— 4,8

a) Zunahme der Bankenliquidität: —

niederschlägt. Dennoch sind auch hier die Schwankungen nicht unerheblich, insbesondere für die Monate, in denen die Veränderung des Netto-Guthabens von einem Zu- in einen Abfluß umschlägt und umgekehrt. Darin zeigt sich die mangelnde Synchronisation von Einnahmen und Ausgaben der öffentlichen Hand.

Insgesamt wurden dem Bankensystem 1972 durch die öffentliche Hand ca. 4 Mrd. DM entzogen. Dieser Prozeß vollzog sich nicht kontinuierlich, sondern unter zeitweiliger Liquidisierung des Bankensystems, so daß die folgenden Liquiditätsabflüsse jeweils um so stärker ausfallen mußten. Nimmt man einmal an, dieses Ergebnis sei liquiditätspolitisch gewollt gewesen, so zeigen die Zahlen, daß es nicht systematisch angestrebt worden ist. Die Banken haben durch die diskontinuierliche Entwicklung einen zusätzlichen Spielraum gewonnen, der bei systematischem Einbeziehen der Einlagen in die Liquiditätspolitik zu vermeiden gewesen wäre. Die zu Anfang des Jahres durch die Aktivität der öffentlichen Hand zugeflossene Liquidität konnte erst im Juli wieder auf den Stand zu Anfang des Jahres abgebaut werden. Die Widersprüchlichkeit der Einlagenentwicklung zum beabsichtigten kreditpolitischen Kurs wird sichtbar, wenn man sich die entsprechenden Maßnahmen in Erinnerung ruft. So wurde z. B. am 24. 2. 1972 beschlossen, die den Kreditinstituten eingeräumten Rediskontkontingente um 10 % mit Wirkung vom 1. März zu kürzen, was auf einen Kürzungsbetrag von 2,3 Mrd. DM hinausläuft[30]. Diese Maßnahme wurde dadurch mehr als kompensiert, daß den Banken im März ca. 2,6 Mrd. DM durch Verminderung der Netto-Guthaben der öffentlichen Hand zuflossen (vgl. Tabelle). Solche Widersprüchlichkeiten wären bei einer systematischen und zieladäquaten Einbeziehung der Einlagen wenn auch vielleicht nicht ganz zu vermeiden, so doch gewiß in ihrem quantitativen Ausmaß zu verringern.

Die derzeitigen Regelungen reichen offensichtlich nicht aus, die aufgezeigten Nachteile abzubauen. Die genannte Einlagepflicht bestimmter öffentlicher Hände schließt eine Anlage außerhalb der Bundesbank nicht aus; sie bedarf jedoch nach § 17 BbG der Zustimmung der Bundesbank. Mit dieser Vorschrift ist der Bundesbank keineswegs ein Instrument zur Steuerung der Bankenliquidität gegeben. Sie regelt nur eine Ausnahme. Initiative und Beweislast für die Notwendigkeit einer anderweitigen Einlage liegen beim Einlageverpflichteten. Zieladäquat wäre jedoch ein Initiativrecht der Bundesbank. Zielsetzung des § 17 BbG war offensichtlich die Begründung einer generellen Einlagepflicht für die öffentliche Hand, ohne daß die Bundesbank ihrerseits in jedem Einzelfall die Notwendigkeit einer Einlage auf ihre Konten begründen muß[31].

---

[30] Vgl. Geschäftsbericht der Deutschen Bundesbank für das Jahr 1972, S. 17.

[31] Vgl. *v. Spindler / Becker / Starke*, S. 356.

Auch die haushaltsrechtlichen Vorschriften sind nicht geeignet, dem liquiditätspolitischen Erfordernis Rechnung zu tragen. In § 42 Abs. 2 der Bundeshaushaltsordnung wird lediglich bestimmt, daß „der Bundesminister für Finanzen nicht sofort benötigte Kassenmittel so anlegen (soll), daß über sie bei Bedarf verfügt werden kann". Entscheidendes Kriterium ist nach dieser Vorschrift die sofortige Verfügbarkeit der Mittel, nicht jedoch die liquiditätsmäßige Auswirkung der anderweitigen Anlage. Vor allem kann daraus für den Finanzminister keine Verpflichtung im Sinne einer an der Bankenliquidität orientierten Einlagedisposition abgeleitet werden.

Dieser unbefriedigende Zustand des öffentlichen Kassenwesens und der Regelung der Einlagenpolitik ist in der Vergangenheit auch immer wieder kritisiert worden[32]. Die Kritik wurde dabei jedoch im wesentlichen aus der Sicht der Banken formuliert. Die Liquiditätszu- und -abflüsse aufgrund der staatlichen Aktivität erschweren ihre Dispositionen. Ihnen muß daran gelegen sein, diese Schwankungen zu verringern. Hier geht es jedoch darum, die Einlagenpolitik systematisch in das kreditpolitische Konzept einzubauen und ihre Auswirkungen nicht einfach dem Zufall zu überlassen[33].

Neben der bisher erwähnten Kritik ist bei einer Neuordnung des institutionellen Rahmens der Einlagenpolitik einem weiteren Aspekt Rechnung zu tragen. Die derzeitige Verpflichtung nur bestimmter öffentlicher Hände führt zu wettbewerbspolitischen Verzerrungen, insbesondere was die Ausklammerung der Gemeinden (GV) aus der Einlagenpolitik anbelangt. Die Steuereinnahmen entziehen dem Bankensystem im Zeitpunkt der Zahlung Zentralbankgeld. Bei den Steuereinnahmen der Gemeinden ist das nicht der Fall. Sofern es sich um Gemeindesteuern handelt, kommt es nur zu einer Umstrukturierung der Einlagen von den Privaten zu den Gemeinden. Wenn diese ihre Konten bei einer bestimmten Bankengruppe führen, ist damit auch eine Umstrukturierung der Einlagen zwischen den Bankengruppen verbunden. Und zwar zugunsten der Bankengruppe, über die die Gemeinden ihre Geschäfte abwickeln. Sie profitieren zusätzlich durch die Steuereinnahmen der Gemeinden, die diesen aus dem Anteil an der Lohnsteuer und veranlagten Einkommensteuer zustehen.

---

[32] Vgl. z. B. V. *Muthesius:* Das „museumsreife" öffentliche Kassenwesen, in: ZKW, 17. Jg. (1964), S. 1045. G. *Greitemann* (I): Vollbewegliche Einlagen-Politik, in: ZKW, 20. Jg. (1967), S. 943 - 945. L. *Mülhaupt:* Die währungs- und wettbewerbspolitische Problematik des gegenwärtigen Steuereinzugs, in: ZKW, 23. Jg. (1970), S. 429 - 433.

[33] In diesem Sinne wird die Einlagenpolitik (neben Köhler) auch von J. *Becker,* S. 111 ff. behandelt.

Es spricht einiges dafür, daß die Gemeinden den überwiegenden Teil ihrer finanzwirtschaftlichen Tätigkeit über den Sparkassensektor abwickeln. Sie sind gemäß § 13 Abs. 1 KuRVO zur Einlage der ihnen zustehenden Steuergelder auf Konten bei öffentlichen Geldinstituten verpflichtet. In § 44 Abs. 2 derselben Verordnung wird bestimmt, daß die „für den Barverkehr nicht benötigten Barbestände unverzüglich auf das Sparkassen-, Postscheck- oder Bankkonto der Gemeinde, in erster Linie bei der eigenen Sparkasse oder der zuständigen Girozentrale, eingezahlt werden“[34].

Die Zahlen bestätigen die bestehenden rechtlichen Verpflichtungen der Gemeinden. Ende 1973 hielten die öffentlichen Haushalte beim Sparkassensektor (ohne Girozentralen) — überwiegend also wohl die Gemeinden — Giroeinlagen und Termineinlagen bis zu einem Jahr in Höhe von 9,6 Mrd. DM[35]. Das entspricht immerhin einem Anteil von mehr als 32 % der gesamten Steuereinnahmen der Gemeinden im Jahr 1973, einschließlich des Gemeindeanteils an der Lohnsteuer/veranlagten Einkommensteuer abzüglich der Gewerbesteuerumlage[36]. Diese aus der gesetzlichen Regelung folgende Wettbewerbsverzerrung ist im Rahmen einer Neuordnung der Einlagenpolitik zu beseitigen, nicht zuletzt deswegen, weil der Umfang der Gemeindehaushalte zunehmend an Bedeutung gewinnt.

Was die Einbeziehung der Sozialversicherungsträger in die Einlagenpolitik anbelangt, so gilt hier im Grunde die gleiche Argumentation wie zuvor bei der Offenmarktpolitik mit Nichtbanken. Es ist nicht einzusehen, warum man auf die möglichen liquiditätspolitischen Vorteile verzichten soll, wenn andererseits für die Sozialversicherungen keine Nachteile entstehen.

Die bisherigen Überlegungen deuten die Richtung an, in die eine Neuordnung der institutionellen Voraussetzungen zu gehen hätte. Weder die völlig zentrale noch die vollkommen dezentrale Organisation sind zieladäquat. Die Zentralisation läßt die zeitliche Verteilung von Einnahmen und Ausgaben zu stark wirksam werden. Die völlige Dezentralisation durch Kassenführung innerhalb des Bankensystems hat die Preisgabe des durch Einlagenpolitik möglichen Einflusses auf die Liquidität der Banken zur Folge. Ein Mischsystem ist die Form, die am flexibelsten gehandhabt werden kann. Die Konten der öffentlichen Hand sind sowohl beim Bankensystem als auch bei der Bundesbank zu halten, die auch in ihrer Funktion als Bank des Staates die Kontenführung zu

---

[34] Vgl. Verordnung über das Kassen- und Rechnungswesen der Gemeinden vom 2. November 1938 (RGBl. I S. 5183). Zitiert nach *L. Mülhaupt,* S. 430 f.

[35] Vgl. Deutscher Sparkassen- und Giroverband, Jahresbericht 1973, S. 96.

[36] Vgl. *MB* 7/74, S. 56*.

übernehmen hätte[37]. In einem solchen System wäre es möglich, die Einlagen der öffentlichen Hand liquiditätspolitisch zu nutzen. Das erforderliche Informationssystem dürfte beim derzeitigen Stand der elektronischen Datenverarbeitung nicht unlösbar sein. Ihren Einsatz zu ermöglichen, ist ohnehin Ziel der eingeleiteten Reform des öffentlichen Kassenwesens[38].

Die angestrebte Reform erstreckt sich jedoch nicht auf die hier diskutierten Aspekte der Einlagenpolitik in ihren Auswirkungen auf die Bankenliquidität. Die Durchsetzungsmöglichkeiten für eine grundlegendere Reform im hier diskutierten Sinne dürften nicht sehr hoch eingeschätzt werden. Die Widerstände werden sowohl aus dem Bereich der öffentlichen Verwaltung als auch aus Bankenkreisen kommen. Die Gemeinden sehen darin möglicherweise einen Eingriff in ihre Autonomie, wobei sie auf die Unterstützung der Sparkassen rechnen können, da deren Begünstigung zumindest teilweise aufgehoben würde.

Wegen der geringen Verwirklichungschancen schlägt Mülhaupt eine Übergangslösung vor: „So könnte man z. B. von der vierteljährlichen gemeinsamen Zahlung der Einkommen- und Körperschaftssteuer zur zweimonatlichen, alternierenden Zahlung der beiden Steuerarten übergehen und die Steuertermine so legen, daß die Steuern nicht nur gleichmäßiger anfallen, sondern daß sich auch der Zufluß von Zentralbankgeld ins Bankensystem aufgrund der Auszahlungsanweisungen der öffentlichen Hand ausgleicht. Mit anderen Worten: Der zeitliche Rhythmus des Steuereinzugs wird dem der Auszahlungen soweit wie möglich angeglichen[39]."

Mit diesem Vorschlag ist es nach Mülhaupt möglich, die Schwankungen des Netto-Guthabens der öffentlichen Hand auszugleichen. Er ist jedoch mit einem erheblichen Verwaltungsmehraufwand verbunden, der durch die Umstellung der Steuertermine einmalig anfällt und auch in der laufenden Überwachung höher liegt. Was die Ausgaben betrifft, ist ohnehin fraglich, ob sie zeitlich so flexibel gestaltet werden können, daß eine Synchronisation erreicht wird. Unterstellt man in Tabelle 7 (S. 115)

---

[37] Der Vorschlag Neumanns, eine „Staatsdepositenbank" zu gründen, die nur die Abwicklung der öffentlichen Kassentransaktionen zu übernehmen hätte und außer der Aktivität am kurzfristigen Geldmarkt keine Bankgeschäfte ausführen dürfte, kommt faktisch einer völligen Dezentralisierung gleich. Er wird hier deswegen nicht weiter berücksichtigt. Vgl. *M. J. M. Neumann* (V): Stabilisierungspolitik in monetaristischer Sicht, in: WSI-Forum vom 5. - 7. Dezember 1973: Stabilisierungspolitik, Köln 1974, S. 99 f.

[38] Das neue Haushaltsrecht, S. 30 f. *H. v. Rosen v. Hoewel, L. Weichsel:* Öffentliche Finanzwirtschaft. Finanzverfassung, Haushalt, Finanzplanung, antizyklische Haushaltspolitik. Durchgesehene und ergänzte Auflage, Stuttgart 1971, S. 144 f.

[39] *L. Mülhaupt*, S. 433.

eine zeitliche Gleichverteilung der Einkommensteuerzahlungen in Höhe von ca. 7 Mrd. DM/Monat, dann läßt sich unter sonst gleichen Bedingungen — d. h. vor allem gegebene zeitliche Verteilung der Ausgaben — eine fiktive Entwicklung der Netto-Guthaben berechnen. Sie ergibt sich aus der Differenz zwischen fiktiven und tatsächlichen Steuereinnahmen plus der tatsächlichen Netto-Guthaben[40].

Die zeitliche Gleichverteilung der Einkommensteuereinnahmen führt nicht zu einer entsprechenden gleichmäßigen Entwicklung der Netto-Guthaben. Die Schwankungsbreite der fiktiven Netto-Guthaben vergrößert sich im Gegenteil gegenüber den tatsächlichen noch erheblich. Die Ausgaben sind demnach der tatsächlichen Einnahmeentwicklung mehr angepaßt als der als fiktiv unterstellten. Es müßte eine sehr starke Veränderung der zeitlichen Struktur der Ausgaben erfolgen, wenn die Schwankungen der Netto-Guthaben geringer als bei der gegenwärtigen Situation ausfallen sollen.

Ist es bei der vorgeschlagenen Übergangslösung Mülhaupts äußerst fraglich, ob damit die zyklischen Bewegungen der Netto-Guthaben verhindert werden können, dann muß bezweifelt werden, daß damit eine bewußte Steuerung des Netto-Guthabens als Instrument der Kreditpolitik verwirklicht werden kann. Das Ergebnis ist vielmehr vom mehr oder weniger zufälligen Zeitpunkt der Auszahlungen bestimmt, auf den die Bundesbank keinen Einfluß hat. Für das anstehende Problem, mit Hilfe der Einlagenpolitik die Bankenliquidität zu steuern, ist mit dieser Übergangslösung wenig gewonnen. So bleibt zunächst keine andere Möglichkeit, als eine zieladäquate Änderung der Einlagenpolitik zu fordern, die in einer entsprechenden Umstrukturierung des öffentlichen Kassenwesens zu sehen ist.

Bis hierher ist die Schuldenpolitik der öffentlichen Hand nicht explizit berücksichtigt worden. Sofern es darum geht, die Veränderung der Staatsverschuldung einer Periode festzulegen, fällt diese Entscheidung nicht in die Kompetenz der Bundesbank. Soweit die Staatsverschuldung zu kassenwirksamen Transaktionen führt, ist sie ohnehin in die zuvor diskutierte Einlagenpolitik einbezogen. Insofern ergeben sich hier keine neuen Aspekte.

Langfristig spielt die Schuldenpolitik eine Rolle für die Versorgung einer Volkswirtschaft mit Zentralbankgeld. Für die BRD hat sich dieses Problem bisher nicht gestellt, da die Versorgung mit Zentralbankgeld

[40] Fiktive Netto-Guthaben = fiktive Steuerzahlungen ./. tatsächliche Steuerzahlungen + tatsächliche Netto-Guthaben. Beim fiktiven Netto-Guthaben ergibt sich ein größerer Gesamtsaldo aus Zu- und Abflüssen als beim tatsächlichen Netto-Guthaben. Er erklärt sich aus Rundungsfehlern, die aber für die Argumentation nicht ins Gewicht fallen.

über die außenwirtschaftlichen Einflüsse sichergestellt war, was in den von Spekulationen geprägten letzten Jahren sogar zu einer Überversorgung mit Zentralbankgeld geführt hat. Diese Situation kann sich jedoch unter den geänderten außenwirtschaftlichen Bedingungen ändern, so daß sich in Zukunft das Problem der längerfristigen Geldversorgung via Staatsverschuldung schärfer stellen kann. Für den hier im Vordergrund stehenden kurzfristigen Zusammenhang kann diese Frage jedoch vernachlässigt werden[41].

Abschließend ist somit festzustellen, daß in einer entsprechend konzipierten Einlagenpolitik mit der öffentlichen Hand durchaus ein effizientes Instrument zur Beeinflussung der Bankenliquidität gesehen werden kann. Die Abhängigkeit der Zentralbank vom Willen Dritter ist dabei relativ gering, wenn die entsprechenden institutionellen Voraussetzungen dafür vorhanden sind. Die Realisierungschancen werden jedoch kurzfristig für gering eingeschätzt. Um so notwendiger erscheint die Forderung, zumindest auf dieser technokratischen Ebene langfristig eine engere Kooperation zwischen Bundesbank und öffentlichen Verwaltungen anzustreben, wozu die Verpflichtung wegen der gemeinsamen gesamtwirtschaftlichen Verantwortung bereits heute besteht.

Solange durch diese Form der Kooperation die Kreditpolitik nicht unterstützt wird, ist es um so dringlicher, der Notenbank ein Instrument an die Hand zu geben, mit dem sie den Umfang der Bankenliquidität autonom, ohne auf die Zusammenarbeit mit Dritten angewiesen zu sein, beeinflussen kann. Diese letzte Forderung wird durch die Refinanzierungspolitik erfüllt.

2.3. Refinanzierungspolitik mit Banken

Die bisher diskutierten Instrumente zur Beeinflussung der Höhe des Liquiditätssaldos stellten auf das Verhalten der privaten Nichtbanken und der öffentlichen Hand ab. Dieses Verhalten führt dazu, daß dem Bankensystem Zentralbankgeld zufließt oder ihm entzogen wird. Daraus erklärt sich die Abhängigkeit der Notenbank beim Einsatz dieser Instrumente. Eine weitere Quelle für das Zentralbankgeld des Bankensystems ist in der direkten Refinanzierung bei der Notenbank gegeben. Damit besteht für die Notenbank ein direkter Zugriff auf die Höhe des Liquiditätssaldos, wenn sie die Refinanzierungsmöglichkeiten der Banken kontrolliert. Wenn eine einzelne Bank oder das Bankensystem Verpflichtungen in Zentralbankgeld einlösen müssen, dann sind sie auf die Zentralbank angewiesen, sofern keine anderweitigen Finanzierungsmöglichkeiten bestehen.

---

[41] Vgl. dazu z. B. *A. Oberhauser* (I): Probleme der Geldversorgung in einer wachsenden Wirtschaft, in: Finanzarchiv, Bd. 25 (1966), S. 398 - 415.

Refinanzierungspolitik kann quantitativ und/oder qualitativ betrieben werden. Ziel ist in jedem Falle eine mengenmäßige Begrenzung der Refinanzierungsmöglichkeiten für die Banken. Hier interessiert vor allem die quantitative Refinanzierungspolitik. Die Zentralbank kann den Umfang bestimmen, in dem sich die Banken bei ihr Zentralbankgeld besorgen können. Dieser Umfang ist zu jedem Zeitpunkt entweder ausgeschöpft oder nicht. Sofern noch ein Spielraum besteht, hat die einzelne Bank bzw. das Bankensystem die Möglichkeit, sich Zentralbankgeld auf dem Refinanzierungswege zu beschaffen. Ein freier Refinanzierungsspielraum muß insofern zur Bankenliquidität gerechnet werden, was in der Definition des Liquiditätssaldos berücksichtigt wird.

Der Refinanzierungsspielraum kann sich entweder durch Dispositionen der Banken oder durch Maßnahmen der Zentralbank ändern. Nur im letzteren Falle kann man von Refinanzierungs*politik* im eigentlichen Sinne sprechen[42]. Refinanzierungspolitik erstreckt sich demnach auf die Festsetzung von Kontingenten, die Veränderung dieser Kontingente und die Art der zur Refinanzierung eingereichten Papiere.

Die derzeitige Praxis in der BRD ist durch die Einräumung von Rediskont- und Lombardkontingenten gekennzeichnet. Die Banken können im Rahmen der Kontingente nur bestimmte Papiere — Handelswechsel und Wertpapiere — zur Refinanzierung bei der Bundesbank einreichen. Soweit die Aktiva der Banken die zur Refinanzierung notwendigen Bedingungen erfüllen, werden sie als bundesbankfähig bezeichnet. Es besteht jedoch kein genereller Anspruch der Banken auf Refinanzierung[43]. Die qualitative Begrenzung bundesbankfähiger Papiere wird zu einer quantitativen, wenn die Banken solche Papiere nur in einem Umfang halten, der nicht ausreicht, die Kontingente auszuschöpfen.

Die Rediskontkontingente werden in einem „zweistufigen" Verfahren von der Bundesbank festgesetzt. Zunächst werden sogenannte Normkontingente bestimmt. Deren Höhe „richtet sich im allgemeinen nach den haftenden Mitteln der Kreditinstitute (Kapital einschließlich ausgewiesener Reserven) und dem jeweils festgelegten — für die einzelnen Bankengruppen jedoch zum Teil unterschiedlichen — Multiplikator"[44]. An den Normkontingenten orientieren sich die individuell bemessenen Rediskontkontingente, die den Banken mitgeteilt werden[45]. Die absolute

---

[42] Die Diskontpolitik hat natürlich auch Auswirkungen auf das Refinanzierungsverhalten der Banken. Sie wird hier jedoch nicht berücksichtigt, weil sie primär auf die Kredit*nachfrage* ausgerichtet ist, während es hier um die Steuerung des Kredit*angebots* geht.

[43] Vgl. Die währungspolitischen Instrumente, S. 30 ff.

[44] Ebenda, S. 33.

[45] Vgl. ebenda.

Höhe und Verteilung der Rediskontkontingente auf die einzelnen Banken bzw. Bankengruppen wird nicht publiziert. Seit einiger Zeit veröffentlicht die Bundesbank jedoch den unausgenützten Rediskontspielraum in ihren Monatsberichten[46].

Die Festlegung des Lombardkontingents hat in der Vergangenheit eine Änderung erfahren. Bis zum Herbst 1970 war es nicht möglich, eine Obergrenze für diese Refinanzierungsart anzugeben. Dagegen wurden von der Bundesbank die in Anspruch genommenen Lombardkredite der Banken von den freien Liquiditätsreserven abgesetzt. Gleichwohl bestand für die Banken ein freier Spielraum. Dieser ist quantifizierbar geworden, nachdem 1970 eine sogenannte Warnmarke für die Lombardkredite eingeführt worden ist. Danach soll der Lombardkredit im Tagesdurchschnitt eines Monats 20 % des Rediskontkontingents nicht überschreiten. Eine Überschreitung ist nur in Ausnahmen möglich, wobei die Kriterien für die Ausnahmeregelung nicht genannt werden[47].

Die Anbindung der tatsächlichen Rediskontkontingente[48] an die Normkontingente hat den Nachteil, daß sie quasi automatisch mit den haftenden Mitteln wachsen. Das geschieht unabhängig von der kreditpolitischen Situation. Deswegen ist es verständlich, daß die Normkontingente in der Vergangenheit mehrfach global gekürzt wurden[49]. Darüber hinaus gehört die kreditpolitisch motivierte Kürzung der Rediskontkontingente zum Instrumentarium der Bundesbank. Dieses Instrument macht Refinanzierungspolitik im eigentlichen Sinne aus. Eine der schärfsten Maßnahmen der Bundesbank in diesem Zusammenhang war wohl die Streichung jeder Lombardierungsmöglichkeit im Juni 1973[50].

Die Kritik an der derzeitigen Ausgestaltung richtet sich vor allem gegen die Differenzierung in Rediskont- und Lombardkontingente. Sie stellt auf die Sicherung der Notenbankkredite durch Wechsel bzw. andere Wertpapiere ab. Diese Sicherung kann mit bankwirtschaftlichen Gesichtspunkten begründet werden. Die Notenbank verlangt von den Banken Sicherheiten, wie letztere sie ihrerseits von den Nichtbanken fordern, wenn ein Kredit in Anspruch genommen wird.

Vorschläge, die zur Verbesserung der Refinanzierungspolitik gemacht werden, laufen in der Regel darauf hinaus, auf die Sicherung des Notenbankkredits durch bestimmte Papiere zu verzichten und den Banken ein einheitliches Refinanzierungskontingent einzuräumen. Dieses soll in

---

[46] Vgl. *MB* 6/73, S. 47 f.

[47] Vgl. ebenda.

[48] Bei der jetzigen Regelung gilt das auch für die Lombardkontingente.

[49] Vgl. Die währungspolitischen Instrumente, S. 33.

[50] Vgl. *MB* 6/73, S. 47.

Anspruch genommen werden können, ohne daß die Sicherung einer bestimmten Form bedarf. Die Prüfung der Bonität bezieht sich dann nicht mehr auf die eingereichten Papiere, sondern auf die kreditnehmenden Banken selbst[51].

Als der umfassendste Vorschlag in dieser Richtung ist der von Oberhauser zu bezeichnen. Er sieht in einem einheitlichen Refinanzierungskontingent den Kern einer Reform des geldpolitischen Instrumentariums zur Steuerung des Liquiditätssaldos. Notwendige Ergänzungen sieht er in der Mindestreserve- und Offenmarktpolitik[52]. Die übrigen Befürworter[53] eines einheitlichen Refinanzierungskontingents sehen die Begründung dafür vor allem in der Vereinfachung der technischen Durchführung der Refinanzierung selbst. Weniger wird dagegen nach den Vorteilen dieser Refinanzierungskontingente für die Kontrolle der Bankenliquidität gefragt. Wegen dieser Einschränkungen wird im folgenden auf den Vorschlag Oberhausers abgestellt.

Oberhauser nennt drei Bedingungen, denen das geldpolitische Instrumentarium genügen muß[54]:

1. Die Liquidität des Bankensystems muß quantitativ begrenzt und wirksam verändert werden können.
2. Wirkungsverzögerungen sind bei restriktivem Einsatz dadurch zu verringern, daß die Überschußliquidität[55] nie sehr groß ist.
3. Einflüsse des Nichtbankenbereichs auf die inländische Liquidität müssen ebenfalls weitgehend vermieden werden können.

Diese Bedingungen sind erfüllt, wenn das geldpolitische Instrumentarium wie folgt gestaltet wird: „Im Mittelpunkt des geldpolitischen Instrumentariums sollte daher ein Instrument stehen, das das Sekundärliquiditätsvolumen quantitativ zu begrenzen und an die liquiditätspolitischen Erfordernisse anzupassen vermag. Dazu ist es notwendig, den einzelnen Banken einheitliche Refinanzierungskontingente einzuräumen,

---

[51] Einheitliche Refinanzierungskontingente werden z. B. vorgeschlagen von *C. Köhler* (I), S. 30 f. *J. Becker*, S. 92 f. *V. Szagunn* (II): Bundesbankgeld durch Buchkredit, in: Bankbetrieb, 10. Jg. (1970), S. 342 - 348. *A. Oberhauser* (II): Geldpolitik als Liquiditätspolitik. Ein Vorschlag zur Neugestaltung des geldpolitischen Instrumentariums, in: Kredit und Kapital, 5. Jg. (1972), S. 373 ff. *M. J. M. Neumann (V)*, S. 96 f., verbindet mit dem einheitlichen Refinanzierungskontingent gleichzeitig eine Befristung und Verteuerung der Refinanzierung.

[52] Vgl. *A. Oberhauser* (II), S. 396.

[53] Vgl. vorletzte Fußnote.

[54] Vgl. *A. Oberhauser* (II), S. 392.

[55] Überschußliquidität = Liquiditätssaldo ·/. Mindestreserve ·/. Betrag an Liquidität, der zu halten von den Banken als unverzichtbar angesehen wird. Vgl. ebenda, S. 379 f.

die sowohl die derzeitigen Rediskontkontingente als auch die Lombardkredite und die Rückgabemöglichkeiten von Geldmarktpapieren (zentralbankfähigen Staatspapieren) ersetzen[56]."

Es ist zu fragen, worin der liquiditätspolitische Vorteil eines einheitlichen Refinanzierungskontingents gegenüber der jetzigen Regelung liegt. Ein Vorteil ist bei einer Erhöhung des Refinanzierungskontingents gegeben, die expansiv wirken soll. Sie kann dann nicht expansiv wirken, wenn die Banken nicht genügend zentralbankfähige Papiere besitzen, um den erhöhten Spielraum auszunutzen. Bei einheitlichem Refinanzierungskontingent besteht die Grenze nicht. Ob dieser Vorteil jedoch so bedeutend ist, daß er die Anpassungskosten einer veränderten Refinanzierungspolitik rechtfertigt, kann bezweifelt werden. Denn wenn man dem Bankensystem Zentralbankgeld zuführen will, um expansive Effekte zu erzielen, läßt sich das effizienter dadurch erreichen, daß die Zentralbank die Mindestreservesätze senkt und/oder gegebenenfalls am offenen Markt Papiere von den Nichtbanken bzw. Banken zurückkauft. Auf diese Art und Weise kann sie den Banken das Zentralbankgeld geradezu aufzwingen.

Für die Banken ist die Beschaffung von Zentralbankgeld im Rahmen der Refinanzierungskontingente mit Kosten verbunden. Daher werden sie diese Möglichkeit, wenn überhaupt, bei expansiver Geldpolitik möglichst wenig nutzen.

Bei restriktiver Verringerung der Refinanzierungskontingente tritt die Wirkung unabhängig davon ein, ob ein einheitliches Refinanzierungskontingent vorliegt oder ob Sicherheiten in Form bestimmter Papiere gestellt werden müssen. In diesem Fall ist gegenüber der heutigen Praxis kein Vorteil zu sehen, was die Wirkung dieses Instruments anbelangt. Ein Vorteil ist nur dann gegeben, wenn — wie schon für den Fall expansiver Politik — davon ausgegangen wird, daß die Banken vor der Kürzung der Refinanzierungskontingente keine refinanzierungsfähigen Papiere mehr besitzen. Dann gibt die Kürzung der Kontingente den tatsächlich eingetretenen Liquiditätsverlust exakter wieder als bei der heutigen Ausgestaltung, bei der die Kürzung dann keine effektive Wirkung hat, da der freie Spielraum sowieso mangels Material nicht genutzt werden kann. Jedoch ist die Wahrscheinlichkeit für das Eintreten einer solchen Situation relativ gering, nehmen doch gerade in Boomperioden die Kredite mit kurzen Laufzeiten relativ zu. Den Banken wird es also gerade dann nicht an Wechselmaterial mangeln.

Ist also in quantitativer Hinsicht kaum eine Verbesserung zu erwarten, wenn man die derzeitige Regelung durch ein einheitliches Refinan-

---

[56] *A. Oberhauser* (II), S. 392.

zierungskontingent ersetzt, so sind negative Wirkungen qualitativer Art nicht auszuschließen. Wenn, wie jetzt der Fall, die Refinanzierung auch von der Bonität des Bankenkunden abhängt, so entfällt diese mittelbare Bonitätsprüfung durch die Bundesbank bei einheitlichem Refinanzierungskontingent. Die Verbindung zwischen der Bonität des Bankschuldners und der Refinanzierungsmöglichkeit der Banken wird unterbrochen. Das kann zu einer Erhöhung der Kreditrisiken führen, wenn und soweit bei der jetzigen Praxis die Bonitätsprüfung unter Refinanzierungsaspekten für die Banken eine Rolle spielt. Gesamtwirtschaftlich ist damit eine Fehlallokation von Ressourcen verbunden, die bei rezessiven Tendenzen um so deutlicher zu Tage tritt und diese verschärfen kann.

Ein genereller Nachteil von Refinanzierungskontingenten ist darin zu sehen, daß damit nur *eine* Quelle der Zentralbankgeldversorgung kontrolliert wird. Je mehr die Banken aus anderen Quellen versorgt werden, um so unwirksamer wird eine Veränderung des Refinanzierungskontingents. Das gilt vor allem bei restriktivem Einsatz, also bei einer Kürzung der Kontingente. Bei Null ist eine Untergrenze; denn negative Refinanzierungskontingente wären ja gleichbedeutend mit einer Art von Mindestreserven. Werden die Refinanzierungsmöglichkeiten von der Zentralbank ganz gestrichen, muß es noch andere Möglichkeiten geben, die dem Bankensystem aus anderen Quellen zufließende Liquidität zu steuern. Das gilt auch bei einem einheitlichen Refinanzierungskontingent.

Vergleicht man ein einheitliches Refinanzierungskontingent unter Effizienzgesichtspunkten mit der jetzigen Regelung, so ist wohl der Schluß zulässig, daß dadurch keine signifikante Verbesserung erzielt werden kann, eher sind einige Nachteile möglich. Die Vorteile liegen vielmehr auf der Ebene der technischen Durchführung, die hier nicht zur Diskussion steht. Insofern ist es auch zweifelhaft, ob die Argumente schwerwiegend genug sind, um ein einheitliches Refinanzierungskontingent politisch durchsetzen zu können. Die differenzierte Ausgestaltung der Refinanzierungspolitik durch die Bundesbank in der letzten Zeit deutet vielmehr in eine andere Richtung. Von den Banken werden nur diejenigen eine Einführung eines einheitlichen Refinanzierungskontingents unterstützen, die davon profitieren, weil sie bislang mangels entsprechenden Materials ihre Refinanzierungskontingente nicht ausnutzen konnten. Das werden, wie schon erwähnt, wenn überhaupt, nur sehr wenige sein, die relativ klein sind. In der politischen Diskussion hat dann auch ein einheitliches Refinanzierungskontingent kaum eine Rolle gespielt.

2.4. Zusammenfassung

Die Instrumente zur Beeinflussung des Liquiditätssaldos unterscheiden sich unter Effizienzgesichtspunkten danach, ob die Zentralbank auf die Mitwirkung Dritter angewiesen ist oder nicht. Daraus folgt, wie die Diskussion aufgezeigt hat, daß eine Effizienzsteigerung dort am ehesten möglich ist, wo diese Abhängigkeit besteht, und nicht etwa, wie man vielleicht hätte erwarten können, bei dem administrativen Instrument. Die Refinanzierungspolitik wird sowieso schon autonom und differenziert eingesetzt. Sie ist unter liquiditätspolitischem Aspekt nur noch marginal zu verbessern. Somit müßten sich die Bemühungen um eine Effektivierung des Instrumentariums auf die Offenmarktpolitik mit Nichtbanken und die Einlagen-Schuldenpolitik mit der öffentlichen Hand richten.

Von diesen beiden wird, gleiche Effizienz einmal vorausgesetzt, die Offenmarktpolitik mit Nichtbanken die größeren Realisierungschancen haben. Sie wird einmal bereits praktiziert und bedarf andererseits zu ihrer Einführung nicht der Abstimmung mit anderen Ebenen der öffentlichen Hand. Die Abhängigkeit der Bundesbank von der öffentlichen Hand bei der Einführung einer unter liquiditätspolitischen Aspekten zieladäquaten Einlagenpolitik dürfte sich als das größte Hindernis erweisen. Könnte man sie jedoch installieren, so wäre sie wahrscheinlich effizienter einzusetzen als die Offenmarktpolitik mit Nichtbanken, weil man dann bei liquiditätspolitischen Maßnahmen vom Ertragskalkül der privaten Partner bei den Offenmarktgeschäften unabhängiger wäre.

Insgesamt gesehen erscheint demnach eine spürbare Verbesserung der hier diskutierten Instrumente kurzfristig nicht wahrscheinlich zu sein. Nicht einmal kann gesagt werden, ob eine Änderung auf längere Sicht planvoll und systematisch angestrebt wird, wie z. B. hinsichtlich der Einlagenpolitik. Daß hier ein ungenütztes Effizienzpotential vorliegt, dürfte vorstehende Diskussion gezeigt haben.

3. Beurteilung der Instrumente die auf die Struktur des Liquiditätssaldos wirken

Im Konzept der potentialorientierten Kreditpolitik ist es selbst dann, wenn die Höhe des Liquiditätssaldos relativ exakt gesteuert werden kann, erforderlich, daß auch die Strukur des Liquiditätssaldos beeinflußt wird. Eine Kürzung der Refinanzierungskontingente muß z. B. nicht dazu führen, daß die Kreditgewährung tatsächlich eingeschränkt wird. Haben die Banken genügend Offenmarktpapiere, so können sie diese zurückgeben und sich damit die für die Kreditgewährung erforderliche Zentralbankgeldmenge beschaffen. Es sind also Instrumente notwendig, die geeignet sind, die dem Bankensystem zur Verfügung stehende Liquidität in solche Verwendungsarten zu lenken, die dem kreditpolitischen Erfordernis Rechnung tragen. D. h. es müssen für die

Banken andere Anlagemöglichkeiten als die Kreditgewährung geschaffen werden, die sie entweder freiwillig nutzen oder zu denen sie gezwungen werden können.

In der potentialorientierten Kreditpolitik werden drei Instrumente genannt: Die Offenmarktpolitik mit Banken, die Swap-Politik und die Mindestreservepolitik. Es geht also um Maßnahmen, die direkt gegenüber dem Bankensystem wirken. Sie können wiederum danach unterschieden werden, inwieweit die Zentralbank dabei vom Willen Dritter, hier also der Banken, abhängig ist.

Auf eine Diskussion der Swap-Politik wird im folgenden verzichtet. Der Grund dafür ist nicht darin zu sehen, daß dieses Instrument für grundsätzlich ineffizient gehalten wird, sondern in der Tatsache, daß die Funktionsbedingungen dieses Instruments weitgehend durch das internationale Währungssystem festgelegt sind. In diesem Punkte sind jedoch zur jetzigen Zeit, in der eine Neuordnung angestrebt wird, eindeutige Aussagen kaum möglich.

3.1. Offenmarktpolitik mit Banken

Offenmarktgeschäfte der Zentralbank mit den Banken haben das Ziel, den Banken Zentralbankgeld zu entziehen oder zufließen zu lassen. Insofern gleichen diese Transaktionen den Offenmarktgeschäften mit Nichtbanken. Dabei sind entscheidende Unterschiede jedoch nicht zu übersehen.

Die Banken entscheiden selbst darüber, ob sie auf Liquidität verzichten wollen oder nicht, während sie bei der Offenmarktpolitik mit Nichtbanken den Entzug oder Zufluß hinnehmen müssen. Die Entscheidung der Banken wird im wesentlichen vom relativen Ertrag einer Anlage in Offenmarktpapieren im Vergleich zu anderen Aktiva und der zeitlichen Bindung der Liquidität abhängen.

Unter Ertragsgesichtspunkten wird vor allem folgende Überlegung relevant. Man kann realistischerweise davon ausgehen, daß der Kreditschöpfungsmultiplikator nicht nur für das gesamte Bankensystem, sondern auch für eine einzelne Bank größer als Eins ist. Wenn eine Bank einen Kredit gewährt, braucht sie nicht damit zu rechnen, daß dieser in voller Höhe zu einem Verlust an Zentralbankgeld führt[57]. Dann ist aber auch der Ertrag einer Einheit Zentralbankgeld bei Kreditgewährung größer als bei der alternativen Anlage in Offenmarktpapieren. Der Ertrag der Kreditgewährung ist größer als bei der Offenmarktanlage, wenn

---

[57] Vgl. das Großbankenargument bei *F. A. Lutz:* Geldschaffung durch die Banken, in: WWA, Bd. 104 (1970 I), S. 3 ff.

man bei beiden von der gleichen nominalen Ertragsrate ausgeht[58]. Da die Rendite der in die Marktregulierung einbezogenen Geldmarktpreise selbst bei längeren Laufzeiten nicht über 8 % hinausgeht, ist es verständlich, daß die Banken nur in besonderen Situationen Offenmarktpapiere kaufen werden. Sei es, daß die Sätze am Bankengeldmarkt unter diesen Renditen liegen, oder daß keine ausreichende Kreditnachfrage vorhanden ist, die bei der bisherigen Argumentation implizit unterstellt worden ist. Auf einen Nenner gebracht weichen die Banken dann auf den Kauf von Offenmarktpapieren aus, wenn andere Anlagealternativen nicht gegeben sind. Das ist nicht gerade dann der Fall, wenn die Offenmarktpolitik restriktiv wirken soll. Sie werden vielmehr dann von dieser Anlagemöglichkeit Gebrauch machen, wenn sie in Zeiten allgemeiner Liquiditätsfülle auch in den übrigen Bereichen der Wirtschaft nur eine geringe Kreditnachfrage zu befriedigen haben und ihre eigene Liquiditätsausstattung relativ groß ist. Das war in der Vergangenheit in der Spätphase des Abschwungs und Anfangsphase des Aufschwungs der Fall.

Diese Rentabilitätsüberlegungen werden durch die Ausstattung der Offenmarktpapiere hinsichtlich ihres Liquiditätsgrades unterstützt. Sofern sie in die Marktregulierung durch die Bundesbank einbezogen sind, können sie jederzeit, d. h. vor ihrer Fälligkeit zurückgegeben werden. Dadurch brauchen die Banken nicht auf Liquidität zu verzichten, wenn sie diese benötigen. Sie können den Zeitpunkt der Reliquidisierung selbst bestimmen. Darin ist sicherlich ein nicht zu übersehender Vorteil gegenüber anderen Anlagen gegeben, der eine gewisse Kompensation für die geringere Effektivverzinsung bietet. Dieses Rückgaberecht wird dann auch konsequent ausgenutzt, wenn die Banken Liquidität in Form von Zentralbankgeld brauchen. Davon werden sie auch nicht durch den Rentabilitätsverlust abgehalten, den sie durch die vorzeitige Rückgabe erleiden. Dieser wird mehr als ausgeglichen, wenn der Zentralbankgeldbedarf auf eine Kreditgewährung zurückgeht. Die Offenmarktpapiere übernehmen somit, vom Bankensystem aus gesehen, eine Pufferfunktion, die dafür sorgt, daß ein Zuviel oder Zuwenig an Zentralbankgeld ausgeglichen wird. Diese Ausgleichsfunktion hat kreditpolitisch den unübersehbaren Nachteil, daß dadurch sowohl expansive als auch restriktive Maßnahmen unterlaufen werden können. Das gilt zumindest für einen hinreichend langen Zeitraum, wie die jüngste Vergangenheit gezeigt hat.

Um diese unerwünschten Wirkungen der Offenmarktpolitik mit Banken zu unterbinden, wurden verschiedene Vorschläge gemacht. Zum einen wird empfohlen, das Recht auf vorzeitige Rückgabe der Offen-

[58] Vgl. dazu *K. H. Ketterer* (II): Zwischen Geldbasis und Kreditstopp, in: Macht und Ohnmacht der Bundesbank. Herausgegeben von D. Duwendag, Frankfurt/M. 1973, S. 205.

marktpapiere zu streichen, was durch eine höhere Verzinsung in etwa kompensiert werden könnte[59]. Zum anderen wird gefordert, daß sich die Bundesbank zeitweise aus den Offenmarktgeschäften zurückziehen sollte, d. h. sich weigern sollte, Offenmarktpapiere vorzeitig zurückzunehmen oder die Rücknahme mengenmäßig zu beschränken[60]. Diesen zweiten Vorschlag kann man als zeitlich begrenzte Variante des ersten interpretieren.

Es ist jedoch zweifelhaft, ob die nachteiligen Wirkungen der Offenmarktpolitik allein durch das Recht auf vorzeitige Rückgabe bedingt sind, die dann entfallen, wenn man dieses Recht beseitigt, sei es generell oder zeitweise. Von den Banken aus gesehen führt das vorzeitige Rückgaberecht zu einer Erleichterung der Liquiditätsdisposition, ohne auf Rentabilitätsüberlegungen verzichten zu müssen. Die Banken können unverzüglich eine andere Anlageform wählen, wenn diese eine höhere Rendite als die Offenmarktpapiere bringt, wie etwa die Kreditgewährung.

Die Aufhebung des Rechts auf vorzeitige Rückgabe wird dann aber keineswegs dazu führen, daß gänzlich auf die Anlage in Offenmarktpapieren verzichtet wird. Was sich ändert, ist lediglich, daß die Liquiditätsdisposition für die Banken erschwert wird. D. h. sie müssen die Fälligkeit der Papiere exakter an ihren Liquiditätsbedarf anpassen. Diese Aufgabe wird ihnen bei der geltenden Regelung abgenommen. Es erhöhen sich also gewissermaßen nur die Kosten der Liquiditätsdisposition für die Banken.

Insgesamt werden die Banken auf diese Form der Liquiditätsanlage nicht verzichten, sofern ihnen weiterhin die Möglichkeit dazu geboten wird. Denn die Anlage wird ja im Vergleich zur heutigen Regelung zumindest nicht unrentabler, sondern verringert nur graduell ihren Liquiditätsgrad. Bei dieser Sachlage ist kaum zu erwarten, daß der systematische Aufbau von Offenmarktanlagen in Zeiten hoher Liquidität und der anschließende Abbau unterbleiben. Die Unmöglichkeit, Papiere vorzeitig zurückzugeben, wird eine Kreditgewährung nicht endgültig verhindern können, sondern bestenfalls den Zeitpunkt der Gewährung hinausschieben. Denn die Rücknahme fälliger Papiere kann die Zentralbank wohl kaum verweigern. Dieses Argument trifft auch auf den zeitweiligen Rückzug der Bundesbank aus Offenmarktgeschäften als restriktive Maßnahme zu. Davon wird ad hoc nur der Teil der Papiere betroffen, die ansonsten vorzeitig zurückgegeben worden wären. Sie müssen aber dann zu einem späteren Zeitpunkt, unter Umständen noch während der gleichen Periode, endgültig zurückgenommen werden. Die Wirkungen einer „Verweigerung“ von Offenmarktgeschäften seitens der Bundes-

[59] Vgl. *A. Oberhauser* (II), S. 394.

[60] Vgl. *K. H. Ketterer* (II), S. 209.

bank sind bei restriktivem Einsatz eben nicht symmetrisch zu denen bei expansiver Politik.

Die zeitweilige Aufhebung des vorzeitigen Rückgaberechts führt lediglich dazu, daß ein zusätzliches Unsicherheitsmoment für die Banken geschaffen wird. Das könnte dazu führen, daß sie im Vergleich zur generellen Streichung relativ mehr Offenmarktpapiere halten, um dadurch diesem Unsicherheitsmoment entgegenwirken zu können. Insofern hätte diese Methode gegenüber der generellen Aufhebung den Vorteil, daß im Durchschnitt mehr Liquidität in Offenmarktpapieren gebunden wäre.

Die Vorschläge von Oberhauser und Ketterer scheinen daher nicht geeignet, die negativen liquiditätsmäßigen Auswirkungen der Offenmarktpolitik, die in ihrem Puffereffekt zu sehen sind, kurz- oder mittelfristig zu beseitigen. Nach dem Konzept der potentialorientierten Kreditpolitik wäre demnach eigentlich zu folgern, auf dieses Instrument ganz zu verzichten. Wenn es dennoch gefordert und praktiziert wird, kann das mehrere Gründe haben. Es könnte andere Zielsetzungen geben, die es rechtfertigen, daß die Offenmarktpolitik mit Banken trotz der ungünstigen Auswirkungen auf die gesamtwirtschaftliche Liquidität notwendig erscheint. Dazu gehört möglicherweise die Erhaltung der Funktionsfähigkeit des Geldmarktes oder die Kurspflege staatlicher Schuldtitel, um nur einige zu nennen. Das Abwägen dieser konkurrierenden Zielsetzung ist hier jedoch nicht das Thema. Deswegen soll nicht weiter untersucht werden, ob die übrigen Zielsetzungen nur durch Offenmarktgeschäfte verwirklicht werden können.

Jedoch sind die negativen Auswirkungen der Offenmarktpolitik nicht so isoliert zu bewerten, wie es hier bisher geschehen ist. Sie muß im Zusammenhang mit den übrigen Instrumenten gesehen werden. Je besser z. B. die Steuerung der Höhe des Liquiditätssaldos gelingt oder andere Instrumente eher geeignet sind, die Verwendung der Bankenliquidität zu steuern, um so weniger können die negativen Aspekte der Offenmarktpolitik überhaupt zum Tragen kommen.

Auf diesem Hintergrund verliert dann auch die Diskussion um die technische Handhabung der Offenmarktpolitik an Bedeutung. Ob die Bundesbank von der bisherigen Praxis, die Abgabesätze zu bestimmen, zu einem Mengenfixierungsverfahren[61] übergehen soll oder nicht, ist dann keine prinzipielle Frage mehr, was die Effizienz betrifft; sie hat nur noch technischen Charakter.

---

[61] Vgl. dazu z. B. Bundesbankgesetz und aktuelle Geldpolitik, DIW-Wochenbericht, 40. Jg. (1973), S. 206 ff. *H. Müller, A. Woll:* Neuere Vorschläge zur Geldpolitik und die Möglichkeit ihrer Verwirklichung in der Bundesrepublik Deutschland, in: D. Cassel u. a. (Hrsg.): 25 Jahre Marktwirtschaft in der Bundesrepublik Deutschland, Konzeption und Wirklichkeit, Stuttgart 1972, S. 204.

Nach diesen Überlegungen muß man zu dem Ergebnis kommen, daß die Offenmarktpolitik mit Banken zu unerwünschten Auswirkungen auf die Liquidität des Bankensystems führen kann. Die Vorschläge zur Erhöhung ihrer Effizienz können diesen Anspruch nicht erfüllen. Bei gegebenem Liquiditätssaldo bedarf es demnach eines weiteren Instruments zur Kontrolle seiner Verwendung, bei dem die Entscheidung, in welcher Form die Liquidität gehalten wird, nicht den Banken überlassen bleiben kann, sondern bei der Zentralbank liegen muß. Diese Möglichkeit ist prinzipiell bei der Mindestreservepolitik gegeben.

3.2. Mindestreservepolitik

In der Mindestreservepolitik, verstanden als Veränderung der Mindestreservesätze, steht der Geldpolitik ein Instrument zur Verfügung, mit dem eine Zentralbank die Bankenliquidität administrativ binden oder freisetzen kann. Die Banken sind verpflichtet, die Mindestreservevorschriften zu erfüllen. Damit — so scheint es — hat man ein Instrument, das sehr wirksam eingesetzt werden kann.

Zur Beurteilung der Mindestreservepolitik soll von den bestehenden Regelungen in der BRD ausgegangen werden. Daran anknüpfend lassen sich weitere Vorschläge zu ihrer Ausgestaltung unter Effizienzgesichtspunkten diskutieren. Zur Zeit bestehen Höchstsätze für die Mindestreservesätze, die auf die mindestreservepflichtigen Einlagen bezogen werden. Sie sind nach Einlagearten differenziert. Außerdem variieren die Mindestreservesätze nach Bankplätzen und Mindestreserveklassen. Die Reservesätze für Verbindlichkeiten der Banken gegenüber Gebietsfremden hat die Bundesbank in den letzten Jahren dadurch verschärft, daß sie zusätzlich eine Zuwachsmindestreserve festgesetzt hat[62].

Im allgemeinen fällt auf, daß der rechtlich vorhandene Spielraum für die Mindestreserve bisher nicht voll ausgenutzt wurde. Nach Pfleiderer lag der „Ausnutzungsgrad" im letzten Konjunkturzyklus stets unterhalb von 60 %[63]. So ist zunächst festzustellen, daß ein effizientes Instrument zwar vorhanden, aber nicht angewendet worden ist. Um diese „Unterlassung" zu verdeutlichen, soll versucht werden, den unausgenützten Spielraum der Mindestreservepolitik quantitativ abzuschätzen. Die durchschnittliche Mindestreserveverpflichtung betrug 1973 etwa 52 Mrd. DM. Bei Anwendung der Höchstsätze hätte diese dann etwa 86 Mrd. DM ausgemacht. Selbst wenn man von dem höchsten Stand der Mindestreserveverbindlichkeiten für 1973 von 57 Mrd. DM (März/April) ausgeht,

---

62 Vgl. § 16 Abs. 1 BbG.

63 Vgl. *O. Pfleiderer* (II): Zur Reform des kreditpolitischen Instrumentariums, in: ZKW, 26. Jg. (1973), S. 54.

beträgt die Differenz immer noch 29 Mrd. DM. Vergleicht man diesen Wert mit den freien Liquiditätsreserven der Banken, so stellt man fest, daß diese während des ganzen Jahres weitaus geringer waren[64]. Bei aller Vorsicht, die gegenüber solchen Durchschnittsrechnungen geboten ist, gibt diese Schätzung doch einen groben Anhaltspunkt dafür, was an restriktiven Möglichkeiten ausgelassen wurde.

Für dieses Verhalten der verantwortlichen Instanz, also der Bundesbank, bieten sich mehrere Erklärungen an. Generell kann man im politischen Bereich beobachten, daß Maßnahmen, die eine unmittelbare Wirkung auf die Wirtschaftssubjekte haben, weil sie ihr nicht direkt ausweichen können, selten voll ausgeschöpft werden. Das beste Beispiel dafür ist in der Nichtanwendung der zehnprozentigen Erhöhungsmöglichkeit für die Lohn- und Einkommensteuer nach dem Stabilitätsgesetz zu sehen[65]. Die bisher zweimal vorgenommene konjunkturpolitisch begründete Erhöhung dieser Steuer erfolgte jedesmal im Rahmen besonderer Regelungen, die die nach dem Stabilitätsgesetz vorgesehenen Maßnahmen wesentlich abgeschwächt haben. Sicherlich ist es zutreffend, daß die Bundesbank nicht den gleichen politischen Entscheidungskriterien und -prozessen unterworfen ist, aus denen sich die Zurückhaltung bei steuerlichen Maßnahmen erklären läßt. Andererseits wird auch bei ihr eine gewisse Rücksichtnahme auf die Banken eine Rolle spielen.

In der zuletzt angedeutenden Richtung argumentiert Pfleiderer, wenn er den Hauptgrund für die Zurückhaltung in der Mindestreservepolitik darin sieht, daß die Bundesbank sich dabei von der Rücksicht auf die Ertragslage der Banken hat leiten lassen[66]. Die Mindestreserven der Banken werden nicht verzinst, so daß eine Erhöhung der Mindestreserve die Kosten der Geldbeschaffung erhöht und damit tendenziell die Rendite des Aktivgeschäftes einschränkt. Nun ist es nicht Aufgabe der Bundesbank, dafür zu sorgen, daß den Banken eine ausreichende Rendite sicher ist. Die Rücksichtnahme muß daher auch noch von den Zielsetzungen der Geldpolitik her begründet werden können. Das ist möglich, wenn man aufzeigen kann, daß eine schärfere Anwendung der Mindestreservepolitik zu Reaktionen der Banken führt, die dem intendierten Zweck zuwiderlaufen, zumindest für eine gewisse Zeit.

Grundsätzlich haben die Banken die Möglichkeit, die erhöhte Kostenbelastung in den Kreditzinsen weiterzugeben und/oder die Kredite auszuweiten. Eine Überwälzung auf die Kreditnehmer würde die restriktive Politik unterstützen, wäre also wünschenswert. Diese Möglichkeit

---

64 Die Zahlen sind nach den Angaben im *MB* 7/74, S. 6* und S. 44* berechnet worden.

65 Vgl. § 26 (3) StWG.

66 Vgl. *O. Pfleiderer* (II), S. 54.

ist jedoch von den Wettbewerbsverhältnissen abhängig, d. h. vor allem auch von der Position des Kreditnehmers. Eine Überwälzung wird im Kleinkreditgeschäft eher möglich sein als bei Großkrediten und sogenannten guten Adressen. Für den Einlagenwettbewerb gilt die gleiche Argumentation, wenn es darum geht, Habenzinsen herabzudrücken oder weniger stark steigen zu lassen.

Je geringer die Möglichkeiten sind, die durch eine Mindestreserveerhöhung verursachten Kosten auf Kreditnehmer bzw. Einleger zu überwälzen, um so größer ist die Wahrscheinlichkeit, daß die Banken in das Mengengeschäft ausweichen, d. h. ihre Kredite in Relation zu den Einlagen bzw. zur vorhandenen Liquidität überproportional erhöhen. Diese These wird durch die Entwicklung seit Anfang 1972 gestützt. Die Heraufsetzung der Mindestreservesätze war eine geraume Zeit von einer sehr starken Kreditexpansion begleitet, solange den Banken überhaupt noch freie Liquidität zur Verfügung stand. Unterstützt wurde dieses Verhalten durch die anhaltend hohe Kreditnachfrage[67].

Derartige Mengenreaktionen der Banken laufen in der Tat den Intentionen der Mindesreservepolitik zuwider. Damit ist die Frage berechtigt, ob es sinnvoll ist, weitere Überlegungen darüber anzustellen, wie dieses Instrument effektiver genutzt werden kann. Sollte man die Mindestreserven nicht vielmehr auf deren ursprüngliche Funktion der Einlagensicherung begrenzen? Diese Forderung wird z. B. vom DIW erhoben[68] und mit den erwähnten Ausweichreaktionen sowie den damit verbundenen Wirkungsverzögerungen begründet.

In der politischen Diskussion um eine Ausweitung und Verschärfung der Mindestreservepolitik hat dieser Einwand kaum eine entscheidende Rolle gespielt. Die Mindestreservepolitik steht im Gegenteil — neben der Kreditplafondierung — im Mittelpunkt der Diskussion um die Reform der Geldpolitik[69].

Im wesentlichen geht es dabei um eine Ausweitung und Verschärfung der Mindestreservepolitik gegenüber den jetzigen Regelungen. Im einzelnen wird angestrebt[70]:

---

[67] Vgl. *C. Köhler* (VI), S. 239 ff.

[68] Vgl. DIW-Wochenbericht S. 203.

[69] Vgl. z. B. *O. Pfleiderer* (II). *W. Ehrlicher:* Zur Neuordnung des Instrumentariums der Deutschen Bundesbank, in: Kredit und Kapital, 6. Jg. (1973), S. 111 - 133. *R. Stucken:* Notenbank und Banken, Kredit und Kapital, 6. Jg. (1973), S. 99 - 110. *D. Duwendag* (I): Neue geld- und kreditpolitische Instrumente?, in: Wirtschaftsdienst, 53. Jg. (1973), S. 71 - 75. *H. Irmler* (I): Kreditrestriktion als aktuelles und strukturelles Problem, in: ZKW, 25. Jg. (1972), S. 1068 - 1076. *H. Geiger:* Die Position der Sparkassen in der Geldpolitik, in: ZKW, 25. Jg. (1972), S. 1076 - 1080. *A. Münchmeyer*, S. 1080 - 1082.

[70] Vgl. dazu z. B. den „Entwurf eines Gesetzes zur Änderung des Gesetzes über die Deutsche Bundesbank, abgedruckt in: *D. Duwendag* (II), S. 217 - 222.

— eine Erhöhung der Höchstsätze für Mindestreserven,
— die Einschränkung sachlicher und institutioneller Ausweichmöglichkeiten,
— die adäquate Berücksichtigung der Interbankbeziehungen,
— eine Mindestreserve auf Aktiva.

Diese Vorschläge sind nur dann adäquat zu beurteilen, wenn die bereits erwähnte Tatsache berücksichtigt wird, daß die jetzt geltenden Höchstsätze nicht voll genutzt werden. Daraus folgt, daß die Vorschläge zur Erweiterung des Mindestreserveinstruments offensichtlich nicht darauf abzielen, die quantitative Mindestreservebelastung für das gesamte Bankensystem zu erhöhen. Vielmehr scheint es darum zu gehen, die „Lasten" der Mindestreserve „gerechter" auf die einzelnen Banken bzw. Bankengruppen zu verteilen bzw. auch weitere Finanzinstitutionen, wie etwa die Bausparkassen, in die Mindestreservepflicht einzubeziehen. Kriterium für die Lastenverteilung ist — ähnlich wie in anderen Bereichen — das Verursachungsprinzip. Darauf deutet zumindest die Zuwachsmindestreserve auf Aktiva und die Einbeziehung der Interbankverpflichtungen in die Berechnungsgrundlage hin. Gerade bei restriktivem Einsatz des Mindestreserveinstruments soll dadurch die Beziehung zwischen unerwünschter Kreditausweitung und „Bestrafung" in Form der Mindestreserve bei dem einzelnen Kreditinstitut sichtbar und spürbar gemacht werden. Bei der jetzigen Regelung wird die Mindestreservebelastung von den relativ stärker expandierenden Banken auf die anderen Banken in dem Umfang abgewälzt, als bei diesen im Zuge der Kreditgewährung Einlagen entstehen.

Sofern die von der Überwälzung betroffenen Banken sich gegen die erzwungene Einlagenbildung wehren wollen, können sie das, indem sie versuchen, in der Kreditexpansion nachzuziehen, um dadurch ihrerseits den anderen Banken die Einlagen „aufzuzwingen". Das Ergebnis ist ein allgemeiner Expansionsprozeß, hervorgerufen durch die Berechnung der Mindestreserveverpflichtung auf Basis der Einlagen bei den Banken. Dieser Prozeß ist vereinbar mit der zuvor aufgestellten These einer Ausweitung des Mengengeschäftes bei zunehmend restriktiv gehandhabter Mindestreservepolitik.

Es hat den Anschein, daß eine Zuwachsmindestreserve auf Aktiva eher geeignet ist, solche Überwälzungsprozesse zu verhindern. Jedoch sollte man nicht zu optimistisch sein, was die Effizienz dieses Instruments angeht. Denn solange die Kreditgewährung einer Bank auch bei dieser Bank zu Einlagen führt — und das ist bei vielen Krediten der Fall — ist auch bei der derzeitigen Regelung eine direkte Verbindung zwischen Kreditgewährung und Mindestreserveverpflichtung gegeben. Will man die durchschnittliche Belastung durch die Mindestreserveverpflichtung nicht erhöhen, so muß bei Einführung der Zuwachsmindestreserve und Beibehaltung der Passivmindestreserve letztere herabgesetzt werden. D. h. dem relativen Mehr an Mindestreserveverpflichtung bei Banken mit überproportionaler Kreditausweitung steht auf der anderen Seite ein relatives Weniger bei den anderen Banken gegenüber, die quasi für ihre Zurückhaltung belohnt werden. Es ist jedoch durchaus möglich, daß sich gerade diese Belohnung darin auswirkt, daß sie jetzt mehr Kredite geben als vorher.

Praktische Schwierigkeiten bei der Handhabung der Zuwachsmindestreserve auf Aktiva lassen im übrigen vermuten, daß Umgehungsmöglichkeiten zu einer Veränderung der Kreditstruktur führen. Ziel der Zuwachsmindestreserve ist es, die zusätzliche Kreditgewährung zu verringern[71]. Ein bereits gewährter Kredit kann dadurch nicht mehr verhindert werden. Er braucht es auch gar nicht, da er nicht mehr zu entsprechender Nachfrage führt. Daraus folgt, daß die Zuwachsmindestreserve sinnvollerweise auf die Bruttokreditgewährung zu beziehen ist. Insofern liegt dieses Instrument direkt auf der Linie der potentialorientierten Kreditpolitik.

Derzeit existiert keine entsprechende Statistik der Bruttokreditgewährung, sie müßte erst eingeführt werden. Dabei besteht die größte Schwierigkeit darin, die Kontokorrentkredite zu erfassen, die jeden Tag mit einer Vielzahl von Buchungen verbunden sind[72]. Läßt man diese Kreditart aus der Berechnungsgrundlage heraus, ist ihre überproportionale Ausweitung wahrscheinlich. Dadurch würde die Effektivität der Zuwachsmindestreserve auf Aktiva entscheidend herabgesetzt.

Die Umstrukturierung der Mindestreservebelastung ist nicht aus dem Aussagenzusammenhang des Kreditschöpfungsprozesses der potentialorientierten Kreditpolitik abzuleiten. Danach spielt die Verteilung der Mindestreserve auf die einzelnen Bankengruppen bzw. Banken keine Rolle. Wenn dennoch hier kurz darauf eingegangen worden ist, so auch deswegen, um der zuvor beim Kreditschöpfungsprozeß gerade in dieser Richtung formulierten Kritik auf der Instrumentenebene Rechnung zu tragen.

Versucht man die Realisierungschancen einer Verschärfung und Umstrukturierung des Mindestreserveinstruments abzuschätzen, so fällt

---

[71] Der von Kath kritisierte Konstruktionsfehler, den er in der Möglichkeit des Aktivtausches der Banken sieht, ist bei einer Mindestreserve auf die Bruttokreditgewährung nicht gegeben. Vgl. *D. Kath:* Aktiva-Reserve und Offenmarktpolitik in kontroversen geldtheoretischen Konzepten, in: Kredit und Kapital, 6. Jg. (1973), S. 456 f.

[72] Die Bankenverbände beginnen erst in letzter Zeit damit, eine verbandsinterne Statistik der Bruttokreditgewährung aufzubauen. Die Kontokorrentkredite werden dabei ebenfalls nicht einbezogen. Vgl. Schreiben des Deutschen Sparkassen- und Giroverbandes vom 19. 12. 1972.

auf, daß die Forderungen in dieser Richtung je nach konjunktureller Lage an Aktualität gewinnen oder verlieren. Die Diskussion kam in Gang auf dem Hintergrund der Erfahrung, daß die Bundesbank im letzten Zyklus gegen die Kreditausweitung weitgehend machtlos war. Erst mit der Veränderung der außenwirtschaftlichen Bedingungen hatten die binnenwirtschaftlich orientierten geldpolitischen Maßnahmen Erfolg. Damit nahm auch das aktuelle Interesse an einer Erweiterung des geldpolitischen Instrumentariums ab. Die grundsätzliche Problematik wird davon jedoch nicht berührt.

Sieht man die Bestrebungen, die Mindestreservepolitik anders zu gestalten, in Zusammenhang mit den Erwägungen, als ultima ratio eine Kreditplafondierung einzuführen, dann steigen dadurch die Chancen für eine Veränderung des mindestreservepolitischen Instrumentariums. Von seiten der Banken wird man eine Verschärfung der Mindestreserve eher hinnehmen, wenn die Kreditplafondierung damit auf lange Zeit ausgeschlossen werden kann und je größer der Kreis sonstiger Finanzinstitute ist, die neben den Banken den gleichen Verpflichtungen unterliegen. Die Bundesbank selbst wird einer Kreditplafondierung dann nicht zustimmen wollen, wenn damit der Bundesregierung gleichzeitig ein Mitbestimmungsrecht in diesem Punkt eingeräumt wird. Der Verzicht auf dieses Instrument kann weitgehend durch ein verschärftes Mindestreserveinstrument kompensiert werden. So ist es von der politischen Konstellation her nicht unwahrscheinlich, daß eine eventuelle Novellierung des Bundesbankgesetzes eine Veränderung der Mindestreservevorschriften enthält.

3.3. Zusammenfassung

Die Effizienz der Instrumente, die auf die Verwendung des Liquiditätssaldos einwirken, kann — wie schon zuvor — danach unterschieden werden, inwieweit die Bundesbank dabei vom Willen Dritter abhängig ist. Die Offenmarktpolitik mit Banken bietet nur wenige Ansatzpunkte zur Verbesserung. Anders als bei den zuvor diskutierten Instrumenten zur Kontrolle der Höhe des Liquiditätssaldos liegen hier die Möglichkeiten für eine Effektivierung bei dem administrativen Instrument der Mindestreservepolitik und zwar vor allem durch eine konsequentere Ausnutzung des vorhandenen gesetzlichen Spielraums. Das gilt auch bei Einführung eines veränderten Mindestreserveinstrumentariums. Der möglichen Mengenstrategie der Banken ist nur schwer zu begegnen, wenn man nicht zusätzliche Instrumente einführt, die diesen Aspekt ausdrücklich berücksichtigen. Um solche geht es im folgenden Abschnitt.

4. Reformvorschläge zur direkten Liquiditäts- und Kreditsteuerung

Den bisher diskutierten Instrumenten ist gemeinsam, daß sie die Kreditgewährung mittelbar über die Manipulation von Umfang und Struktur des Liquiditätssaldos zu steuern versuchen. Mit der potentialorientierten Kreditpolitik ist jedoch auch eine direkte Kontrolle der Kreditgewährung vereinbar. Das kann auf verschiedene Art und Weise geschehen. Dabei braucht nicht mehr versucht zu werden, einen expliziten Kreditangebotsprozeß zu formulieren, da für die Kreditgewährung bestimmte Grenzen gesetzt werden, die nicht überschritten werden dürfen.

Die Kreditplafondierung ist ein Instrument, das von Zeit zu Zeit immer wieder in der politischen Diskussion auftaucht und insofern nicht neu ist. Als neu kann dagegen der Vorschlag angesehen werden, daß die Banken eine bestimmte Quote der freien Liquiditätsreserven halten müssen (Liquiditätsreservesatz)[73]. Dadurch soll verhindert werden, daß die Banken im Umfang dieses Liquiditätsreservesatzes potentielles Zentralbankgeld in aktuelles umwandeln und damit eine Kreditausweitung ermöglichen. Die Wirkung ist damit ähnlich wie bei der Mindestreserve. Ein Unterschied besteht nur darin, daß die Form in der die Mindestreserve gehalten werden muß, nicht vorgeschrieben ist. Dadurch wird den Banken ein gewisser Dispositionsspielraum gelassen.

Die Instrumente der Kreditplafondierung und des Liquiditätsreservesatzes werden hier gemeinsam diskutiert. Zwar wird eine Kreditplafondierung nur als ultima ratio angestrebt, während der Liquiditätsreservesatz ein generelles Instrument sein soll. Jedoch läßt sich zeigen, daß sich beide im Ergebnis kaum unterscheiden. Für die Banken als System und ebenfalls für eine einzelne Bank ist es gleichgültig, ob keine Kredite mehr gewährt werden können, weil der Plafond ausgeschöpft ist, oder ob eine Kreditausweitung dadurch verhindert wird, weil dann der Liquiditätsreservesatz unter die erforderliche Mindestgrenze sinken würde.

Beide Instrumente haben gegenüber den bisher diskutierten den Vorteil, daß sie die Kreditgewährung direkt beeinflussen. Beide haben administrativen — dirigistischen Charakter. Wenn dann von einigen Autoren dem Liquiditätsreservesatz der Vorzug gegeben wird, so offensichtlich deswegen, weil damit einige Nachteile weniger verbunden sind, die üblicherweise gegen die Kreditplafondierung geltend gemacht werden oder weil dieses Instrument einige zusätzliche Vorzüge aufweist.

Der ordnungspolitische Vorwurf des Dirigismus ist schwer zu beurteilen. Die Kriterien, an denen ein Mehr oder Weniger an Dirigismus

[73] Vgl. C. *Köhler* (VI), S. 239 ff. K.-*H. Ketterer* (II), S. 206 ff.

abgelesen werden könnte, sind unscharf. Warum ist die Mindestreservepflicht und ihre konjunkturpolitisch bestimmte Handhabung weniger dirigistisch — und daher eher hinzunehmen — als etwa eine Kreditplafondierung? Es ist vorstellbar, daß auch Kontingente zwischen den Banken gehandelt werden. Es ist kaum möglich, in diesem Punkt einen Vorteil für den Liquiditätsreservesatz zu begründen.

Ein anderer Einwand auf der ordnungspolitischen Ebene ist der, daß Kreditplafonds den Wettbewerb zwischen den Banken ausschalten, ihre Marktpositionen im Aktivgeschäft zementieren[74]. Dabei werden gerade die Banken begünstigt, die sich zuvor am expansivsten verhalten haben, die also am meisten zu der unerwünschten Kreditausweitung beigetragen haben.

Ein Liquiditätsreservesatz hat diese Wirkung nicht. Der Wettbewerb um Einlagen, d. h. um Zentralbankgeld zwischen den einzelnen Banken wird erhalten bleiben. Denn es ist für eine einzelne Bank durchaus möglich, auf dieser Basis Kreditausweitung zu betreiben, wenn nur gewährleistet ist, daß der Liquiditätsreservesatz nicht unterschritten wird. Die Marktanteile der Banken im Aktivgeschäft können sich weiterhin verändern. Die Struktur des Kreditgeschäftes, bezogen auf die Banken bzw. Bankengruppen, ist nicht von vornherein festgelegt und orientiert sich nicht an der Struktur der Vergangenheit, wie es bei der Kreditplafondierung der Fall sein kann. Das ist als Vorteil beim Liquiditätsreservesatz anzusehen.

Es würde den hier gesteckten Rahmen sprengen, wenn man die beiden Instrumente in allen Punkten miteinander vergleichen wollte. Die Kreditplafondierung ist seit dem Entwurf des Stabilitätsgesetzes Mitte der 60er Jahre ständig diskutiert worden[75]. Abgesehen von dem bereits problematisierten und fast überall zu findenden Dirigismusvorwurf[76] lassen sich die meisten Argumente gegen eine Kreditplafondierung dadurch

[74] Vgl. z. B. *JG* 1972, Ziff. 398.

[75] Vgl. z. B. *K.-A. Klinge:* Kreditplafondierung — ein zweifelhaftes Rezept, in: ZKW, 19. Jg. (1966), S. 275 - 276, *H. Rittershausen:* Kreditplafondierung für die „private Hand“, in: ebenda, S. 383 - 385. *G. Zweig, W.-D. Becker:* Kreditpolitik oder Kreditdirigismus?, in: ebenda, S. 440 - 442. *Dieselben:* Falsche und richtige Argumente bei der Kreditbegrenzung, in: ebenda, S. 907 - 910. *F. Leutwiler:* Die Kreditbegrenzung im Notenbank-Instrumentarium, in: Wirtschaft und Recht, 19. Jg. (1967), S. 77 - 90. *W. Schwalm:* Bemerkungen zur Kreditbegrenzung als Notenbankinstrument, in: Wirtschaft und Recht, 20. Jg. (1968), S. 16 - 30. *C. Köhler* (II), S. 244 - 255. Umfassender und über praktische Erfahrungen in einigen europäischen Ländern berichtend ist die Monographie von *S. Bredemeier:* Erfahrungen mit der Kreditplafondierung, Berlin 1972, die weitere Literaturhinweise enthält.

[76] R. Stucken hat vor kurzem die entgegengesetzte Forderung aufgestellt, gerade mit der Kreditplafondierung im Rahmen einer „Bedrohungsstrategie“ die Marktwirtschaft zu sichern. Vgl. dazu seinen Aufsatz: Die Notenbank und die Banken, in: Kredit und Kapital, 6. Jg. (1973), S. 106 ff.

kennzeichnen, daß die Bedeutung des Bankkredits relativiert wird. Das geschieht auf zweifache Art und Weise. Zum einen wird auf die anderen Finanzierungsquellen der Defizitsektoren hingewiesen (Ausweichproblem). Zum anderen wird in Abrede gestellt, daß zwischen konjunktureller Entwicklung und Kreditgewährung ein enger Zusammenhang bestehe[77].

Der Charakter dieser Argumente ist so allgemein, daß sie nicht mehr ausschließlich auf die Kreditplafondierung bezogen werden können. Wenn sie stichhaltig sind, dann treffen sie auch die übrigen geld- und kreditpolitischen Instrumente. Daraus wäre das Fazit zu ziehen, die Bankkredite nicht zum Ansatzpunkt der Geld- und Kreditpolitik zu machen, oder was konsequent wäre, ganz auf geldpolitische Eingriffe zu verzichten. Die zuletzt erwähnte Forderung wird ernsthaft wohl von niemandem, auch nicht von seiten der Banken erhoben. Ohne die Argumente im einzelnen zu diskutieren, stellt sich in unserem Zusammenhang die Frage, warum sie gerade hier als Einwand angeführt werden und nicht auch an anderer Stelle.

Als mögliche Erklärung käme die These in Frage, daß die Einführung einer Kreditplafondierung gegenüber dem status quo, an den man sich angepaßt hat, eine signifikant einschneidende Veränderung ist, die diese Abwehrreaktionen hervorruft. Will man hinsichtlich der Kreditgewährung den gleichen Effekt erzielen, wie er bei der Kreditplafondierung angestrebt wird, ohne schon bei der Diskussion über die Einführung dieses Instruments die Abwehrreaktionen zu mobilisieren, dann scheint ein Liquiditätsreservesatz geeigneter zu sein. Er kann gesamtwirtschaftlich gesehen die gleichen Wirkungen auf die Kreditgewährung haben wie die Plafondierung, läßt den Banken jedoch mehr Spielraum. Ebenso wird vermieden, daß die Banken die Funktion von Zuteilungsstellen für staatlich kontrollierten Kredit übernehmen müssen oder daß zumindest der Eindruck entsteht, daß sie dieses tun.

Der Liquiditätsreservesatz ist ein Mittelweg zwischen den bestehenden Regelungen einerseits und dem 100 %-Reserveplan und der Kreditplafondierung andererseits. Er verknüpft die Flexibilität und Differenzierungsmöglichkeiten der Handhabung der jetzigen Mindestreservepolitik mit der Effektivität der beiden anderen Vorschläge. Von daher ist diesem Instrument der Vorzug zu geben. Anwendungstechnische Probleme, etwa die Frage ob und in welcher Art und Weise der Liquiditätsreservesatz nach Bankengruppen unterschiedlich festgelegt werden sollte, scheinen nicht unlösbar zu sein. Zumindest werden sich daraus keine prinzipiellen Einwände ergeben.

---

[77] So vor allem in den in der vorletzten Fußnote zitierten Veröffentlichungen der Zeitschrift für das gesamte Kreditwesen.

Auf einen weiteren Unterschied zwischen Liquiditätsreservesatz und Kreditplafondierung sei abschließend hingewiesen. Letztere soll nur dann zur Anwendung kommen, wenn die übrigen Instrumente die beabsichtigte Wirkung auf die Kreditgewährung nicht erreicht haben. Kreditplafondierung setzt die anderen Instrumente quasi voraus, nicht zuletzt gerade deswegen, weil mit deren Versagen diese einschneidende Maßnahme begründet werden kann. Beim Liquiditätsreservesatz muß das nicht der Fall sein. Er kann im Prinzip die übrigen Instrumente ersetzen, muß es aber nicht. Sie können als durchaus sinnvolle Ergänzung beibehalten werden.

So könnte z. B. die Offenmarktpolitik mit Banken ihre Funktion, den Geldmarkt zu beeinflussen, wahrnehmen, ohne zu den bereits diskutierten unerwünschten Liquiditätswirkungen beim Bankensystem führen zu müssen. Ebenso könnte die Mindestreserve auf ihre ursprüngliche Funktion der Einlagensicherung zurückgeführt werden. Je koordinierter diese Instrumente eingesetzt werden, um so effizienter werden sie insgesamt sein. Außerdem hat man den Vorteil, nicht auf bekannte Verfahren und Techniken verzichten zu müssen. Dadurch werden unnötige Anpassungskosten auf allen Seiten vermieden.

Vermindert man die Mindestreserveverpflichtung zugunsten des Liquiditätsreservesatzes, dann hat das einen positiven Effekt zur Folge. Er besteht darin, daß dem Liquiditäts- und Rentabilitätsbedürfnis der Banken im Vergleich zur jetzigen Regelung besser Rechnung getragen werden kann[78]. Die Banken wären jederzeit im Umfang des Liquiditätsreservesatzes zahlungsfähig. Das ist zwar auch jetzt im Rahmen der Mindestreserve der Fall, jedoch um den Preis einer Rentabilitätseinbuße. Dadurch kann es zu den bereits erwähnten unerwünschten Mengenreaktionen kommen, die dann wiederum die Forderung nach einer Kreditplafondierung begründen helfen. Dieser durch den Einsatz des einen Instruments vorprogrammierte Zwang zur Anwendung noch schärferer Instrumente kann beim Liquiditätsreservesatz weitgehend vermieden werden. Vor allen Dingen deswegen, weil die Rentabilitätseinbußen dadurch vermindert, wenn auch nicht ganz verhindert werden können. Ein ähnlicher Effekt könnte durch die Verzinsung der Mindestreserven erzielt werden. Diese Regelung würde jedoch die Wahl der Anlagemöglichkeiten durch die Banken ausschließen.

Insgesamt gesehen scheinen die Vorteile auf seiten des Liquiditätsreservesatzes zu liegen, wenn man ein effizienteres Notenbank-Instrumentarium anstrebt. Es entspricht der Logik der potentialorientierten Kreditpolitik, die Liquiditätsquote und damit die Kreditgewährung zu kontrollieren. Aber selbst ohne diese theoretische Begründung wäre ein

[78] Vgl. dazu *K.-H. Ketterer* (II), S. 208.

Liquiditätsreservesatz aus den erwähnten Gründen einer Kreditplafondierung vorzuziehen. Die Diskussion in der jüngsten Vergangenheit hat sich jedoch weitgehend auf letztere bezogen und die Fronten zwischen Befürwortern und Gegnern verhärtet, ein Prozeß, der durch die Forderung nach einer Verstaatlichung der Banken noch gefördert worden ist. Dadurch, so ist zu vermuten, verringern sich überhaupt die Chancen für eine grundlegende Reform des geldpolitischen Instrumentariums. Die Bundesbank scheint diese Entwicklung vorwegzunehmen und geht — wie bereits erwähnt — zu einer Politik der „lautlosen" Differenzierung über[79]. So hat sie z. B. im Oktober 1973 beschlossen, die Rediskontkontingente nicht global für alle Banken zu kürzen, sondern nach Größenklassen zu differenzieren. Dadurch sollte den beobachteten unterschiedlichen Reaktionen der verschiedenen Bankengruppen auf restriktive Maßnahmen Rechnung getragen werden.

Die Realisierungschancen sowohl für eine Kreditplafondierung als auch für einen Liquiditätsreservesatz können somit nicht als günstig bezeichnet werden. In weniger extremen konjunkturellen Phasen scheint eine grundsätzliche Diskussion sinnvoller zu sein und eher zu einem Ergebnis zu führen.

In der Diskussion über die speziellen Reformvorschläge ist häufiger ein allgemeines Argument genannt worden, das auf einen grundsätzlichen Aspekt jeder Reform des kreditpolitischen Instrumentariums hinweist. Es ist die These, daß Kreditbeziehungen zunehmend aus dem Bankensektor ausgelagert werden, wenn das kreditpolitische Instrumentarium verschärft wird[80]. Je effizienter theoretisch die Kontrollmöglichkeiten der Bankkreditgewährung sind, um so mehr wird ihnen in der Realität der Gegenstand, der kontrolliert werden soll, entzogen. Dieser These soll abschließend nachgegangen werden.

5. Zur generellen Problematik einer Reform des geldpolitischen Instrumentariums

Die Diskussion um eine Reform des geldpolitischen Instrumentariums wird — in der Regel unausgesprochen — unter ceteris-paribus Bedingungen geführt. Eine dieser Bedingungen ist der institutionelle Rahmen des finanziellen Sektors einer Volkswirtschaft. Die zuvor erwähnte These betont die Dynamik dieser Struktur in Abhängigkeit von den geldpolitischen Instrumenten. Umgekehrt sind diese notwendigerweise an einen institutionellen Rahmen gebunden, innerhalb dessen sie wirksam werden können.

[79] Vgl. *MB* 10/1973, S. 5.

[80] Vgl. z. B. *K.-H. Ketterer* (II), S. 203 f. *S. Bredemeier*, S. 34 ff. „Bundesbank sollte Zinsen auf Mindestreserven zahlen." Handelsblatt-Gespräch mit Bankenpräsident Alwin Münchmeyer, Handelsblatt Nr. 161 v. 22. 8. 1973.

Dann erscheint es möglich, in der Veränderung des institutionellen Rahmens eine Ausweichstrategie zu sehen, durch die man sich den negativen Folgen restriktiver Maßnahmen der Geldpolitik zu entziehen vermag. In der Vergangenheit haben solche Ausweichstrategien überwiegend innerhalb des Bankensektors stattgefunden. So kann man z. B. die Entwicklung zum Universalbankensystem in der BRD im Sinne einer solchen Ausweichstrategie interpretieren. Dadurch werden sowohl bei den Passiv- als auch bei den Aktivgeschäften Umgehungs- und Ausweichmöglichkeiten geschaffen.

Bei den Passivgeschäften ist es den Banken möglich, die Mindestreservepflicht dadurch zu umgehen, daß die Banken den Einlegern nicht-mindestreservepflichtige Papiere — etwa Schuldverschreibungen — zur Verfügung zu stellen[81]. Diesen Umgehungsmöglichkeiten wird im Referentenentwurf zur Reform des Bundesbankgesetzes Rechnung getragen.

Die Differenzierung des Aktivgeschäftes eröffnet die Möglichkeit, Kosten der Geldbeschaffung, die durch die Mindestreserve entstehen, leichter zu überwälzen und dadurch die Rendite zu sichern.

Je mehr diese Ausweichmöglichkeiten durch entsprechende Berücksichtigung im Instrumentarium der Notenbank verschlossen werden, um so größer werden die Versuche sein, diese Aktivitäten außerhalb des Bankensystems abzuwickeln. Für das geldpolitische Instrumentarium folgt daraus, daß es laufend an diese Entwicklung angepaßt werden müßte. Das würde z. B. bedeuten, daß alle zusätzlich geschaffenen Finanzinstitutionen den gleichen kreditpolitischen Kontrollen unterworfen werden müßten wie die Banken. Gleiches gilt für bestimmte Aktivitäten. Eine Kreditplafondierung müßte konsequenterweise auch die Finanzierung über den Kapitalmarkt miteinschließen, etwa in Form eines Bardepots, wie es zeitweise für die Kreditaufnahme inländischer Unternehmen im Ausland galt.

Das ergibt einen Prozeß von Aktion und Reaktion, der einerseits insgesamt zu einem steigenden Kontrollbedarf durch kreditpolitische Instrumente führt und andererseits erhöhte Anstrengungen auf seiten der Banken und der übrigen Betroffenen hervorruft, diesen Kontrollen auszuweichen. Dieser Prozeß ist sicherlich nicht kurzfristiger Natur. Daraus folgt, daß er langfristig auch zur Bindung von Ressourcen führt. Die Weiterentwicklung des finanziellen Systems einer Volkswirtschaft hat dann keine positiven produktiven Effekte mehr zur Folge sondern negative. Dieser Prozeß ist als Konsequenz einer Verschärfung des kreditpolitischen Instrumentariums sicherlich negativ zu beurteilen, so daß

---

[81] Vgl. W. *Ehrlicher*, S. 122. *v. Spindler/Becker/Starke*, S. 334 ff.

sich eine Konfliktsituation einstellt. Dabei ist keineswegs sichergestellt, daß das angestrebte kreditpolitische Ziel besser erreicht wird als vorher, so daß den aufgezeigten Nachteilen nicht einmal irgendwelche Vorteile gegenüberstehen.

Diese Konfliktsituation könnte entschärft werden, wenn sich nachweisen ließe, daß entweder dem Ausweichprozeß Grenzen gesetzt sind oder daß der institutionelle Rahmen des finanziellen Sektors für das Kontrollproblem keine Rolle spielt.

Die Grenzen des Ausweichprozesses können sicherlich nicht beliebig weit hinausgeschoben werden. Wenn immer mehr und andersartige Finanzinstitutionen geschaffen werden, um den Kontrollen auszuweichen, wird irgendwann ein weiteres Ausweichen vom mikroökonomischen Standpunkt aus nicht mehr rentabel sein. Die Veränderungs- und Anpassungskosten übersteigen den durch das Ausweichen zu erwartenden Ertrag. Ebenso wird von der makroökonomischen Sicht her die Schaffung zusätzlicher Kontrollen dort ihre Grenze finden, wo durch diese Kontrollen selbst nicht nur die unerwünschten Aktivitäten verhindert werden, sondern auch die erwünschten, d. h. wenn die Funktionsfähigkeit des finanziellen Systems einer Volkswirtschaft durch Kontrollen so beeinträchtigt wird, daß sie sich als Störungen im realen Bereich der Wirtschaft niederschlagen. So könnte man sich vorstellen, daß die Abwicklung von Krediten einen solchen realen Aufwand durch Kontrollen und Genehmigungen erfordert, daß die damit zu finanzierende Aktivität ganz unterbleibt. Oder, um eine möglichst hohe Degression dieser Kosten zu erzielen, der Kreditbetrag höher angesetzt wird als es dem tatsächlichen Kreditbedarf entspricht, so daß es zu Fehlallokationen kommt.

Es ist sicherlich schwer möglich, genau zu konkretisieren, wo diese Grenzen liegen und welche der beiden möglicherweise eher erreicht werden wird. Hier konnte nur angedeutet werden, daß es einige Anhaltspunkte für die Grenzen des Ausweichprozesses gibt. Das aufgezeigte Problem wird dadurch etwas abgemildert.

Ohne Zweifel spielt die Ausgestaltung des internationalen Währungssystems eine entscheidende Rolle für die Ausweichstrategien. Je nachdem wie die Wechselkurse gestaltet, internationale Kapitalströme liberalisiert und internationale Wirtschaftspolitiken koordiniert werden, unterscheiden sich die Möglichkeiten, den kreditpolitischen Maßnahmen in einer nationalen Volkswirtschaft auszuweichen.

Ist also die Frage offen, wo die Grenzen liegen, bei welchen Maßnahmen sie erreicht werden, so wird dieses Problem selbst irrelevant, wenn der institutionelle Rahmen des finanziellen Sektors und dessen Entwicklung keinen Einfluß auf das Kontrollproblem hat. Diese Aussage steht implizit hinter der These, daß die Geldmenge der entscheidende Faktor für die konjunkturellen Entwicklungsrichtungen ist. Die Geldmenge ist unabhängig von der Struktur des monetären Sektors definiert und durch die Zentralbank kontrollierbar. Es kommt nicht darauf an, wie die Geldmenge auf Banken, andere Finanzinstitute und Private verteilt ist, die Wirkungen einer Veränderung sind in jedem Falle gleich. Deswegen ist es auch gleichgültig, wo die Zentralbank institutionell ihre Geldmengenkontrolle ansetzt. Da es traditionellerweise die Banken waren, kann man auch in der Zukunft diesen Bereich als Ansatzpunkt der Steuerung beibehalten. Die Einflüsse der Banken und Nichtbanken im Geldangebotsprozeß werden eindeutig von den geldpolitischen Maßnahmen der Zentralbank dominiert[82].

Es soll kurz auf die Problematik dieser Argumentation eingegangen werden. Zur Diskussion steht die Möglichkeit einer Kontrolle der Geldmenge, nicht der Zusammenhang zwischen dieser und der wirtschaftlichen Aktivität. Die empirischen Untersuchungen zur Stützung der These basieren notwendigerweise auf Zeiträumen der Vergangenheit. Danach haben die Notenbanken die Geldmenge faktisch kontrolliert, wenn das auch selten explizite Zielsetzung war. Daraus wird die prozyklische Wirkung der Geldpolitik erklärt. Versucht eine Notenbank aufgrund dieser These die prozyklische Wirkung zu vermeiden, etwa durch freiwille Einhaltung einer x⁰/₀-Regel, dann muß sie sich notwendigerweise anders verhalten als in der Vergangenheit. Das wiederum wird ein verändertes Verhalten von Banken und Nichtbanken zur Folge haben. Es ist zumindest fraglich, ob diese Reaktionen ebenfalls keinen signifikanten Einfluß auf den Geldangebotsprozeß haben. Diese These impliziert ein „symmetrisches“ Verhalten der Wirtschaftssubjekte, das keineswegs a priori unterstellt werden kann[83].

Selbst wenn in einem Querschnittsvergleich zwischen verschiedenen Ländern festgestellt wird, daß die Kontrolle der Geldmenge durch die Zentralbank unabhängig vom Instrumentarium und der institutionellen Struktur gleich gut ist, kann der zuvor erwähnte Einwand nicht widerlegt werden. Denn bisher ist in keinem Land für längere Zeit eine bewußte Steuerung der Geldmenge im monetaristischen Sinn praktiziert worden. In keiner Volkswirtschaft war man bisher gezwungen, sich an

---

[82] Vgl. z. B. *M. J. M. Neumann* (II): Zur relativen Bedeutung fiskalischer und monetärer Impulse, in: WSI-Mitteilungen, 26. Jg. (1973), S. 24 f. *M. Willms:* Controlling Money in an Open Economy: The German Case, in: H. Giersch (ed.): Demand Management, Symposium 1971, Tübingen 1972, S. 213 f.

[83] Ähnlich argumentiert Pohl für den Zusammenhang zwischen Geldmenge und wirtschaftlicher Aktivität, vgl. *Reinhard Pohl* (II): Bestätigt die westdeutsche Konjunktur von 1967 bis 1971 den Monetarismus? in: C. Köhler (V), S. 66 ff.

eine solchermaßen kontrollierte Geldmengenentwicklung anzupassen und Ausweichstrategien gegen dieses Instrument zu entwickeln.

Ohne den monetaristischen Geldangebotsprozeß eingehender diskutieren zu müssen[84], kann an dieser Stelle doch einige Skepsis gegen die These von der institutionellen Strukturunabhängigkeit der Geldmenge angemeldet werden. Ausweichreaktionen können a priori nicht ausgeschlossen werden.

Die vorstehende Diskussion über die Problematik von Ausweichprozessen als Reaktion auf eine Verschärfung des geldpolitischen Instrumentariums — und dazu gehört auch die konsequente Steuerung der Geldmenge — hat erkennen lassen, daß diese Probleme nur zu lösen sind, wenn gleichzeitig auch auf der Ebene des Übertragungsmechanismus und des Geld- bzw. Kreditangebotsprozesses Fortschritte erzielt werden. Die Diskussion auf der Instrumentenebene kann nur bis zu einem gewissen Grade unabhängig von der Theorieebene geführt werden. Auf keinen Fall kann sie diese überflüssig machen. Einzelne kreditpolitische Maßnahmen und Instrumente können letztlich nur auf einem theoretischen Hintergrund beurteilt werden, der die Möglichkeit von Ausweichstrategien berücksichtigt. Diese Relativität der Ausführungen im Bereich der Instrumente muß hier abschließend nochmals betont werden. Darin ist das Grundproblem jeder Reformalternative zu sehen. Die eingangs angesprochene Theorieindifferenz der Instrumente kann demnach nur in einem relativen Sinne, nicht jedoch absolut verstanden werden.

Diese allgemeine Reformproblematik ist im Konzept der potentialorientierten Kreditpolitik — wie auch bei anderen Konzepten festzustellen — nicht berücksichtigt worden. Dennoch ist festzuhalten, daß die Diskussion der Instrumente der potentialorientierten Kreditpolitik Aspekte zutage gefördert hat, die Anhaltspunkte dafür abgeben, wo und in welcher Art und Weise eine Reform des geldpolitischen Instrumentariums ansetzen kann. Insofern ist das Konzept im Instrumentbereich positiver zu beurteilen als im Theoriebereich.

---

[84] Der Gesamtzusammenhang kann sinnvoll nur gewürdigt werden, wenn auch der Übertragungsmechanismus diskutiert würde. Damit würde der hier gesteckte Rahmen zu sehr ausgeweitet.

Abschnitt V

Der Handlungsbereich der am Produktionspotential orientierten Kreditpolitik

1. Problemstellung

In den bisherigen Überlegungen standen die Probleme des Theorie- und Instrumentbereiches zur Diskussion. Die Zusammenhänge zwischen monetärer Nachfrage und Zahlungsvolumen einerseits, Zahlungsvolumen, monetärer Grundgleichung und Kreditangebotsprozeß andererseits, die das „Grundgerüst" der potentialorientierten Kreditpolitik ausmachen, wurden ebenso wie die Instrumente einer kritischen Würdigung unterzogen. Die geldpolitischen Implikationen der Kritik waren ebenfalls Gegenstand der Ausführungen.

Kennzeichnet man den Untersuchungsgegenstand des Handlungsbereiches durch die Frage, inwieweit das Konzept der potentialorientierten Kreditpolitik geeignet ist, Orientierungsmaßstab und damit Handlungsmaxime für die Geldpolitik zu sein, dann sind bisher bereits eine Reihe von Einwänden, vor allem im Theoriebereich, aufgezeigt worden, die gegen diese Eignung sprechen. Als Beispiel sei nur auf die Problematik hingewiesen, auf Basis der monetären Grundgleichung die Höhe der erforderlichen zusätzlichen Kreditgewährung zu bestimmen. Im folgenden geht es nun um solche Probleme des Handlungsbereiches, die sich aus der Orientierung des Konzepts am Produktionspotential ableiten lassen.

Zwei Fragenkomplexe sind es vor allem, die in diesem Zusammenhang untersucht werden müssen. Im ersten ist zu untersuchen, wie eigentlich das erforderliche Zahlungsvolumen bestimmt werden soll, das bislang explizit oder implizit immer schon als gegeben vorausgesetzt war. Diese Annahme ist dadurch zu problematisieren, daß die Schätzprobleme des Produktionspotentials und des Preisniveaus berücksichtigt werden. Im zweiten Komplex stellt sich die Frage, ob die potentialorientierte Kreditpolitik den Charakter einer regelgebundenen oder diskretionären Politik hat. Aus der Orientierung am Produktionspotential läßt sich nicht ableiten, ob die Verstetigung des Wirtschaftsablaufs auf die eine oder andere Art und Weise anzustreben ist. Die Zielsetzung läßt die Methode offen. Die Aussagen zu dieser generellen Handlungsanweisung sind auf ihre Konsistenz, Voraussetzungen und Potentialorientierung hin zu untersuchen.

2. Prognoseprobleme

Die Bedeutung der Prognose der Entwicklung des Produktionspotentials und des Preisniveaus wird deutlich, wenn die grundlegenden Zusammenhänge kurz wiederholt werden. Das reale Einkommen Y_r soll sich wie das Produktionspotential entwickeln. Es wird also gefordert: $w_Q = w_{Y_r}$. Dasjenige Zahlungsvolumen ist zu bestimmen, bei dem dieses Y_r realisiert wird. Geht man aus Vereinfachungsgründen davon aus, daß der Zahlungskoeffizient $z = Z/Y$ konstant ist, $w_Z = w_Y$, dann kann man Y_r nicht einfach mit z multiplizieren, um Z zu erhalten, da im Nenner des Zahlungskoeffizienten nicht das reale sondern das nominale Einkommen steht, $Y = Y_r\ P$ bzw. $w_Y = w_Y + w_P$. Die Entwicklung des Preisniveaus ist für die Festlegung des Zahlungsvolumens ebenfalls zu berücksichtigen. Die Entwicklung des Zahlungsvolumens wird demnach bestimmt durch

$$w_Z = w_Q + w_P;\ w_Z = O.$$

Die Prognose des Produktionspotentials und des Preisniveaus ist somit notwendige Voraussetzung für eine zieladäquate Bestimmung des Zahlungsvolumens in der Planperiode. Inwieweit diese realisiert werden kann bzw. welche Probleme und Konsequenzen sich ergeben, ist Gegenstand der folgenden Überlegungen.

2.1. *Bestimmung des Produktionspotentials*

Die Berechnung des Produktionspotentials für vergangene und zukünftige Zeiträume ist kein spezifisch geldpolitisches Problem. Es wird jedoch relevant, wenn man in eine geldpolitische Konzeption die Entwicklung des Produktionspotentials integriert. Dennoch ist es hier nicht möglich, auf die Schwierigkeiten der Berechnung bzw. Prognose des Produktionspotentials im einzelnen einzugehen, da das über den Rahmen dieser Arbeit hinausgehen würde. Die geldpolitischen Implikationen im Rahmen des Konzepts der potentialorientierten Kreditpolitik können jedoch auch aufgezeigt werden, wenn man sich auf die wesentlichen Punkte der Problematik beschränkt.

Man kann zwei Möglichkeiten der Schätzung des Produktionspotentials unterscheiden: entweder geht man von partiellen oder totalen Produktivitäten der Produktionsfaktoren aus. Beim partiellen Produktivitätsansatz kann man weiter danach unterscheiden, ob auf den Faktor

Arbeit oder Kapital abgestellt wird. In beiden Fällen ergibt sich das Produktionspotential Q tautologisch als Produkt aus Faktorproduktivität und Faktoreinsatz:

$$Q = \frac{Q}{N} N \qquad oder \qquad Q = \frac{Q}{K} K$$

Die Berücksichtigung der totalen Faktorproduktivität führt zur Formulierung von Produktionsfunktionen, in die neben den Faktoren Arbeit und Kapital auch noch der technische Fortschritt t einbezogen werden kann, $Q = F(N,K,t)$. Diese Produktionsfunktionen sind Gegenstand der neoklassischen Wachstumstheorie. Die Entwicklung des Produktionspotentials bestimmt sich nach der zugrundeliegenden Produktionsfunktion (Cobb-Douglas-, CES-, VES- etc. Produktionsfunktion) und der Art des technischen Fortschritts[1].

Geldpolitisch wären die alternativen Ansätze zur Schätzung des Produktionspotentials dann unproblematisch, wenn alle zum gleichen Ergebnis, zu einem identischen Wert für w_Q führen würden. Davon kann a priori jedoch nicht ausgegangen werden. Diese These läßt sich belegen, wenn man die Ergebnisse des Ansatzes zur Schätzung des Produktionspotentials, den der Sachverständigenrat im Zusammenhang mit dem Konzept des konjunkturneutralen Haushalts verwendet, mit den Ergebnissen eines anderen Verfahrens vergleicht.

Der Sachverständigenrat schätzt das Produktionspotential auf Basis eines Kapitalproduktivitätsansatzes[2]. Das gesamtwirtschaftliche Produktionspotential setzt sich additiv zusammen aus dem potentiellen Produktionsvolumen der Sektoren Unternehmen (ohne Wohnungsvermietung), Staat, Wohnungsvermietung und private Haushalte und Organisationen ohne Erwerbscharakter. Die eigentliche Potentialschätzung bezieht sich nur auf den Unternehmenssektor. Für die übrigen Sektoren wird angenommen, daß ihr Produktionspotential stets voll ausgelastet ist und mit ihren Beiträgen zum realen Bruttoinlandsprodukt identisch ist.

Das Produktionspotential des Unternehmenssektors Q^*_t ist das Produkt aus dem jahresdurchschnittlichen Bruttoanlagevermögen $(K_t + K_{t+1})/2$ und der von Auslastungsschwankungen bereinigten Kapitalproduktivität k^*_t.

---

[1] Zur Kritik der neoklassischen Produktions- und Wachstumstheorie vgl. *B. Gahlen:* Der Informationsgehalt der neoklassischen Wachstumstheorie für die Wirtschaftspolitik, Tübingen 1972.

[2] Vgl. z. B. *JG* 1972, Anhang VII, Zur Bestimmung des gesamtwirtschaftlichen Produktionspotentials (Sachkapazitäten).

$$Q_t^{\bullet} = \frac{k_t^{\bullet}}{2} (K_t + K_{t+1})$$

Die Kapitalproduktivität, die in die Potentialschätzung eingeht, erhält man in zwei Schritten. Der mit Hilfe einer logarithmisch-linearen Trendfunktion ermittelte Trend der Kapitalproduktivität „(wird) parallel durch denjenigen Wert der empirisch gemessenen Kapitalproduktivität im jeweiligen Stützbereich verschoben, der von seinem Trendwert am weitesten nach oben abweicht“[3].

Zum Vergleich wird das Verfahren des Bundeswirtschaftsministeriums herangezogen, das für den Zeitraum seit 1960 eine Cobb-Douglas-Produktionsfunktion zugrundelegt[4]. Die Ergebnisse beider Ansätze werden in Tabelle 8 gegenübergestellt.

Tabelle 8

Vergleich der Wachstumsraten des gesamtwirtschaftlichen Produktionspotentials für die BRD, 1966 - 1971, auf Basis alternativer Ansätze (SVR = Sachverständigenrat, BMWI = Bundeswirtschaftsministerium), in v. H. gegenüber dem Vorjahr

Jahr	1966	1967	1968	1969	1970	1971
SVR	4,4	3,5	3,3	4,8	5,6	4,8
BMWI	4,8	4,7	4,7	4,7	4,6	4,5

Quelle: JG 1972, Tabelle 28; Bundesministerium für Wirtschaft, Tabelle 1.

Das Beispiel zeigt, daß selbst für die Vergangenheit keine konsistenten Schätzwerte gegeben sind. Die größte Abweichung beträgt 1,4 Prozentpunkte (1968). Die Erhöhung der Produktionsmöglichkeiten liegt somit bei der BMWI-Methode um mehr als 40 % höher als beim Ansatz des Sachverständigenrates. Diese wie auch die übrigen Abweichungen können nicht als unerheblich bezeichnet werden.

Zusätzlich fällt auf, daß die Wachstumsraten beim Sachverständigenrat größeren Schwankungen unterliegen als die des BMWI. Das dürfte darauf zurückzuführen sein, daß die Schätzungen des Sachverständigenrates eine konjunkturelle Komponente enthalten, was beim BMWI nicht der Fall ist. Sowohl der jahresdurchschnittliche Kapitalbestand als auch die Produktivität sind von konjunkturellen Einflüssen abhängig und wirken sich somit auf die Schätzung des Produktionspotentials aus. Beim BMWI werden diese Effekte durch Glättung des Kapitalstocks

[3] Ebenda, Ziff. 4.

[4] Vgl. Bundesministerium für Wirtschaft (Hrg.): Zur Entwicklung des gesamtwirtschaftlichen „Produktionspotentials“ der Bundesrepublik Deutschland, Bonn-Duisdorf 1973, Anlage S. 4.

(5-Jahres-Durchschnitte) und Bereinigung der Beiträge der übrigen Wirtschaftsbereiche zum Bruttoinlandsprodukt von konjunkturellen Schwankungen weitgehend beseitigt.

Es zeigt sich, daß der Sachverständigenrat seiner These, daß der Trend vom Zyklus unabhängig ist[5], bei der empirischen Ermittlung des Produktionspotentials nicht folgt, bzw. bei seinem Ansatz auch gar nicht folgen kann. Der Unabhängigkeitsthese von Trend und Zyklus würde die Methode des BMWI eher entsprechen.

Welche Implikationen ergeben sich aus der Tatsache unterschiedlicher Schätzwerte des Produktionspotentials für das Konzept, insbesondere für die Bestimmung des anzustrebenden Zahlungsvolumens? Die Auswirkungen sind offensichtlich, wenn man die alternativen Werte in die Gleichung $w_Z = w_Q + w_P$ einsetzt und w_P in beiden Fällen als gleich groß annimmt. Die erwünschte Entwicklung des Zahlungsvolumens ist nicht mehr eindeutig bestimmbar. Das gilt sowohl für die Vergangenheit als auch für die Zukunft. Ein eindeutiges Beurteilungs- und Orientierungskriterium ist nicht mehr gegeben.

Die Unterschiede im Zahlungsvolumen haben notwendigerweise Auswirkungen auf das Ausmaß der kreditpolitischen Maßnahmen. Geht man im Rahmen des Konzepts von einem gegebenen Beitrag der Geldmenge zur Finanzierung des Zahlungsvolumens aus, dann müssen sich die Unterschiede im anzustrebenden Zahlungsvolumen ganz in der zusätzlichen Kreditgewährung niederschlagen. Beispielsweise müßte die Kreditgewährung von 1967 auf 1968 nach der BMWI-Methode sehr viel stärker als bei der SVR-Methode gestiegen sein, um das angestrebte Zahlungsvolumen realisieren zu können. Bei gegebener Höhe und Struktur des Liquiditätssaldos Anfang 1968 wären also ganz unterschiedliche Maßnahmen erforderlich gewesen. Was in diesem Punkt für die Vergangenheit gilt, wird um so mehr für die Zukunft zutreffen, da dann relevante Informationen, die für die Vergangenheit vorliegen, selbst nur als Schätzwerte in die Ansätze eingehen.

Es zeigt sich somit, daß die Grundvoraussetzung der potentialorientierten Kreditpolitik, die Festlegung des anzustrebenden Zahlungsvolumens, nicht in der Art und Weise sichergestellt ist, daß das Konzept in eindeutiger Weise angewendet werden kann. Die empirischen Probleme der Schätzung des Produktionspotentials stehen dem entgegen. Die Konsistenz ist nur insofern gewährleistet, als man sich immer der gleichen Methode bedient, sei sie auch noch so ungeeignet, die tatsächliche Entwicklung des Produktionspotentials abzuschätzen. Ob dann faktisch noch von einer Orientierung der Geldpolitik am Produktionspotential gesprochen werden kann, ist mehr als fraglich.

---

[5] Vgl. *JG* 1968, Ziff. 128. *JG* 1970, Ziff. 324.

Im nächsten Abschnitt ist zu untersuchen, ob die Art und Weise, in der das Preisniveau bei der Bestimmung des Zahlungsvolumens berücksichtigt wird, zu einer ähnlichen Beurteilung Anlaß gibt.

2.2. Berücksichtigung der Inflationsrate

Aus der Gleichung $w_Z = w_Q + w_P$ ergeben sich bei unterschiedlichen Prognosewerten für w_P rein formal die gleichen Auswirkungen wie für w_Q. Es besteht jedoch ein Unterschied, der darin zu sehen ist, daß das Produktionspotential keine direkte Zielgröße der Geldpolitik ist, wohl aber die Entwicklung des Preisniveaus. Es geht also weniger um ein Prognoseproblem als um die Frage, welche Inflationsrate man zuzulassen bereit ist. Es wird also eine explizite Operationalisierung des Zieles Preisniveaustabilität verlangt, die sich konzeptionell in der Höhe des anzustrebenden Zahlungsvolumens niederschlagen muß. Die geldpolitische Leitlinie Zahlungsvolumen ist also nicht nur prognose-, sondern auch entscheidungsabhängig. Daraus können sich prinzipiell die gleichen Auswirkungen wie bei der Prognose des Produktionspotentials ergeben. Die Höhe des anzustrebenden Zahlungsvolumens liegt nicht mehr eindeutig fest, nur eben aus anderen Gründen.

Die entscheidungsbedingte Indeterminiertheit des Zahlungsvolumens führt dazu, daß der politisch anzustrebende Wert innerhalb bestimmter Grenzen beliebig manipuliert werden kann. Dieser grundsätzliche Mangel kann auch nicht etwa dadurch beseitigt oder vermindert werden, daß man wie beim Produktionspotential eine Verbesserung der Prognoseverfahren anstrebt.

Steckt man den Entscheidungsspielraum einer Zentralbank hinsichtlich der einzukalkulierenden Inflationsrate auf der einen Seite durch den Idealzustand eines konstanten Preisniveaus ab, dann steigt der Entscheidungsspielraum mit der Höhe der tatsächlichen Inflationsrate. Je mehr also faktisch das Ziel Preisniveaustabilität verletzt ist, um so weniger ist die auf eben dieses Ziel abzustellende Entwicklung des Zahlungsvolumens festgelegt. Gleichzeitig vergrößert sich das Konfliktpotential zwischen Preisniveaustabilitäts- und Vollbeschäftigungsziel.

Die aus der Konzeption sich ergebende Notwendigkeit, diesen Konflikt in einem konkreten Kompromiß lösen zu müssen, der sich in der Höhe der einkalkulierten Inflationsrate ausdrückt, ist eine positiv zu nennende Implikation der potentialorientierten Kreditpolitik. Eine Zentralbank wird sich an dieser Zielvorstellung messen lassen müssen. Eine derartige Verpflichtung besteht derzeit in der Bundesrepublik nicht. Der allgemeine Auftrag der Bundesbank, die Währung zu sichern, verpflichtet sie nicht, in konkreten Situationen ihre Zielvorstellungen zu operationalisieren und die daraus folgenden Maßnahmen zu verdeutlichen.

Der Sachverständigenrat hat — ebenfalls im Zusammenhang mit dem konjunkturneutralen Haushalt — versucht, einige Anhaltspunkte zu entwickeln, an denen sich die Entscheidung, welche Inflationsrate anzusetzen ist, orientieren soll. Er bezeichnet diese Inflationsrate mit konjunkturneutraler Preisniveauerhöhung[6]. Wenn auch die Zielsetzung, unter der die konjunkturneutrale Preisniveauerhöhung konzipiert ist, nicht auf die potentialorientierte Kreditpolitik abgestellt ist, so erscheint es dennoch sinnvoll zu fragen, welche Funktion ihr in diesem Zusammenhang zukommen kann.

Die Schätzgröße „konjunkturneutrales Preisniveau" setzt sich aus vier Komponenten zusammen[7]:

— Der Preisindex des Bruttosozialprodukts, auf den es hier ankommt, steigt auch dann um ca. 1 v. H., wenn der Verbraucherpreisindex konstant ist.

— Bleibt das Preisniveau im laufenden Jahr auf der Höhe vom Ende des Vorjahres, so liegt das durchschnittliche Preisniveau des laufenden Jahres dennoch um den sogenannten Preisüberhang über dem des Vorjahres, da das Preisniveau am Ende eines Jahres meistens über dem durchschnittlichen liegt.

— Preisänderungserwartungen für die Zukunft werden von Lohnsteigerungen und anderen Kostenänderungen, die gerade eingetreten oder übersehbar sind, beeinflußt. Die quantitativen Auswirkungen auf das Preisniveau sind jedoch unsicherer abzuschätzen als in den beiden ersten Fällen, da der Zusammenhang zwischen Kosten- und Preisänderungen wegen unterschiedlicher Überwälzungsmöglichkeiten nicht eindeutig ist.

— Die vierte Komponente ist die Gewöhnung von Unternehmen und Haushalten an einen fortgesetzten Geldwertschwund. Sie ist vom Sachverständigenrat bisher quantitativ nicht berücksichtigt worden, da ihre Schätzung mit zu großen Unsicherheiten belastet ist.

In Tabelle 9 werden die Schätzwerte des Sachverständigenrates für die konjunkturneutrale Preisniveauerhöhung der tatsächlichen Preisniveauentwicklung des Bruttosozialprodukts gegenübergestellt.

Es zeigt sich, daß Abweichungen der tatsächlichen von der konjunkturneutralen oder unvermeidlichen[8] Preissteigerung die Regel sind: in den beiden ersten Jahren des zugrundeliegenden Zeitraums nach unten, in den folgenden nach oben.

---

[6] Vgl. *JG* 1970, Ziff. 334 ff.

[7] Vgl. ebenda, Ziff. 336.

[8] Vgl. *JG* 1973, Ziff. 209.

Die Frage ist nun, was passiert wäre, wenn die konjunkturneutrale Preisniveauerhöhung in den einzelnen Jahren der Bestimmung des an-

Tabelle 9

Konjunkturneutrale (w_{P_n}) und tatsächliche (w_P) Preisniveauerhöhung des Bruttosozialprodukts für die BRD 1967 - 1973, in v. H. gegenüber dem Vorjahr

	1967	1968	1969	1970	1971	1972	1973
w_{Pn}	+ 2,0	+ 2,0	+ 2,5	+ 3,5	+ 3,5	+ 3,0	+ 4,0
w_P	+ 1,2	+ 1,6	+ 3,5	+ 7,2	+ 7,8	+ 6,0	+ 6,0

Quelle: JG 1973, Tabellen 22, 27, 49*.

zustrebenden Zahlungsvolumens zugrundegelegt worden wäre und man dieses Zahlungsvolumen annahmegemäß auch realisiert hätte? Eine eindeutige Antwort läßt sich nicht geben, da dafür bekannt sein müßte, wie Preise und Mengen auf die Realisierung eines bestimmten Zahlungsvolumens reagieren. Diese Informationen liegen, wie bereits beim Übertragungsmechanismus aufgezeigt, nicht vor. Es ist z. B. nicht zulässig zu folgern, daß die tatsächliche Preisniveauentwicklung günstiger verlaufen wäre, wenn man ein der konjunkturneutralen Preisniveauerhöhung entsprechendes Zahlungsvolumen realisiert hätte.

Generell gilt im Aussagenzusammenhang der potentialorientierten Kreditpolitik, daß immer dann, wenn die tatsächliche von der angenommenen Preisentwicklung abweicht, die Realisierung des Zahlungsvolumens zu entsprechenden Mengeneffekten führen muß[9]. Da die Zusammenhänge zwischen Zahlungsvolumen einerseits, Preis- und Mengenentwicklung andererseits nicht bekannt sind, sind die Mengeneffekte nur dann im voraus kalkulierbar, wenn die tatsächliche mit der angenommenen Inflationsrate übereinstimmt.

Da die konjunkturneutrale Preisniveauerhöhung nicht mit der tatsächlichen übereinstimmt, kann es keine hinreichend genaue Sicherheit über die Entwicklung der realen und nominalen Größen geben, wenn ein Zahlungsvolumen unter Berücksichtigung der geschätzten konjunkturneutralen Inflationsrate realisiert wird. Wie die Jahre 1967/68 zeigen, kann man nicht einmal davon ausgehen, daß die konjunkturneutrale Preiserhöhung eine Untergrenze darstellt, die nicht unterschritten werden kann.

Die Bedeutung der konjunkturneutralen Inflationsrate für die potentialorientierte Kreditpolitik kann demnach nur darin gesehen werden,

[9] Von kompensierenden Effekten des Zahlungskoeffizienten wird abgesehen.

den Entscheidungsspielraum, der bei Inflation entsteht, einzuschränken. Die mögliche Willkür bei der Bestimmung des anzustrebenden Zahlungsvolumens wird gewissermaßen vergleichbar gemacht. Das generelle Problem der Auswirkungen des Zahlungsvolumens auf Mengen- und Preisentwicklung kann dadurch nicht gelöst werden. D. h. aber, selbst wenn die Entwicklung des Produktionspotentials exakt geschätzt werden könnte, bleibt die Bestimmung des anzustrebenden Zahlungsvolumens aufgrund der Preisproblematik ein offenes Problem, das sich nicht in eindeutiger Weise lösen läßt, solange Inflation herrscht.

Somit ergeben sich für die Berücksichtigung des Preisniveaus in der Konzeption prinzipiell die gleichen Auswirkungen wie beim Produktionspotential. Anders als bei diesem lassen sich die Probleme jedoch nicht durch bessere Schätzverfahren lösen, denn die Höhe, mit der die Inflationsrate in das Konzept eingeht, hängt letztlich von der Entscheidung der Zentralbank ab. Dadurch besteht die Gefahr, daß die anzustrebende Entwicklung des Zahlungsvolumens nicht an der Entwicklung des Produktionspotential orientiert wird, sondern von anderen Faktoren bestimmt ist.

3. Potentialorientierte Kreditpolitik als regelgebundene und diskretionäre Verstetigungsstrategie

Handelt es sich bei den zuvor diskutierten Schätzproblemen um zwei spezielle Punkte des Handlungsbereiches, so geht es jetzt um die Frage nach dem generellen Charakter der Verhaltensvorschriften der potentialorientierten Kreditpolitik: Ist sie im Sinne einer regelgebundenen oder diskretionären Verstetigungsstrategie zu interpretieren oder enthält sie Elemente beider Alternativen? Es wird nicht angestrebt, allgemein und ausführlich Vor- und Nachteile der beiden Alternativen zu diskutieren, sondern es sollen die Aussagen der potentialorientierten Kreditpolitik in diesem Zusammenhang kurz aufgezeigt, auf ihre Konsistenz, Voraussetzungen und Potentialorientierung hin überprüft werden.

Zunächst ist es erforderlich, die Unterscheidungskriterien für regelgebundenes und diskretionäres Verhalten zu bestimmen. Im Anschluß daran wird die potentialorientierte Kreditpolitik einmal als regelgebundene, dann als diskretionäre Verstetigungsstrategie interpretiert. Abschließend wird die allgemeine Frage gestellt, inwieweit regelgebundene und diskretionäre Verstetigungsstrategien tatsächlich Alternativen darstellen.

3.1. Zur Kennzeichnung regelgebundener und diskretionärer Verstetigungsstrategien

Im folgenden sollen die Kriterien zur Unterscheidung von regelgebundenen und diskretionären Verstetigungsstrategien kurz herausgearbeitet werden. Die Diskussion um regelgebundenes versus diskretionäres Verhalten im Bereich staatlicher Wirtschaftspolitik läßt sich auf zwei „unterschiedliche Philosophien" zurückführen[10]. Die eine sieht keine grundsätzliche Notwendigkeit von Staatseingriffen und sucht diese deswegen zu minimieren; die andere betont dagegen die Notwendigkeit staatlichen Handelns auch im wirtschaftlichen Bereich. Auf diesen kontroversen Hintergrund soll hier nur hingewiesen werden.

Der Begriff des Regelmechanismus hat seine Herkunft aus der Technik der Steuerungs- und Regelungsvorgänge und ist so allgemein, daß er sich auf alle möglichen Bereiche wie z. B. den wirtschaftspolitischen anwenden läßt. Hier „werden unter dem Begriff Regelmechanismus wirtschaftspolitische Vorkehrungen verstanden, die darauf hinauslaufen, daß an die Stelle fallweise zu treffender Entscheidungen Handlungen treten, die ganz oder teilweise durch im voraus und im Prinzip auf Dauer angelegte Regelungen bestimmt sind"[11].

Das Kriterium zur Unterscheidung zwischen regelgebundenen und diskretionären Verstetigungsstrategien ist danach im Ausmaß der Bindung des Verhaltens der wirtschaftspolitischen Instanzen, hier der Zentralbank, zu sehen. Die Skala möglicher Bindungen wird auf der einen Seite durch völlig freie fallweise Entscheidungen und Handlungen, auf der anderen Seite durch die vollkommen automatisierte Festlegung von Art, Umfang und Zeitpunkt von wirtschaftspolitischen Maßnahmen begrenzt.

Das Ausmaß der Bindung wirtschaftspolitischen Verhaltens läßt noch die Frage offen, ob die Bindung trend- oder zyklusorientiert ist[12]. Bei trendorientierter Bindung müssen bestimmte Variable so kontrolliert werden, daß sie sich entsprechend einem mittelfristigen Trend stetig verändern. Zyklusorientierte Bindungen führen dagegen zu einer antizyklischen Steuerung von Variablen, wenn bestimmte Sollwerte über- oder unterschritten werden. Die erste Konzeption betont die Art und Weise (z. B. X % — Geldmengenregel), die zweite den Zeitpunkt der

---

[10] Vgl. *J. Prager* (ed.): Monetary Economics. Controversies in Theory and Policy, New York 1971, Einf. zu Part 8: Rules versus Discretion, S. 337.

[11] Der wissenschaftliche Beirat beim Bundesministerium für Wirtschaft und Finanzen: „Regelmechanismen und regelgebundenes Verhalten in der Wirtschaftspolitik, Gutachten vom 10./11. Dezember 1971, Ziffer II, 3.

[12] Vgl. ebenda, Ziff. IV, 6.

Maßnahmen (z. B. antizyklische Beeinflussung der Geldmenge, wenn deren Wachstumsrate Y % übersteigt)[13].

Auf Basis dieser Unterscheidungen ist es möglich, die Handlungsbindungen der potentialorientierten Kreditpolitik aufzuzeigen und zu diskutieren.

3.2. Potentialorientierte Kreditpolitik als regelgebundene Verstetigungsstrategie

Im Konzept der potentialorientierten Kreditpolitik lassen sich zwei Elemente ausmachen, die im Sinne regelgebundener Verstetigung interpretiert werden können. Das erste ist in der Forderung zu sehen, das gesamtwirtschaftliche Zahlungsvolumen am mittelfristigen Wachstum des Produktionspotentials zu orientieren[14]. Wie bereits ausführlich dargestellt, wird diese Forderung dadurch konkretisiert, daß sich das Zahlungsvolumen wie das Produktionspotential entwickeln soll, geht man von der Annahme eines konstanten Zahlungskoeffizienten und konstanten Preisniveaus aus. Es handelt sich hierbei also um eine trendorientierte Verhaltensbindung hinsichtlich der Zielgröße Zahlungsvolumen. Das Zahlungsvolumen ist unabhängig von der konjunkturellen Entwicklung entlang einem vorgegebenen Trend zu steuern.

Das zweite Element ist in der Verstetigung der Liquiditätsversorgung des Bankensystems zu sehen. „Verstetigung bei den Banken bedeutet, die Zentralbank sollte bemüht sein, dem Grundsatz nach das Verhältnis von Liquiditätssaldo und gesamtem Mittelaufkommen, die Liquiditätsquote, konstant zu halten, das heißt übermäßige Schwankungen dieser Liquiditätsquote zu vermeiden[15].“ Der letzte Zusatz schwächt das strenge Prinzip zwar etwas ab. Dennoch wird dadurch der Verzicht auf antizyklische Variation der Liquiditätsquote nicht aufgehoben.

Die Forderung nach einer konstanten Liquiditätsquote beinhaltet eine Regelung, die die Orientierung an einem mittelfristigen Trend gar nicht erforderlich macht. In einer konstanten Liquiditätsquote wird Verstetigung schlechthin gesehen. Darauf deutet auch die in diesem Zusammenhang angeführte These hin, daß eine stetige wirtschaftliche Entwicklung die Ausschaltung von störenden monetären Einflüssen voraussetzt[16]. Sie liegt direkt auf der Linie der Kritik am diskretionären Verhalten, das

---

[13] Vgl. *J. Barth*, Bessere Stabilisierungspolitik durch Regelmechanismen oder regelgebundenes Verhalten? in: B. Gahlen, H. K. Schneider (Hrsg.): Grundfragen der Stabilitätspolitik, Tübingen 1974, S. 147 - 170.

[14] Vgl. *JG* 1970, Ziff. 359.

[15] Ebenda, Ziff. 364.

[16] Vgl. ebenda.

zwar auf Verstetigung zielt, aber faktisch destabilisierend wirkt. Es ist gewissermaßen eine spezielle Ausgestaltung der Forderung Friedmans, daß es für das Verstetigungsziel notwendig sei, überhaupt eine monetäre Variable zu verstetigen, gleich welche es auch sei[17]. Die Forderung nach einer konstanten Liquiditätsquote soll hier als absolute Verhaltensbindung bezeichnet werden, da sie ohne Bezug auf einen Trend formuliert ist.

Beide Regelbindungen sind nicht vollautomatisch, da die Zentralbank innerhalb bestimmter Grenzen frei ist, die zur Realisierung der Regel erforderlichen Instrumente zu wählen. Man kann in beiden Fällen also von einem halbautomatischen Regelmechanismus sprechen.

Grundsätzlich hängt die Effizienz jeder Regelbindung davon ab, daß die Zielgröße möglichst exakt kontrolliert werden kann[18]. Vergleicht man Zahlungsvolumen und Liquiditätsquote unter diesem Aspekt, dann ist die Kontrolle der Liquiditätsquote effizienter zu handhaben. Sie ist direkte Zielgröße geldpolitischer Maßnahmen, während das Zahlungsvolumen nur dem mittelbaren Zugriff über die Kreditgewährung unterliegt. Letztere ist selbst vom Liquiditätssaldo abhängig, der Größe also, die in den Zähler der Liquiditätsquote eingeht. Gelingt also die Kontrolle der Liquiditätsquote nicht, dann kann das Zahlungsvolumen erst recht nicht gesteuert werden. Schließlich ist der Informationsbedarf zur Steuerung des Zahlungsvolumens wegen der Mittelbarkeit der Kontrolle erheblich größer als bei der Liquiditätsquote, so daß auch aus diesem Grund die Regelbindung, die auf die Liquiditätsquote abstellt, prinzipiell effizienter gehandhabt werden kann.

Zu jeder trendorientierten Verstetigungsstrategie gehört die Festlegung eines Basiszeitpunktes bzw. -raumes. Die Basis legt fest, von welchem Niveau der zu steuernden monetären Variablen aus die Zuwachsraten fortgeschrieben werden sollen bzw. welches Niveau einer Größe konstant gehalten werden soll. Die Geldpolitik kann nicht zu jedem beliebigen Zeitpunkt dazu übergehen, das Zahlungsvolumen mit einer bestimmten Rate wachsen zu lassen oder die Liquiditätsquote konstant zu halten.

Für den Basiszeitpunkt (-raum) müssen bestimmte Bedingungen erfüllt sein, soll der stabilitätspolitischen Zielsetzung nicht zuwider gehandelt werden. Die Basis muß durch eine Gleichgewichtssituation ausgezeichnet sein, d. h. vor allem durch Vollbeschäftigungsgleichgewicht

---

[17] Vgl. *M. Friedman* (II): Die Rolle der Geldpolitik, in: Derselbe (I): Die optimale Geldmenge und andere Essays, München 1970, S. 155.

[18] Auf die Probleme des Zusammenhanges zwischen Zielgröße der Regelbindung und wirtschaftlicher Aktivität bzw. gesamtwirtschaftlichen Zielen braucht hier nicht mehr eingegangen zu werden. Sie waren bereits Gegenstand der Ausführungen zum Übertragungsmechanismus.

bei Preisniveaustabilität[19]. Durch die Regelbindung soll dieser Zustand gleichsam fortgeschrieben, eine Grenze zur Ungleichgewichtssituation errichtet werden.

Konzipiert man die Regelbindung nicht auf einer Basis mit diesen Eigenschaften, kommt es zu Fehlentwicklungen und Fehlinterpretationen der tatsächlichen Entwicklung. Angenommen, man schreibt das Zahlungsvolumen von einer stark inflationären Boomperiode aus fort, so wird in den folgenden Planperioden das Zahlungsvolumen vergleichsweise immer zu hoch angesetzt, da das Zahlungsvolumen im Basiszeitraum inflationär überhöht ist. Wird annahmegemäß das angestrebte Zahlungsvolumen auch realisiert, dann wirkt es bei andauernden inflationären Tendenzen nicht stabilisierend, sondern destabilisierend im Vergleich zu einem Zahlungsvolumen, das sich auf einen Zeitraum bezieht, in dem die Gleichgewichtsbedingungen erfüllt waren.

Gelingt die Kontrolle des Zahlungsvolumens dagegen nicht und liegt beispielsweise das tatsächliche unter dem angestrebten, aber über demjenigen, das aus einer Gleichgewichtssituation fortgeschrieben wird, dann wird man der Entwicklung des tatsächlichen Zahlungsvolumens restriktive Wirkungen beimessen, obwohl es in Wirklichkeit inflatorisch gewirkt hat.

Die Festlegung der Höhe der Liquiditätsquote scheint dann unproblematisch und unabhängig von der Basis möglich zu sein, wenn von alternativen Werten keine unterschiedlichen Wirkungen ausgehen. D. h. im Aussagenzusammenhang der potentialorientierten Kreditpolitik, daß es möglich sein muß, die Kreditgewährung unabhängig von der Höhe der Liquiditätsquote zu steuern. Prinzipiell ist das nach dem Konzept möglich, wenn die Struktur des Liquiditätssaldos gesteuert werden kann.

Dabei ist jedoch nicht zu übersehen, daß je nachdem wie groß die Liquiditätsquote ist, der Steuerungsbedarf auf Basis der Instrumente zur Steuerung der Struktur des Liquiditätssaldos unterschiedlich groß ist. Eine hohe Liquiditätsquote vermindert die Effizienz dieser Instrumente, wenn die Kreditgewährung eingeschränkt werden soll[20]. Eine möglichst niedrige Liquiditätsquote läßt sie bei expansivem Einsatz bald an ihre Grenze stoßen. Insofern ist die Wahl der Höhe der Liquiditätsquote durchaus relevant.

Um diese Zusammenhänge zu berücksichtigen und willkürliche Festlegungen einzuschränken, liegt es nahe, sich bei der Auswahl der Liquiditätsquote ebenfalls an der Gleichgewichtssituation zu orientieren. Dabei besteht jedoch das Problem, daß die jeweilige Höhe der Liquiditäts-

[19] Gegebene Entwicklung des Produktionspotentials und außenwirtschaftliche Absicherung werden vorausgesetzt.

[20] Vgl. *JG* 1970, Ziff. 363.

quote von der Entwicklung in der Vergangenheit abhängig ist. Geht z. B. einer Vollbeschäftigungssituation eine lange Rezessionsphase voraus, dann wird die Liquiditätsquote höher sein als bei vorhergehender kurzer Rezessionsphase, weil die Banken über einen längeren Zeitraum hin Liquidität angesammelt haben. Es ist also kaum zu erwarten, daß konjunkturell ähnliche Situationen mit einer gleich hohen Liquiditätsquote einhergehen.

Die Entscheidung, welche Liquiditätsquote konstant bleiben soll, ist also nicht unproblematisch. Willkür läßt sich nach den vorstehenden Überlegungen nicht gänzlich vermeiden, da ein Maßstab fehlt, um feststellen zu können, ob die Liquiditätsquote „zu hoch" oder „zu niedrig" ist. Selbst wenn man empirisch eine Gleichgewichtssituation identifizieren könnte, hilft das nicht viel weiter, da gleiche konjunkturelle Situationen durchaus mit unterschiedlichen Liquiditätsquoten verbunden sein können. Die absolute Verhaltensbindung in Form einer konstanten Liquiditätsquote umgeht zwar die Basisprobleme, wie sie beim Zahlungsvolumen auftreten, steht dagegen jedoch vor neuen, die ebenfalls mit der Wahl der Basis, von der aus die Liquiditätsquote konstant gehalten werden soll, zusammenhängen.

Die Wahl einer geeigneten Ausgangsbasis ist somit sowohl für das Zahlungsvolumen als auch für die konstante Liquiditätsquote mit erheblichen Problemen verbunden, die bei dem vorhandenen Wissensstand nicht gelöst werden können. Die Grundvoraussetzung für eine effiziente Handhabung der potentialorientierten Kreditpolitik ist damit in Frage gestellt. Dennoch kann man es stabilitätspolitisch für vorteilhaft halten, daß man sich an einem mittelfristigen Trend orientiert, wie es im Gesamtkonzept des Sachverständigenrates vorgeschlagen wird.

Die Basisprobleme verlieren möglicherweise an Bedeutung, je länger man sich in der Ausführung der Politik am Trend orientiert, je weiter man sich also von der Basis entfernt. Dann ist zu fragen, inwieweit die Trendorientierung in der potentialorientierten Kreditpolitik tatsächlich realisiert ist, ob also Anspruch und Ausgestaltung des Konzepts übereinstimmen.

Das ist insbesondere für die Bindung des Zahlungsvolumens an die Entwicklung des Produktpotentials zu überprüfen. Die Forderung nach einer konstanten Liquiditätsquote beinhaltet von vornherein — wie aufgezeigt — den Verzicht auf die Orientierung am Produktionspotential. Sie ist in diesem Zusammenhang also unproblematisch, kann jedoch als eine spezielle Art der Trendorientierung interpretiert werden. Nach Neumann wirkt sie nicht verstetigend sondern zyklisch[21]. Diesem Einwand ist nachzugehen.

---

[21] Vgl. *M. J. M. Neumann* (IV), S. 130 f.

Trendorientierte regelgebundene Konzeptionen sollen dadurch verstetigend wirken, daß sie von konjunkturellen Entwicklungen abstrahieren. Entscheidungen sind so zu fällen und Maßnahmen so zu treffen, daß die Zielgröße unabhängig von der konjunkturellen Situation dem Trend entsprechend verläuft. Problematisierung der Trendbezogenheit des Zahlungsvolumens heißt dann, nach konjunkturellen Faktoren suchen, die in die Berechnung der Zielgröße Zahlungsvolumen eingehen.

Die strikte Potentialorientierung des Zahlungsvolumens wird in dreifacher Weise durch konjunkturelle Einflüsse beeinträchtigt. Erstens ist selbst die Schätzgröße für die Entwicklung des Produktionspotentials beim Sachverständigenrat konjunkturell beeinflußt. Das gilt zweitens auch für die Berücksichtigung des Preisniveaus. Schließlich führt die Einbeziehung der Entwicklung des Zahlungskoeffizienten zu Trendabweichungen.

Auf die beiden ersten Faktoren ist bereits eingegangen worden. Hier ist darauf hinzuweisen, daß die Bestimmung des anzustrebenden Zahlungsvolumens entgegen dem Anspruch konjunkturell beeinflußt ist. Läßt sich dieser Einfluß bei der Schätzgröße Produktionspotential durch die Anwendung anderer Schätzmethoden möglicherweise vermindern, so gilt das für die Berücksichtigung des Preisniveaus nicht. Sie ist konzeptionell unabdingbar und wird damit zu einer konjunkturellen Bestimmungsgröße, da die Komponenten der konjunkturneutralen Inflationsrate — anders als der Begriff es nahelegt — auch Ausdruck konjunktureller Entwicklungen sind. Potentialorientierte Konzeptionen, die das Preisniveau einbeziehen, haben immer nur Kompromißcharakter. Potentialorientierung in der „reinen“ Form und Berücksichtigung der Entwicklung des Preisniveaus sind nur bei Preisniveaukonstanz vereinbar. D. h. aber, das Ziel der Preisniveaustabilität, zu dessen Erreichung die Konzeption beitragen soll, wird bereits als realisiert vorausgesetzt. Sie wird also in dieser Hinsicht überflüssig.

Die Einbeziehung der Preisniveauentwicklung kann nur damit begründet werden, daß Inflation herrscht und gleichzeitig ein Konflikt zwischen den Zielen Vollbeschäftigung und Preisniveaustabilität existiert. Eine Konzeption, die das Preisniveau unberücksichtigt läßt, negiert entweder diesen Konflikt oder nimmt die Konfliktauswirkungen in Kauf, die bei strikter Trendorientierung entstehen, wodurch allerdings die Ziele erneut verletzt werden können. Dieses generelle Problem trendorientierter Regelbindungen versucht der Sachverständigenrat durch die „Kompromißgröße“ des konjunkturneutralen Preisniveaus zu umgehen. Sie ist Ausdruck des Konfliktes zwischen Vollbeschäftigung und Preisniveaustabilität, der notwendig zu einem Abweichen von der strikten Trendorientierung führt.

Eine weitere Abweichung von der Trendorientierung ergibt sich aus der Berücksichtigung des Zahlungskoeffizienten. Wird ein Steigen (Sinken) des Zahlungskoeffizienten erwartet, so muß das Zahlungsvolumen nach dem Konzept im Vergleich zum Produktionspotential relativ mehr (weniger) steigen. Dieses Vorgehen ist jedoch nur dann gerechtfertigt, wenn die Veränderungen des Zahlungskoeffizienten von konjunkturellen Einflüssen unabhängig sind. Wie aus Abbildung 2 ersichtlich, gibt es jedoch Anhaltspunkte dafür, daß sich der Zahlungskoeffizient prozyklisch entwickelt[22]. Entsprechend ist die Auswirkung auf das zu bestimmende Zahlungsvolumen. Die Veränderungen des Zahlungskoeffizienten müßten um die konjunkturelle Komponente bereinigt werden. Das ist jedoch solange nur in unbefriedigender Weise möglich, wie man auf eine theoretische Erklärung der Bestimmungsgrößen des Zahlungskoeffizienten verzichtet, wie es in der potentialorientierten Kreditpolitik der Fall ist.

Nimmt man alle drei Faktoren — Schätzgröße für das Produktionspotential, konjunkturneutrales Preisniveau und Zahlungskoeffizient — zusammen, so stellt man fest, daß alle in der gleichen Richtung zu einer Abweichung des Zahlungsvolumens von der Orientierung am Produktionspotential führen. Ihr Einfluß kompensiert sich nicht, sondern ist additiv. Damit ist das Urteil gerechtfertigt, daß die anzustrebende Entwicklung des Zahlungsvolumens, die nach dem Konzept als verstetigt, potentialorientiert ausgegeben wird, in Wirklichkeit konjunkturellen Einflüssen in prozyklischer Weise Rechnung trägt. Damit wird die potentiell mögliche Effizienz einer Trendorientierung von vornherein in Frage gestellt, läßt man einmal alle übrigen Einwände beiseite.

Der Einwand Neumanns, daß eine konstante Liquiditätsquote prozyklisch wirke, geht in die gleiche Richtung. Die Begründung für diesen Vorwurf geht von folgenden Überlegungen aus. In einem normalen Zyklusverlauf wird sich die Liquiditätsquote antizyklisch entwickeln. Sie sinkt im Aufschwung und steigt im Abschwung. In diesem Verlauf spiegelt sich die allgemeine Liquiditätslage der Wirtschaft wider. Im Aufschwung nehmen die Einlagen relativ geringer zu als die Kredite. Dann kann die Realisierung einer konstanten Liquiditätsquote fatale Konsequenzen haben. Sie kann diese quasi-automatisch stabilisierende Wirkung der Liquiditätsquote unterlaufen. Im Aufschwung wird der Liquiditätsspielraum der Banken durch ihre eigenen Aktivitäten immer geringer, ohne daß die Zentralbank in irgendeiner Art und Weise eingreift. Sorgt nun die Zentralbank dafür, daß die Liquiditätsquote nicht sinkt, dann ist die Liquiditätsversorgung des Bankensystems geradezu unerschöpflich. Die Banken haben kein Liquiditätsproblem mehr, weil die Zentralbank für eine konstante Liquiditätsquote sorgt. Es ist klar,

[22] Vgl. oben Kap. III, 2.4.

daß durch dieses Verhalten ein in höchstem Grade destabilisierender Effekt hervorgerufen wird. Die Argumentation kann analog auf die Abschwungphase übertragen werden.

Die prozyklische Wirkung einer konstanten Liquiditätsquote muß im Aussagenzusammenhang der potentialorientierten Kreditpolitik jedoch nicht zwangsläufig eintreten. Die Argumentation Neumanns stellt allein auf die Höhe des Liquiditätssaldos im Vergleich zu den gesamten Einlagen, nicht jedoch auf seine Struktur ab. Es ist aber grundsätzlich möglich, den expansiven Effekt einer konstanten Liquiditätsquote durch gleichzeitige Bindung der zufließenden Mittel in einer bestimmten Verwendung, z. B. in der Mindestreserve, zu kompensieren. Die den Banken zur Verfügung stehende Zentralbankgeldmenge wird dann nicht vergrößert[23].

Ob derartige widersprüchliche Maßnahmen allerdings auf Verständnis bei den Banken stoßen und gleichzeitig die erhoffte Verstetigungswirkung haben, muß bezweifelt werden. Der Liquiditätszufluß zum Bankensystem, der erforderlich ist, um die Liquiditätsquote konstant zu halten, ist für die Banken in jedem Fall mit zusätzlichen Kosten verbunden. Sei es, weil sie sich bei der Zentralbank refinanzieren müssen oder weil Einlagen entstehen, die sie zumindest teilweise verzinsen müssen. Der zusätzlichen Kostenbelastung werden die Banken möglicherweise durch die bereits diskutierte Kreditmengenstrategie zu begegnen versuchen, so daß sich auch bei kompensatorischen Maßnahmen ein prozyklischer Effekt einstellt. Dieser kann nur verhindert werden, wenn es der Zentralbank gelingt, die Banken zu einer Anlage des zufließenden Zentralbankgeldes in Offenmarktpapieren und/oder im Ausland zu bewegen. Dazu mögen die Banken angesichts der ansonsten erforderlichen Mindestreserveerhöhung teilweise bereit sein. Bei diesem Vorgehen ist jedoch auf die Einwände gegen eine Offenmarktpolitik mit Banken hinzuweisen, die bereits diskutiert worden sind.

Ist also die prozyklische Wirkung einer konstanten Liquiditätsquote zwar nicht zwangsläufig, so sind die Folgen, die bei kompensatorischen Maßnahmen eintreten, jedoch weniger erwünscht und nicht immer voll und ganz wirksam. Welcher Fall auch eintritt, unproblematisch ist die Forderung nach einer konstanten Liquiditätsquote als absolute Verhaltensbindung nicht.

Die Einwände gegen eine konstante Liquiditätsquote und die Ausrichtung des Zahlungsvolumens am Produktpotential als regelgebundene Verhaltensvorschrift für die Geldpolitik lassen sich darin zusammenfassen, daß beiden eine immanente Tendenz zu prozyklischer Wirkung zu

---

[23] Es wird hier nur auf den Fall einer Boomphase abgestellt.

eigen ist. Der Anspruch des Konzepts, verstetigend zu wirken, kann allein deshalb nur in einem eingeschränkten Ausmaß als erfüllbar angesehen werden.

Abschließend ist zu untersuchen, inwieweit die beiden Elemente regelgebundenen Verhaltens der potentialorientierten Kreditpolitik miteinander vereinbar sind. Sie werden im Konzept ja nicht als sich gegenseitig ausschließende Alternativen verstanden, sondern sollen gleichzeitig verfolgt werden.

Eine konstante Liquiditätsquote wird als Verbesserung der Voraussetzungen dafür interpretiert, daß die Kredite dem anzustrebenden Zahlungsvolumen entsprechend leichter gesteuert werden können[24]. Die Konsistenz des Aussagenzusammenhanges der potentialorientierten Kreditpolitik ist dann jedoch nur unter bestimmten Voraussetzungen gewährleistet.

Eine konstante Liquiditätsquote impliziert, daß Liquiditätssaldo, Kredite und Einlagen mit der gleichen Rate wachsen. Die Struktur der Aktivseite der Bankbilanz ist in bezug auf den Liquiditätssaldo und die Kredite, genauer: auf das Kreditvolumen, konstant. Die Entwicklung der Nettokreditgewährung kann jedoch aus der monetären Grundgleichung, die explizit auf die Bruttokreditgewährung abstellt, nicht abgeleitet werden. Das ist nur möglich, wenn man von der Strukturkonstanz hinsichtlich dieser beiden Größen ausgeht oder den Zusammenhang zwischen beiden als bekannt voraussetzt. Wie an anderen Stellen zeigt sich auch hier, daß die für das Konzept grundlegende Unterscheidung zwischen Brutto- und Nettokreditgewährung nicht durchgehalten wird.

Die dadurch entstehende Inkonsistenz läßt sich am deutlichsten aufzeigen, wenn man die Auswirkungen einer konstanten Liquiditätsquote auf das Zahlungsvolumen untersucht. Mit einer bestimmten Wachstumsrate der Nettokreditgewährung sind beliebige Entwicklungen der Bruttokreditgewährung vereinbar. Letztere wirkt sich auf das Zahlungsvolumen aus. Bei gegebenem und nicht beeinflußbarem Beitrag der Geldmenge zur Finanzierung des Zahlungsvolumens kann dieses dann selbst auch eine beliebige Entwicklung aufweisen, die nicht mehr mit der notwendigen übereinstimmt. Eine konstante Liquiditätsquote kann im Widerspruch zur Bindung des Zahlungsvolumens an das Produktionspotential stehen.

Konsistent sind beide Regelbindungen wohl nur dann, wenn man davon ausgeht, daß sich alle relevanten Variablen mit der gleichen Wachs-

---

[24] Vgl. *JG* 1970, Ziff. 366.

tumsrate entwickeln, sich also gewissermaßen auf einem gleichgewichtigen Wachstumspfad bewegen. Dann gilt also:

$$w_Q = w_Y = w_Z = w\Delta K = w_K = w_E = \text{const.}$$

Strukturelle Einflüsse im realen und monetären Bereich sind nicht mehr relevant. Die Strukturen sind festgeschrieben oder Strukturveränderungen kompensieren sich. Bei diesen Voraussetzungen erübrigt sich dann allerdings auch eine besondere geldpolitische Stabilisierungskonzeption, da Verstetigung bereits gegeben ist und nicht erst herbeigeführt zu werden braucht.

Die Regelbindungen der potentialorientierten Kreditpolitik sind also nur dann konsistent, wenn man von ganz spezifischen Annahmen ausgeht. Diese führen eigentlich zur Aufgabe des Ausgangspunktes, daß die wirtschaftliche Entwicklung ohne geldpolitische Eingriffe instabil verläuft, deren Verstetigung durch das Konzept angestrebt werden soll. Was durch das Konzept erst erreicht werden soll, wird implizit bereits als realisiert unterstellt, sei es, weil die wirtschaftliche Entwicklung grundsätzlich stetig verläuft, oder weil die übrigen wirtschaftspolitischen Teilkonzeptionen einen stetigen Verlauf herbeiführen. Für den letzten Fall verliert die potentialorientierte Kreditpolitik ihre eigenständige Bedeutung als regelgebundene Verstetigungsstrategie.

Die Diskussion der Elemente einer regelgebundenen Verstetigungsstrategie im Rahmen der potentialorientierten Kreditpolitik hat einige konzeptionelle Probleme, wie z. B. die Festlegung eines Basisjahres aufgezeigt. Weiter wurde darauf hingewiesen, daß die Art der Potentialorientierung des Zahlungsvolumens wie auch eine konstante Liquiditätsquote zu prozyklischen Wirkungen führen können. Schließlich ließen sich Widersprüche aufzeigen, wenn beide Regelbindungen gleichzeitig befolgt werden sollen. Die Bedingungen, unter denen sie konsistent sind, führen zur Aufhebung einer eigenständigen Bedeutung der potentialorientierten Kreditpolitik.

Diese Einwände lassen es sinnvoll erscheinen, die potentialorientierte Kreditpolitik daraufhin zu untersuchen, ob sie sich als diskretionäre Verstetigungsstrategie interpretieren läßt.

3.3. Potentialorientierte Kreditpolitik als diskretionäre Verstetigungsstrategie

Nach dem zuvor genannten Kriterium fallweiser Entscheidungen und Handlungen ist in folgender Aussage ein diskretionäres Element der potentialorientierten Kreditpolitik zu sehen: „Im Falle einer übermäßigen Nachfrageexpansion oder im Falle von Abschwungtendenzen ist die Liquiditätsquote zu senken oder zu erhöhen[25]." Gegen diese Interpretation könnte geltend gemacht werden, daß diese Variation der Liquiditätsquote der regelgebundenen Strategie zur Verstetigung des Zahlungsvolumens nicht widersprechen muß.

Zwei Argumente sind diesem Einwand entgegenzuhalten. Erstens wird die Veränderung der Liquiditätsquote offensichtlich als Ausnahme von einer konstanten gesehen, die als Regelbindung verstanden wird. Zweitens ist die Bezugsgröße für die Veränderung nicht mehr das Zahlungsvolumen bzw. der Beitrag der Geldmenge zu dessen Finanzierung, sondern die gesamtwirtschaftliche Nachfrage. Der Zusammenhang zwischen dieser und dem Zahlungsvolumen spielt jetzt offensichtlich keine Rolle mehr. Die anzustrebende Höhe bzw. Veränderung der Liquiditätsquote wird jetzt direkt aus der Entwicklung der Nachfrage abgeleitet. Die Zentralbank soll die Liquiditätsquote antizyklisch zur Nachfrage steuern.

Dieses antizyklische Element hat zur Folge, daß der Übertragungsmechanismus der potentialorientierten Kreditpolitik nicht mehr in eindeutiger Weise festgelegt werden kann. Das Konzept setzt beim Zahlungsvolumen und der wirtschaftlichen Aktivität an. Die Forderung nach antizyklischer Variation der Liquiditätsquote ist nur dann begründbar, wenn implizit ein anderer Wirkungszusammenhang zwischen dieser und der monetären Nachfrage unterstellt wird.

Im Konzept der potentialorientierten Kreditpolitik dient die Veränderung der Liquiditätsquote dazu, ein stetiges Wachstum des Zahlungsvolumens zu realisieren. Im diskretionären Fall geschieht das mit der Zielsetzung einer Beeinflussung der gesamtwirtschaftlichen Nachfrage, ohne daß die Zusammenhänge im einzelnen geklärt sind.

Es finden sich keine Erläuterungen, wie die diskretionäre Variation der Liquiditätsquote in das Gesamtkonzept einzubeziehen ist und welche Beziehungen zwischen Liquiditätsquote, monetärem und realem Bereich bestehen. Ein solcher Wirkungszusammenhang muß aber existieren, um eine antizyklische Beeinflussung der Liquiditätsquote begründen zu können. Das bedeutet, daß neben dem zuvor diskutierten Übertragungsmechanismus der potentialorientierten Kreditpolitik noch eine oder mehrere Hypothesen über den Zusammenhang zwischen monetärem und realem Bereich treten, deren Beziehungen untereinander einerseits und zum Übertragungsmechanismus via Zahlungsvolumen andererseits bleiben im Unklaren.

Die Forderung nach diskretionärer Beeinflussung der Liquiditätsquote im Rahmen des geldpolitischen Konzepts führt zu einer nicht zu überse-

[25] *JG* 1970, Ziff. 365.

henden Zwiespältigkeit. Die Wirkungen einer geldpolitisch verursachten Änderung der Liquiditätsquote können nicht mehr eindeutig beurteilt werden. Ebenso ist offen, ob und unter welchen Umständen sich die Geldpolitik am Zahlungsvolumen oder an der Entwicklung der Nachfrage orientieren soll.

Unabhängig von allen anderen Einwänden ist damit die Möglichkeit zur Beurteilung wie zur Formulierung von Orientierungshilfen für die Geldpolitik nicht mehr gegeben. Was einmal als expansiv und stabilisierend beurteilt wird, kann gleichzeitig als expansiv und destabilisierend ausgegeben werden. Der Interpretationsspielraum zur Beurteilung vergangener und zu ergreifender geldpolitischer Maßnahmen wird dadurch so ausgeweitet, daß die Beurteilung weitgehend wertlos wird.

Die Einbeziehung von diskretionären Maßnahmen trägt demnach nicht zu einer Verbesserung der Aussagefähigkeit des Konzepts bei, sondern bewirkt das Gegenteil. Die ohnehin nicht ausgeprägt vorhandene Trendorientierung der Regelbindungen wird dadurch noch zusätzlich abgeschwächt. Diese Zwiespältigkeit hinsichtlich einer diskretionären oder regelgebundenen trendorientierten Verhaltensmaxime läßt das Urteil gerechtfertigt erscheinen, daß in diesem Konzept, so wie es bisher entwikkelt worden ist, faktisch keine Entscheidungshilfe und Alternative für die Geldpolitik gegeben ist.

Diese negative Beurteilung muß jedoch möglicherweise relativiert werden, wenn man die Frage stellt, ob sich bei kritischer Würdigung des derzeitigen Wissensstandes regelgebundene Trendorientierung und diskretionäres Verhalten im Handlungsbereich überhaupt als Alternativen identifizieren lassen. Wenn sich zeigen läßt, daß die beiden Möglichkeiten nur von der Intention, nicht jedoch von den tatsächlichen Gestaltungsmöglichkeiten her gegeben sind, kann man faktisch kaum noch von sich gegenseitig ausschließenden Alternativen geldpolitischen Handelns sprechen.

4. Zum Alternativcharakter von trendorientierter Regelbindung und diskretionärem Verhalten in der Geldpolitik

Die These, daß regelgebundenes trendorientiertes und diskretionäres Verhalten Alternativen sind, soll im folgenden am Beispiel einer monetären Variablen diskutiert werden. Um dem allgemeinen Charakter der Überlegungen Rechnung zu tragen, wird nicht auf bestimmte Konzeptionen bzw. monetäre Variablen abgestellt. Die zu untersuchende Variable wird mit *X* bezeichnet.

Es geht nicht um die Frage, um das ganz deutlich zu machen, welche monetäre Variable in welcher Art und Weise gesteuert werden soll, ob also z. B. X_1 oder X_2, sondern um die Frage, wie sich X entwickelt, wenn sie einmal trendorientierter Regelbindung und zum anderen diskretionärem Verhalten unterworfen ist. Die These vom Alternativcharakter der beiden Verstetigungsstrategien müßte sich dann in einem signifikant unterschiedlichen Verlauf von X auswirken.

Die Kontrolle der Zentralbank über die Variable X wird in beiden Fällen als gegeben angenommen. D. h. die Zentralbank kann X genau in dem Umfang ändern, den sie für erforderlich hält. Soll z. B. in der Planperiode X um 10 % über dem Wert liegen, den die Zentralbank unter der Annahme prognostiziert hat, daß keine geldpolitischen Maßnahmen ergriffen werden, dann kann die Zentralbank X um den Betrag verändern, der 10 % entspricht.

Unter diesen Voraussetzungen ist aber keineswegs gewährleistet, daß tatsächlich der Wert von X realisiert wird, der angestrebt wird, sei er diskretionär oder regelgebunden bestimmt. Entscheidende Voraussetzung dafür ist, daß die status-quo-Prognose zutreffend ist. In der folgenden Abbildung wird die Situation verdeutlicht.

Abb. 4: Schematische Darstellung der Beziehungen zwischen angestrebter Entwicklung einer monetären Variablen X^* und der status-quo-Prognose X^P

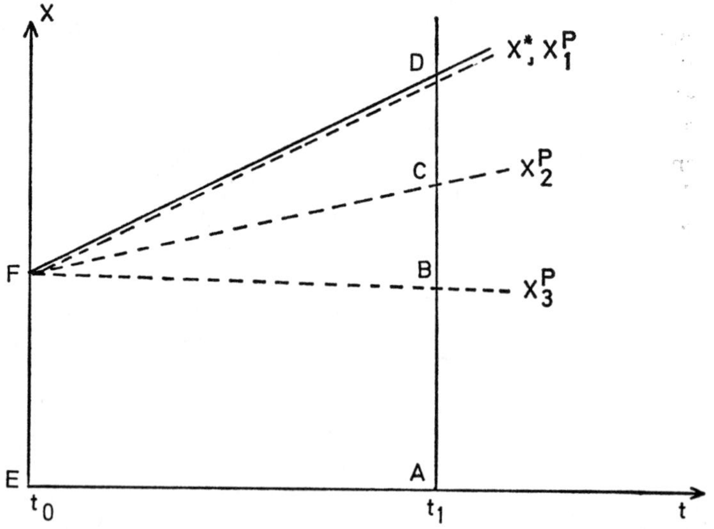

Die Gerade X^* gibt die angestrebte Entwicklung von X bei Regelbindung an. Sie soll am Ende der Periode t_0t_1 die Höhe AD haben. Im Zeitpunkt t_0 muß die Zentralbank eine status-quo-Prognose über die Entwicklung von X aufstellen, die einen Wert X^P ergebe. Bei Abweichungen von X^* sind Maßnahmen zu ergreifen, die für sich genommen X um $X^* - X^P$ erhöhen bzw. sinken lassen.

Angenommen, die Prognose ergibt den Wert X_2^P. Die Zentralbank muß X um CD erhöhen, um $X^* = AD$ realisieren zu können. Es ist offensichtlich, daß X^* nur dann tatsächlich erreicht wird, wenn X_2^P die tatsächliche Entwicklung ohne Maßnahmen wiedergibt. Ansonsten wird sich X nicht auf dem angestrebten, trendbestimmten Pfad X^* bewegen, sondern Schwankungen unterworfen sein.

Bei diskretionärer Strategie besteht das Prognoseproblem in gleicher Weise. Die Zentralbank muß zusätzlich entscheiden, ob sie die prognostizierte Entwicklung tolerieren oder verändern will. Allein diese Entscheidung ist es, die bei trendorientierter Regelbindung vorprogrammiert ist. Ob der angestrebte Wert realisiert wird, ist wie zuvor von der Qualität der Prognose abhängig.

Beide Strategien werden nun unter folgenden Annahmen in bezug auf die tatsächliche Entwicklung von X verglichen. X_2^P stelle in beiden Fällen die prognostizierte Entwicklung dar. Sie sei einmal als richtig, einmal als falsch unterstellt. Im letzten Fall werde die korrekte Prognose durch $X_1^P = AD$ dargestellt. Die prognostizierte Entwicklung werde bei der diskretionären Strategie toleriert, Maßnahmen werden nicht ergriffen. Diese Entscheidung ist, mißt man sie am trendbestimmten Wert X^*, als „falsch“ zu beurteilen, wenn X_2^P korrekt wäre. Das Ergebnis ist genau umgekehrt, wenn die tatsächliche Entwicklung gemäß X_1^P verläuft. Dann führt die diskretionäre Strategie zur „richtigen“ Entwicklung, die regelgebundene hat dagegen ein überhöhtes Wachstum von X zur Folge.

Bei den genannten Annahmen führt also einmal die trendorientierte, im andern Fall die diskretionäre Strategie zum „richtigen“ Ergebnis im Sinne der trendorientierten Entwicklung von X. Zumindest bei diesen Annahmen ist es sehr fraglich, noch von alternativen Verstetigungsstrategien zu sprechen, wenn man auf den tasächlichen Verlauf von X abstellt.

Dieses Ergebnis ändert sich nicht prinzipiell, wenn die sicherlich extremen Annahmen modifiziert werden. Zumindest innerhalb eines Bandes um X^* herum, dessen Breite durch die Qualität der Prognose bestimmt wird, kann man davon ausgehen, daß sich X nicht stetig, sondern zyklisch entwickeln wird, gleich ob eine trendorientierte oder diskretionäre Strategie zugrundeliegt. Ein signifikanter Unterschied, der die Alternativthese stützen würde, liegt nur dann vor, wenn die Werte von X bei diskretionärer Strategie über einen längeren Zeitraum außerhalb dieses Bandes liegen und stärker schwanken als bei trendorientiertem Verhalten.

Die Wahrscheinlichkeit für eine solche differenzierte Entwicklung darf jedoch nicht allzu hoch angesetzt werden. Für den Fall, daß sich eine diskretionäre Politik ebenso wie die trendorientierte an X ausrichtet, ist nicht anzunehmen, daß die diskretionären Entscheidungen im Durchschnitt vom trendbestimmten Verlauf so stark abweichen, daß die tatsächliche Entwicklung von X auf längere Sicht unter starken Schwankungen außerhalb des Bandes verläuft.

Der Alternativcharakter der beiden Strategien wird somit für die praktische Politik in Frage gestellt. Er ist abhängig von der Qualität des Prognosesystems. Gerade die Prognose kurzfristiger Entwicklungen, insbesondere von Richtungsänderungen, bereitet jedoch erhebliche Schwierigkeiten.

Die Fehlerhaftigkeit der Prognose, so könnte argumentiert werden, ist dann nicht so problematisch und führt nicht zu den hier aufgezeigten Folgen, wenn die Zentralbank die Abweichungen der tatsächlichen Entwicklung von der prognostizierten möglichst schnell diagnostizieren kann und dann die Maßnahmen ebenfalls sofort entsprechend ändert.

Dadurch kann möglicherweise eine Verbesserung herbeigeführt werden, d. h. der tatsächliche Verlauf von X wird sich bei den beiden Strategien mehr unterscheiden als ohne diese sofortige Kontrollmöglichkeit. Völlig beseitigen läßt sich das Problem jedoch deswegen nicht, weil die Wirkungslags der Maßnahmen zu berücksichtigen sind. Die Kontrolle, der Vergleich zwischen prognostizierter und tatsächlicher Entwicklung, kann immer erst im nachhinein erfolgen. Zuvor auf Basis der Prognose ergriffene Maßnahmen haben sich bereits ausgewirkt oder werden es noch tun, ebenso wie diejenigen, die unter Berücksichtigung des Vergleichs getroffen werden, sich nicht sofort auswirken. Nur wenn man von der unrealistischen Annahme ausgeht, daß ein Vergleich von Tag zu Tag möglich ist und gleichzeitig auch die Maßnahmen von Tag zu Tag, also ohne Lags wirken, wird sich ein signifikant unterschiedlicher Verlauf ergeben können. Man muß demnach von den nicht erfüllten und auch wohl kaum erfüllbaren klassischen Annahmen vollkommener Information und unendlich schneller Anpassungsgeschwindigkeit ausgehen, um von einem Alternativcharakter der beiden Verstetigungsstrategien sprechen zu können. Die bereits erwähnten möglicherweise geringen Unterschiede in den Entscheidungen über die anzustrebende Höhe von X, die einmal trendorientiert, zum anderen diskretionär bestimmt sind, brauchen dabei nicht einmal berücksichtigt zu werden.

Die zuvor getroffene Beurteilung der potentialorientierten Kreditpolitik, nämlich in bezug auf trendorientierte Regelbindung bzw. diskretionäres Verhalten zwiespältig zu sein, muß auf dem Hintergrund der vorstehenden Überlegungen relativiert werden. Allerdings ist darauf hinzuweisen, daß in der potentialorientierten Kreditpolitik die hier gemachte Annahme nicht erfüllt ist, daß sich beide Strategien auf die gleiche monetäre Variable beziehen müssen. Die Relativierung bezieht sich somit nur auf die Tatsache, daß generell beide Verstetigungsstrategien in die Konzeption einbezogen sind, nicht jedoch auf ihre spezielle Ausgestaltung, die die eine Strategie mit dem Zahlungsvolumen und die andere mit der Liquiditätsquote verknüpft.

Die Diskussion hat, ausgehend von einem speziellen Konzept, aufgezeigt, daß die These vom Alternativcharakter trendorientierter Regelbindung und diskretionärem Verhalten beim derzeitigen Wissensstand problematisch ist. Dieser Einwand ergänzt unter einem allgemeinen Aspekt die zuvor geführte Kritik an der speziellen Ausgestaltung der beiden Verhaltensmaximen in der potentialorientierten Kreditpolitik. Sowohl die grundsätzliche als auch die spezielle Kritik lassen sich auf einen gemeinsamen Ursprung zurückführen: auf den ungesicherten Erkenntnisstand im Bereich der Geldtheorie und -politik.

Abschnitt VI

Abschließende Überlegungen

Die Diskussion des Konzepts der potentialorientierten Kreditpolitik hat auf den drei Ebenen des Theorie-, Instrument- und Handlungsbereichs zu kritischen Einwänden geführt. Diese aufzuzeigen war Hauptanliegen der vorstehenden Ausführungen. Welche speziellen und allgemeinen Schlußfolgerungen lassen sich ziehen?

Zunächst ergeben sich Konsequenzen für die Aussagefähigkeit und politische Anwendbarkeit des speziellen Konzepts. Die hier geführte Kritik läßt den Schluß zu, daß weder die theoretischen noch empirischen Anforderungen erfüllt sind, die erforderlich sind, damit aus dem Konzept Orientierungs- und Beurteilungshilfen für die konkrete Geldpolitik abgeleitet werden können. Die größten Schwächen wurden im Theorie- und Handlungsbereich aufgedeckt, während im Bereich der Instrumente positive Ansatzpunkte gegeben sind, deren Weiterentwicklung durchaus sinnvoll erscheint.

Soweit die potentialorientierte Kreditpolitik Teil der Gesamtstrategie des Sachverständigenrates ist, lassen sich aus der Kritik auch für diese Konsequenzen aufzeigen. Voraussetzung dafür, daß die Gesamtstrategie zur Verstetigung der wirtschaftlichen Entwicklung zum Erfolg führt, ist es, daß jede einzelne Teilkonzeption für sich genommen keine schwerwiegenden Mängel aufweist. In dem Maße, wie die potentialorientierte Kreditpolitik nicht zur Verstetigung beiträgt, führt auch die Gesamtstrategie nicht zu einer Realisierung der angestrebten Ziele. Es sei denn, man geht davon aus, daß der monetäre Bereich nur eine untergeordnete Bedeutung hat, weil die wirtschaftliche Entwicklung durch die Vorgänge in den anderen Bereichen determiniert ist. Damit würde man zur klassischen „Schleier-Theorie" des Geldes zurückkehren, die eine eigenständige und mit anderen gleichbedeutende monetäre Stabilisierungskonzeption erübrigt. Das ist jedoch offensichtlich nicht die Intention des Sachverständigenrates. Die jetzt vollzogene Übernahme monetaristischer Vorstellungen durch den Sachverständigenrat deutet eher in die entgegengesetzte Richtung.

Die Tatsache, daß die Frage, wie eine effiziente, zieladäquate monetäre Verstetigungsstrategie aussehen soll, kontrovers beantwortet wird, was auch beim Sachverständigenrat deutlich geworden ist, leitet über zu einigen allgemeinen Überlegungen, die an die Diskussion eines speziellen Konzepts anzuschließen sinnvoll erscheint.

Die kontroverse Beurteilung auch innerhalb des Sachverständigenrates spiegelt die allgemeine Situation in der wissenschaftlichen Diskussion wider. Keine der vorgeschlagenen Konzeptionen ist unumstritten. Für die potentialorientierte Kreditpolitik wurde die entsprechende Kritik hier aufgegriffen und weitergeführt, für die übrigen Vorschläge kann sie konstatiert werden[1]. Die potentialorientierte Kreditpolitik selbst wurde aus der Kritik an monetaristischen Aussagen heraus konzipiert.

Charakterisiert man diese Situation dadurch, daß sich in ihr die Ungewißheit über die Vorgänge im monetären und realen Bereich und die Beziehungen zwischen beiden ausdrückt, dann stellt sich die Frage, woran eine Zentralbank, beispielsweise die Deutsche Bundesbank, sich in ihrer praktischen Politik orientieren soll. Welcher „Lehre" soll sie folgen? Ist es sinnvoll und verantwortbar, die Bundesbank in dieser Situation an eine bestimmte Konzeption zu binden?

Hier wird vorgeschlagen, dieses Problem, das eigentlich das allgemeine Problem des Verhältnisses von Wissenschaft und Politik betrifft, institutionell-pragmatisch zu lösen: Die Zentralbank sollte eine unabhängige Stellung gegenüber den wechselnden und kontroversen Lehrmeinungen im Bereich der Geldtheorie und -politik haben. In diesem Sinne soll hier Unabhängigkeit der Zentralbank verstanden werden. Dadurch wird der Unabhängigkeitsbegriff erweitert, der sich traditionell nur auf das Verhältnis von Zentralbank und Regierung bezieht und den Entscheidungsprozeß zwischen beiden Institutionen regelt.

Ohne die traditionell verstandene Unabhängigkeit beurteilen zu wollen[2], erscheint die hier vorgeschlagene Erweiterung notwendig und sinnvoll. Die Ungewißheit in geldtheoretischen und -politischen Fragen, durch welche die wissenschaftliche Diskussion gekennzeichnet wurde, findet in dieser Unabhängigkeit ihren institutionellen Ausdruck, ermöglicht sie geradezu erst. Denn wenn nichts mehr kontrovers wäre und Gewißheit herrschte, wäre Unabhängigkeit in diesem Sinne funktionslos und könnte langfristig auch nicht aufrechterhalten werden, da die Diffusion des Wissens im politischen und öffentlichen Raum eine entsprechend konzipierte Geldpolitik erzwingen würde.

---

[1] Vgl. hierzu beispielsweise *E. Streissler:* Die schleichende Inflation als Phänomen der politischen Ökonomie, Zürich 1973, S. 23 ff. *N. Kaldor:* Die neue Geldlehre, in: Ifo-Studien, 16. Jg. (1970), S. 41 - 66.

[2] Vgl. hierzu *C.-Th. Samm,* Die Stellung der Deutschen Bundesbank im Verfassungsgefüge, Berlin 1967. *D. Uhlenbruck,* Die verfassungsmäßige Unabhängigkeit der Deutschen Bundesbank und ihre Grenzen, München 1968. *H. Faber,* Wirtschaftsplanung und Bundesbankautonomie, Baden-Baden 1969.

Fehlbeurteilungen und Fehlentscheidungen durch die Zentralbank sind bei diesem Vorschlag das notwendige Risiko. Er schließt jedoch nicht aus, daß dieses Risiko durch den Fortschritt in der wissenschaftlichen Diskussion gemindert wird, da es möglich und wahrscheinlich ist, daß sich diese auf das faktische Verhalten der Zentralbank auswirkt. Sie wird sich immer mit der Kritik an ihren Maßnahmen, die in Wissenschaft und Öffentlichkeit auf Basis anderer Theorien geführt wird, auseinandersetzen müssen. Sie kann diese nicht einfach ignorieren. Allein auf diesem Wege wird die Beschäftigung mit „neuen" und anderen Erkenntnissen bzw. Hypothesen erzwungen. Als Beispiel sei nur auf die Untersuchungen hingewiesen, die von der Deutschen Bundesbank zum Zusammenhang zwischen Geldmenge und Volkseinkommen durchgeführt wurden[3]. Diese Tatsache läßt allgemein auf interne Diskussions- und Entscheidungsprozesse im Zusammenhang mit der aktuellen geldtheoretischen und -politischen Diskussion schließen. Auch die verschiedenen „Wellen" in der Beurteilung der Wirksamkeit der Geldpolitik deuten darauf hin[4], daß die praktische Politik von der theoretischen Entwicklung nicht unberührt bleibt und davon völlig isoliert gesehen werden kann.

Die Tradition, in der eine Zentralbank hinsichtlich der herkömmlich verstandenen Unabhängigkeit steht, wird schließlich Auswirkungen auf ihre Bereitschaft haben, sich freiwillig oder durch Gesetz an eine bestimmte Konzeption zu binden bzw. binden zu lassen. Was die Bundesbank betrifft, würde eine solche Bindung den Verzicht auf einen relativ großen Entscheidungsspielraum beinhalten, der sich dadurch auf eine rein verwaltungstechnische Ebene reduziert. Eigenziele und Handlungsparameter der Organisation „Zentralbank" würden dadurch entscheidend eingeschränkt[5]. Aus diesem Grunde wird Widerstand von seiten der Zentralbank gegen jegliche Art von Reglementierung zu erwarten sein, d. h. aber auch gegen jene, die auf von der Wissenschaft vertretene Konzepte zurückgeht. Das wird ihr um so eher und länger möglich sein, je mehr die wissenschaftliche Diskussion kontrovers ist.

Trotz oder gerade wegen der Ungewißheit im Theoriebereich werden trendorientierte Regelbindungen als Alternative zum diskretionären Verhalten vorgeschlagen. In dieser zunächst nur formal zu verstehenden Forderung gleichen sich viele ansonsten kontroverse Meinungen. Auch die potentialorientierte Kreditpolitik beinhaltet, wie aufgezeigt, prinzi-

---

[3] Vgl. *MB* 7/1971, S. 21 f.

[4] Vgl. *H. G. Johnson:* Recent Developments in Monetary Theory — A Commentary, in: D. R. Croome, H. G. Johnson (eds.): Money in Britain, Oxford 1970, S. 83 - 114. *M. Friedman* (III): Nachkriegsentwicklungen in Geldtheorie und Geldpolitik, in: Derselbe (I), S. 101 - 115.

[5] Vgl. als Ansatz in dieser Richtung: *J. F. Chant, K. Acheson:* Mythology and Central Banking, in: Kyklos, Vol. XXVI (1973), S. 362 - 379.

piell eine Orientierung an der Entwicklung des Produktionspotentials. Im Gegensatz zur relativen Einheitlichkeit der Forderung stehen dagegen die derzeitigen Möglichkeiten, sie in konkrete Politik umzusetzen.

Die Ausführungen des Abschnitts zum Alternativcharakter von trendorientierter Regelbindung und diskretionärem Verhalten legen den Schluß nahe, daß sie kurzfristig gar keine Alternativen darstellen können, stellt man auf die Entwicklung einer bestimmten monetären Variablen ab, die der einen bzw. anderen Strategie unterworfen ist. Die plausible wie einfache Idee, die Nachfrageentwicklung der des Angebots anzupassen, in eine konkrete konzeptionelle Form umzusetzen, ist auch für den Bereich der Geldpolitik keineswegs gelöst.

Es zeigt sich somit, daß nicht einmal in dieser allgemeinen Form einer Zentralbank die Empfehlung gegeben werden kann, eine trendorientierte Politik zu verfolgen, da deren Ergebnisse sich nicht wesentlich von denen diskretionärer Politik unterscheiden. Ist der Alternativcharakter der beiden Strategien kurzfristig nur unter sehr restriktiven Annahmen zu begründen, so wird er langfristig möglicherweise gegenstandslos, wenn der Erkenntnisstand im Theoriebereich verbessert wird. Dann erübrigt sich möglicherweise sowohl die eine als auch die andere Strategie, weil beide eben wegen des veränderten Erkenntnisstandes durch eine bessere ersetzt werden können.

Die Möglichkeiten einer Effizienzsteigerung der Geldpolitik durch Trendorientierung, sei es in Form einer starren *X* %-Regel oder durch Bindung an das Produktionspotential, werden hier also nicht sehr optimistisch beurteilt. Ein Aspekt der Trendorientierung soll jedoch im Zusammenhang mit der weiter gefaßten Unabhängigkeit hervorgehoben werden. Trendorientierung beinhaltet immer auch eine Operationalisierung von Zielvorstellungen im monetären Bereich, stellt aber nur eine mögliche Form der Operationalisierung dar. Verallgemeinert man diesen Aspekt, so läßt sich daraus die Forderung ableiten, daß eine Zentralbank ihre Zielvorstellungen in einer operationalisierten Form vorlegen sollte. Anhand dieser Zielvorstellungen kann sie ihre Maßnahmen begründen, Zielabweichungen verdeutlichen und deren Ursachen nachzugehen versuchen. Darin ist eine notwendige Ergänzung zur Unabhängigkeit zu sehen. Denn Unabhängigkeit beinhaltet nicht den Verzicht auf Kontrollmöglichkeit der geldpolitischen Maßnahmen. Der Bezugsrahmen, der zu einer Kontrolle erforderlich ist, sollte in der angegebenen Art und Weise von der Zentralbank selbst geliefert werden. Dadurch würde einerseits der Verantwortung der Zentralbank Rechnung getragen, die der Unabhängigkeit entspricht, und andererseits die Diskussion um geldpolitische Maßnahmen auf einer transparenteren und rationaleren Basis als jetzt geführt werden können.

Damit ist bereits angedeutet, daß aus den Überlegungen zur Unabhängigkeit der Zentralbank nicht der Schluß gezogen werden kann, die Wissenschaft könne aus ihrer Verantwortung entlassen werden, zur weiteren Erkenntnis beizutragen. Das Gegenteil ist der Fall. Die Frage ist dann, in welche Richtung die weiteren Bemühungen gehen sollten. Dafür lassen sich aus der Diskussion des speziellen Konzepts der potentialorientierten Kreditpolitik einige Anhaltspunkte gewinnen.

Die Kritik im Theoriebereich hat mehrmals auf die Bedeutung struktureller Aspekte im monetären Bereich hingewiesen. Diesen sollte in systematischer Weise nachgegangen werden[6]. Hier ist nicht der Platz, die in diesem Zusammenhang möglichen Alternativen Großmodelle oder Modelle der reduzierten Form zu diskutieren. Es scheint jedoch einiges dafür zu sprechen, daß ein Entweder-Oder in diesem Punkt langfristig keine erfolgversprechende Alternative ist. Das eine (Großmodelle) wird zu unübersichtlich und unbeweglich, um im politischen Raum relevant werden zu können; das andere (Modelle reduzierter Form) ist zwar durch hohen Plausibilitätsgrad und politische Attraktivität gekennzeichnet, ist jedoch von einfachen Strukturfaktoren völlig unabhängig. Die Reduktion auf einfache abstrakte monetäre Aggregate kann strukturelle Veränderungen, die den Wirtschaftsablauf beeinflussen, nicht erfassen bzw. impliziert Strukturkonstanz. Daher, so wird hier gefolgert, wird man in Zukunft ohne ein gewisses Maß an Disaggregation im theoretischen Bereich kaum zu brauchbareren Ergebnissen als heute kommen können.

Ein weiterer Anhaltspunkt, der mit dem ersten durchaus im Zusammenhang steht, ergibt sich aus der Kritik an der mangelnden Einbeziehung von Preis- und Mengenreaktionen in den Übertragungsprozeß. Damit sind zwei wesentliche gesamtwirtschaftliche Ziele nur in unzulänglicher Art und Weise berücksichtigt. Die Problematik von Preis- und Mengenreaktionen weist über den engeren Rahmen der Geldtheorie hinaus auf eine allgemeine Fragestellung. Es erscheint daher nicht angebracht, sie im Zusammenhang mit einem speziellen Untersuchungsgegenstand lösen zu wollen. Ihre Behandlung sollte in einem allgemeinen Rahmen erfolgen, auf dessen Hintergrund die speziellen geldtheoretischen und -politischen Aspekte zu diskutieren sind. Auf diese Art und Weise erscheint eine zieladäquate Berücksichtigung von Preisen und Mengen möglich. Die a priori Festlegung der einen oder anderen Variablen kann dieses Problem nicht lösen[7].

---

[6] Als Ansatz auf einem speziellen geldtheoretischen Gebiet, der in diese Richtung deutet, vgl. z. B. G. *Schmitt-Rink:* Marktform und Geldschöpfungsmultiplikator, in: Jahrbücher für Nationalökonomie und Statistik, Bd. 188 (1973), S. 1 - 9.

[7] Vgl. z. B. *H. G. Johnson:* Die Keynesianische Revolution und die monetaristische Konterrevolution, in: P. Kalmbach (Hrsg.): Der neue Monetarismus, München 1973, S. 210 ff.

Damit sind zwei mögliche Richtungen angedeutet, in der weitere Untersuchungen in systematischer Art und Weise sinnvoll und notwendig erscheinen, strebt man zusätzliche Erkenntnisse im geldtheoretischen und -politischen Bereich an. Das wiederum ist erforderlich, da der monetäre Bereich mit der bisherigen wirtschaftlichen Entwicklung notwendig verbunden war und auch in Zukunft verbunden sein wird.

Was die potentialorientierte Kreditpolitik in diesem Zusammenhang betrifft, so hat die hier im Detail formulierte Kritik gezeigt, daß dieser Ansatz weder theoretisch noch konzeptionell einen entscheidenden Schritt in diese Richtung darstellt.

Literaturverzeichnis

Barth, Jürgen: Bessere Stabilisierungspolitik durch Regelmechanismen oder regelgebundenes Verhalten?, in: B. Gahlen, H. K. Schneider (Hrsg.): Grundfragen der Stabilitätspolitik, Tübingen 1974, S. 147 - 170

Becker, Jürgen: Die kontinuierliche Liquiditätsversorgung des Bankensystems, Berlin 1969

Becker, Wolf-Dieter und Gerhard *Zweig* (I): Kreditpolitik oder Kreditdirigismus?, in: ZKW, 19. Jg. (1966), S. 440 - 442

— (II): Falsche und richtige Argumente bei der Kreditbegrenzung, in: ZKW, 19. Jg. (1966), S. 907 - 910

Bombach, Gottfried (Hrsg.): Studien zur Geldtheorie und monetären Ökonometrie. Schriften des Vereins für Socialpolitik, N. F. Bd. 66, Berlin 1972

Borchert, Manfred: Die Zinsabhängigkeit der Geldnachfrage. Eine theoretische und empirische Analyse, Göttingen 1973

Bredemeier, Sonning: Erfahrungen mit der Kreditplafondierung, Berlin 1972

Brunner, Karl (I): The „Monetarist Revolution" in Monetary Theory, in: WWA, Bd. 105 (1970 II), S. 1 - 30

— (II): A Survey of Selected Issues in Monetary Theory, in: Schweizerische Zeitschrift für Volkswirtschaft und Statistik, 107. Jg. (1971), S. 1 - 146

— (ed.) (III): Proceedings of the First Konstanzer Seminar on Monetary Theory and Monetary Policy. Beihefte zu Kredit und Kapital, Heft 1, Berlin 1972

Brunner, Karl und Manfred J. M. *Neumann* (I): Analyse monetärer Hypothesen des Sachverständigenrates zur Begutachtung der gesamtwirtschaftlichen Entwicklung, in: Kyklos, Vol. XXIV (1971), S. 223 - 239

— (II): Monetäre Analyse des Sachverständigengutachtens: Eine Antwort, in: Kyklos, Vol. XXV (1972), S. 128 - 132

— (III): Monetäre Aspekte des Jahresgutachtens 1971/72 des Sachverständigenrates, in: WWA, Bd. 108 (1972), S. 257 - 285

Bundesbankgesetz und aktuelle Geldpolitik, in: DIW-Wochenbericht, 40. Jg. (1973), S. 201 - 208

Bundesministerium der Finanzen: Das neue Haushaltsrecht, Bonn 1969

Bundesministerium für Wirtschaft: Zur Entwicklung des gesamtwirtschaftlichen „Produktionspotentials" der Bundesrepublik Deutschland, Bonn - Duisdorf 1973

Burger, Albert E.: The Money Supply Process, Belmont 1972

Cassel, D., G. *Gutmann* und H. J. *Thieme* (Hrsg.): 25 Jahre Marktwirtschaft in der Bundesrepublik Deutschland — Konzeption und Wirklichkeit, Stuttgart 1972

Chant, John F. und Keith *Acheson*: Mythology and Central Banking, in: Kyklos, Vol. XXVI (1973), S. 362 - 379

Claassen, Emil M.: Probleme der Geldtheorie, Berlin, Heidelberg, New York 1970

Croome, David R. und Harry G. *Johnson* (eds.): Money in Britain 1959 - 1969, Oxford 1970

Deutsche Bundesbank: Monatsberichte verschiedener Jahrgänge

— Geschäftsberichte verschiedener Jahrgänge

— Sonderdruck „Die währungspolitischen Institutionen und Instrumente in der Bundesrepublik Deutschland", o. O. 1971

Deutscher Sparkassen- und Giroverband: Jahresbericht 1973

Dürr, Ernst (Hrsg.): Geld- und Bankpolitik, Köln, Berlin 1969

Duwendag, Dieter (I): Neue geld- und kreditpolitische Instrumente?, in: Wirtschaftsdienst, 53. Jg. (1973), S. 71 - 75

— (Hrsg.) (II): Macht und Ohnmacht der Bundesbank, Frankfurt 1973

Ehrlicher, Werner: Zur Neuordnung des Instrumentariums der Deutschen Bundesbank, in: Kredit und Kapital, 6. Jg. (1973), S. 111 - 133

Faber, Heiko: Wirtschaftsplanung und Bundesbankautonomie, Baden-Baden 1969

Friedman, Milton (I): Die optimale Geldmenge und andere Essays, München 1970

— (II): Die Rolle der Geldpolitik, in: Derselbe (I), S. 135 - 156

— (III): Nachkriegsentwicklungen in Geldtheorie und Geldpolitik, in: Derselbe (I), S. 101 - 115

— (IV): A Theoretical Framework for Monetary Analysis, NBER Occasional Paper 112, New York 1971

Gahlen, Bernhard: Der Informationsgehalt der neoklassischen Wachstumstheorie für die Wirtschaftspolitik, Tübingen 1972

Gahlen, Bernhard und Eduard *Leifert*: Die Vorschläge des Sachverständigenrats zur Einkommenspolitik, in: B. Gahlen (Hrsg.): Wachstumszyklen und Einkommensverteilung, Tübingen 1974, S. 79 - 120

Gandenberger, Otto: Zur Messung der konjunkturellen Wirkungen öffentlicher Haushalte, Tübingen 1973

Gesetz über die Bildung eines Sachverständigenrates zur Begutachtung der gesamtwirtschaftlichen Entwicklung vom 14. August 1963 (Bgbl. I, S. 685)

Giersch, Herbert (ed.): Fiskalpolitik und Globalsteuerung. Symposium 1972, Tübingen 1973

Gaude, Bernhard: Die Mechanismen der Zentralbankgeldschöpfung und ihre Kontrollierbarkeit durch die Zentralbank, Berlin 1969

Geiger, Helmut: Die Position der Sparkassen in der Geldpolitik, in: ZKW, 25. Jg. (1972), S. 1076 - 1080

Glöggler, Axel: Liquiditätstheorie des Geldes. Ein empirischer Test für die Bundesrepublik Deutschland. Mit einem Nachwort von E. Dürr, Freiburg 1972

Greitemann, Günter (I): „Vollbewegliche" Einlagen-Politik, in: ZKW, 20. Jg. (1967), S. 943 - 945

— (II): Die Verwaltung der Staatskassenmittel als Rechtsproblem im Schnittpunkt von Finanzrecht, Bankrecht und Recht der Währungspolitik, München 1968

Hübl, Lothar: Grundsätzliche Überlegungen zu einer Strategie für die aktuelle Konjunkturpolitik, in: WSI-Mitteilungen, 25. Jg. (1972), S. 127 - 131

Irmler, Heinrich (I): Kreditrestriktion als aktuelles und als strukturelles Problem, in: ZKW, 25. Jg. (1972), S. 1068 - 1076

— (II): Heftige Diskussion über neue Notenbankmittel, in: Handelsblatt vom 24. 7. 1973

Johnson, Harry G. (I): Recent Developments in Monetary Theory, in: The Indian Economic Review, Vol. VI (1963), S. 1 - 28

— (II): Recent Developments in Monetary Theory — A Commentary, in: D. R. Croome, H. G. Johnson (eds.), Money in Britain 1959 - 1969, Oxford 1970, S. 83 - 114

— (III): Macroeconomics and Monetary Theory, London 1971

— (IV): Die Keynesianische Revolution und die monetaristische Konterrevolution, in: P. Kalmbach (Hrsg.), Der neue Monetarismus, München 1973, S. 196 - 216

Kalish III, Lionel: A Study of Money Stock Control, in: Journal of Finance (1970), S. 761 - 776

Kaldor, Nicholas: Die neue Geldlehre, in: Ifo-Studien, Zeitschrift des Ifo-Instituts für Wirtschaftsforschung, 16. Jg. (1970), S. 41 - 66

Kalmbach, Peter (Hrsg.): Der neue Monetarismus, München 1973

Kartsaklis, Georg A. B.: Theoretische Untersuchungen zum mikro- und makroökonomischen Kreditangebot. Ein Beitrag zur Wirtschaftstheorie, Berlin 1970

Kath, Dietmar: Aktiva-Reserve und Offenmarktpolitik in kontroversen geldtheoretischen Konzepten, in: Kredit und Kapital, 6. Jg. (1973), S. 444 - 463

Kau, Winand: Probleme der potentialorientierten Kreditpolitik, in: Konjunkturpolitik, 18. Jg. (1972), S. 217 - 246

Ketterer, Karl-Heinz (I): Ein Indikator für die Stärke und Wirkungsrichtung monetärer Impulse, in: Konjunkturpolitik, 17. Jg. (1971), S. 349 - 362

— (II): Zwischen Geldbasis und Kreditstopp, in: D. Duwendag (Hrsg.), Macht und Ohnmacht der Bundesbank, Frankfurt 1973, S. 186 - 212

Ketterer, Karl-Heinz und Rüdiger *Pohl:* Das Konzept der potentialorientierten Kreditpolitik: Zu einem kritischen Aufsatz von H. G. Monissen, in: Kredit und Kapital, 6. Jg. (1973), S. 157 - 186

Ketterer, Karl-Heinz und Diethart B. *Simmert:* Moderne Quantitätstheorie und Laissez faire Liberalismus, in: WSI-Mitteilungen, 25. Jg. (1972), S. 377 bis 385

Klinge, Karl-August: Kreditplafondierung — ein zweifelhaftes Rezept, in: ZKW, 19. Jg. (1966), S. 275 - 276

Köhler, Claus (I): Orientierungshilfen für die Kreditpolitik, Berlin 1968

Köhler, Claus (II): Geldwirtschaft, 1. Bd. Geldversorgung und Kreditpolitik, Berlin 1970

— (III): Thesen und Gegenthesen, in: WWA, Bd. 105 (1970), S. 31 - 46

— (IV): Kreditpolitik als Teil eines konjunkturpolitischen Gesamtkonzepts in der EWG, in: Zeitschrift für Wirtschafts- und Sozialwissenschaften, 92. Jg. (1972), S. 643 - 656

— (Hrsg.) (V): Geldpolitik-kontrovers, Köln 1973

— (VI): Kreditpolitik 1973: Dilemma und Ausweg, in: WSI-Mitteilungen, 26. Jg. (1973), S. 239 - 245

— (VII): Massive Restriktionspolitik, in: WSI-Mitteilungen, 26. Jg. (1973), S. 337 - 342

Kösters, Wim: Ergebnisse und Probleme empirischer Tests geldtheoretischer Hypothesen, in: WSI-Mitteilungen, 26. Jg. (1973), S. 26 - 35

Leijonhuvfud, Axel: Über Keynes und den Keynesianismus. Eine Studie zur monetären Theorie. Herausgegeben und mit einem Vorwort versehen von G. Gäfgen, Köln 1973

Leutwiler, Fritz: Die Kreditbegrenzung im Notenbank-Instrumentarium, in: Wirtschaft und Recht, 19. Jg. (1967), S. 77 - 90

Lutz, Friedrich A.: Geldschaffung durch die Banken, in: WWA, Bd. 104 (1970 I), S. 3 - 19

Metze, Ingolf: Die Wirkungen staatlicher Aktivität auf die Liquidität, in: WWA, Bd. 93 (1964), S. 108 - 157

Monissen, H. G.: Geldversorgung und Kreditpolitik: Kritische Anmerkungen zur monetären Konzeption von Claus Köhler, in: Kredit und Kapital, 6. Jg. (1973), S. 134 - 156

Mülhaupt, Ludwig: Die währungs- und wettbewerbspolitische Problematik des gegenwärtigen Steuereinzugs, in: ZKW, 23. Jg. (1970), S. 429 - 433

Müller, Herbert und Artur *Woll:* Neuere Vorschläge zur Geldpolitik und die Möglichkeit ihrer Verwirklichung in der Bundesrepublik Deutschland, in: D. Cassel u. a. (Hrsg.), 25 Jahre Marktwirtschaft in der Bundesrepublik Deutschland. Konzeption und Wirklichkeit. Stuttgart 1972, S. 193 - 211

Münchmeyer, Alwin: Bankenliquidität, Objekt der Kreditpolitik, in: ZKW, 25. Jg. (1972), S. 1080 - 1082

Muthesius, Volker: Die Springflut der öffentlichen Gelder, in: ZKW, 15. Jg. (1962), S. 867 f.

Neubauer, Werner: Strategien, Techniken und Wirkungen der Geld- und Kreditpolitik. Eine theoretische und empirische Untersuchung für die Bundesrepublik Deutschland, Göttingen 1972

Neumann, Manfred J. M. (I): Bank Liquidity and the Extended Monetary Base as Indicators of German Monetary Policy, in: Proceedings of the First Konstanzer Seminar on Monetary Theory and Monetary Policy, Edited by K. Brunner, Berlin 1972, S. 165 - 217

— (II): Zur relativen Bedeutung fiskalischer und monetärer Impulse, in: WSI-Mitteilungen, 26. Jg. (1973), S. 14 - 25

— (III): Hypothesen-Evidenz-Kritik, in: WSI-Mitteilungen, 26. Jg. (1973), S. 251 - 256

Neumann, Manfred J. M. (IV): Theoretisch wenig fundiert, empirisch nicht belegt, in: R. Molitor (Hrsg.), Zehn Jahre Sachverständigenrat, Frankfurt 1973, S. 116 - 138

— (V): Stabilisierungspolitik in monetarischer Sicht, in: WSI-Forum vom 5. bis 7. Dezember 1973: Stabilisierungspolitik. Köln 1974, S. 75 - 102

Neumark, Fritz: Ermessensfreiheit oder Automatismus? Zur ökonomischen und politischen Problematik moderner Fiskalpolitik, Zürich 1971

Oberhauser, Alois (I): Probleme der Geldversorgung in einer wachsenden Wirtschaft, in: Finanzarchiv, Bd. 25 (1966), S. 398 - 415

— (II): Geldpolitik als Liquiditätspolitik. Ein Vorschlag zur Neugestaltung des geldpolitischen Instrumentariums, in: Kredit und Kapital, 5. Jg. (1972), S. 373 - 403

Pfleiderer Otto (I): Art. Offenmarktpolitik, in: HdSW, Bd. 8, Stuttgart, Tübingen, Göttingen 1964, S. 74 - 82

— (II): Zur Reform des kreditpolitischen Instrumentariums, in: ZKW, 26. Jg. (1973), S. 53 - 56 und S. 88 - 92

Pohl, Reinhard (I): Potentialorientierte Kreditpolitik in einer offenen Volkswirtschaft, in: Konjunkturpolitik, 18. Jg. (1972), S. 193 - 216

— (II): Bestätigt die westdeutsche Konjunktur von 1965 - 1971 den Monetarismus? in: WSI-Mitteilungen, 26. Jg. (1973), S. 153 - 164

Pohl, Rüdiger (I): Monetäre Analyse des Sachverständigengutachtens: Ein Kommentar, in: Kyklos, Vol. XXV (1972), S. 119 - 127

— (II): Geldbasis versus Liquiditätssaldo — Ein Vergleich zweier geldpolitischer Konzepte — in: WSI-Mitteilungen, 25. Jg. (1972), S. 282 - 290

— (III): Grundzüge einer liquiditätstheoretischen Konzeption für die Zentralbankpolitik, in: WSI-Mitteilungen, 26. Jg. (1973), S. 105 - 116

Prager, Jonas (ed.): Monetary Economics. Controversies in Theory and Policy, New York 1971

Ritter, Laurence S. und Warren L. *Silber:* Money, New York, London 1970

Rosen v. Hoewel, Harri von und Lothar *Weichsel:* Öffentliche Finanzwirt-Finanzverfassung, Haushalt, Finanzplanung, antizyklische Haushaltspolitik. Durchgesehene und ergänzte Auflage. Stuttgart 1971

Sachverständigenrat zur Begutachtung der gesamtwirtschaftlichen Entwicklung, Jahresgutachten 1964 - 1974

Samm, Carl-Theodor: Die Stellung der Deutschen Bundesbank im Verfassungsgefüge, Berlin 1967

Schachtschabel, Hans G.: Bemerkungen zur Ausgestaltung des wirtschafts- und konjunkturpolitischen Instrumentariums, in: Hamburger Jahrbuch für Wirtschafts- und Gesellschaftspolitik, 17. Jg. (1972), S. 117 - 126

Schmitt-Rink, Gerhard: Marktform und Geldschöpfungsmultiplikator, in: Jahrbücher für Nationalökonomie und Statistik, Bd. 188 (1973), S. 1 - 9

Schneider, Erich: Einführung in die Wirtschaftstheorie, III. Teil. 12., um einen Anhang erweiterte Auflage, Tübingen 1973.

Schwalm, Wilhelm: Bemerkungen zur Kreditbegrenzung als Notenbankinstrument, in: Wirtschaft und Recht, 20. Jg. (1968), S. 16 - 30

Siebke, Jürgen: An Analysis of the German Money Supply Process: The Multiplier Approach, in: Proceedings of the First Konstanzer Seminar on Monetary Policy. Edited by K. Brunner, Berlin 1972, S. 243 - 272

Smith, Warren L. und *Teigen,* Ronald L. (eds.): Readings on Money, National Income and Stabilization Policy, Homewood, Ill. 1970

v. Spindler/Becker/Starke: Die Deutsche Bundesbank, Grundzüge des Notenbankwesens und Kommentar zum Gesetz über die Deutsche Bundesbank. Für Wissenschaft und Praxis. 4. neubearb. Aufl., Stuttgart 1973

Stern/Münch/Hansmeyer: Gesetz zur Förderung der Stabilität und des Wachstums der Wirtschaft. Kommentar, 2. neubearbeitete und erweiterte Auflage, Stuttgart 1972

Streissler, Erich: Die schleichende Inflation als Phänomen der politischen Ökonomie, Zürich 1973

Stucken, Rudolf: Notenbank und Banken, in: Kredit und Kapital, 6. Jg. (1973), S. 99 - 110

Stützel, Wolfgang: Moderne Kreditpolitik, in: E. Dürr (Hrsg.), Geld- und Bankpolitik, Köln, Berlin 1969, S. 193 - 207

Szagunn, Volker: Bundesbankgeld durch Buchkredit, in: Bankbetrieb, 10. Jg. (1970), S. 342 - 348

Teichmann, Ulrich: Möglichkeiten und Grenzen einer antizyklischen Geldpolitik, in: Kredit und Kapital, 5. Jg. (1972), S. 72 - 86

Teigen, Ronald L.: Some Observations on Monetarist Analysis, in: Kredit und Kapital, 4. Jg. (1971), S. 243 - 263

Tichy, Gunther: Einige Bemerkungen zur Geldstromrechnung — Gegenwärtiger Stand und künftige Möglichkeiten, in: G. Bombach (Hrsg.): Studien zur Geldtheorie und monetären Ökonometrie. Schriften des Vereins für Socialpolitik, N. F. Bd. 66, Berlin 1972, S. 181 - 197

Tiegel, Dieter: Staat und Notenbank. Probleme ihrer wirtschaftspolitischen Kooperation, in: Schmollers Jahrbuch für Wirtschafts- und Sozialwissenschaften, 91. Jg. (1971), S. 411 - 446

Timmermann, Vincenz: Anzeichen für gegenläufiges Verhalten in einzelnen Branchen, in: D. Duwendag (Hrsg.), Macht und Ohnmacht der Bundesbank, Frankfurt 1973, S. 97 - 118

Uhlenbruck, Dieter: Die verfassungsmäßige Unabhängigkeit der Deutschen Bundesbank und ihre Grenzen, München 1968

Willms, Manfred: Controlling Money in an Open Economy: The German Case, in: H. Giersch (ed.): Demand Management, Symposium 1971, Tübingen 1972, S. 189 - 222

Wissenschaftlicher Beirat beim Bundesministerium für Wirtschaft und Finanzen: „Regelmechanismen und regelgebundenes Verhalten in der Wirtschaftspolitik.“ Gutachten vom 10./11. Dez. 1971.

Untersuchungen über das Spar-, Giro- und Kreditwesen

Abteilung A: Wirtschaftswissenschaft. Herausgegeben von Fritz Voigt

1. **Beiträge zur Theorie des Sparens und der wirtschaftlichen Entwicklung.** 227. S. 1958. 2. unveränd. Aufl. in Vorbereitung.
2. **Die Liquiditätsverhältnisse der deutschen Sparkassen.** Von Dr. L. Sperk und Dipl.-Vw. Dr. M. Wilsdorf. 148 S. 1956. DM 22,60.
3. **Das Liquiditätsproblem bei den Girozentralen.** Von Dr. D. Golz. 193 S. 1956. DM 29,60.
4. **Auswirkungen der Mindestreservepflicht unter besonderer Berücksichtigung der Sparkassen.** Von Dipl.-Vw. Dr. E. Floss. 70 S. 1956. DM 9,60.
5. **Die Wertpapieranlage der Kreditinstitute.** Von Dr. R. Stützer. 157 S. 1957. DM 22,60.
6. **Einkommensverhältnisse und private Geldkapitalbildung in Westdeutschland 1925 bis 1953.** Von Dr. H. Osthues. 204 S. 1957. DM 33,60.
7. **Der Betriebsvergleich bei Sparkassen.** Von Dipl.-Kfm. H.-G. Bindewalt und Dr. H. Kolbeck. 244 S. 1959. DM 34,80.
8. **Die Verflechtung zwischen Sparkassen und Girozentralen.** Von Dr. A. Dick. 119 S. 1959. DM 19,—.
9. **Die Struktur des Bankwesens als Gegenstand wirtschaftsstatistischer Analyse.** Von Prof. Dr. I. Esenwein-Rothe. 329 S. 1959. DM 51,60.
10. **Die Anwendbarkeit der modernen Kreditschöpfungslehre auf die besondere Art des Sparkassengeschäfts.** Von Dr. H. Feifel. 249 S. 1959. DM 39,60.
11. **Die unterschiedlichen Auffassungen von der Wirkung des Sparens und die moderne Wachstumstheorie.** Von Dr. H. Peters. 120 S. 1960. DM 17,80.
12. **Die niedersächsischen Sparkassen.** Von Dr. W. Weidner. 212 S. 1960. DM 39,60.
13. **Bestimmungsgründe und volkswirtschaftliche Auswirkungen des Verhaltens der Sparkassen im langfristigen Wohnungsbaukreditgeschäft.** Von Dr. M. Wilsdorf. 194 S. 1960. DM 27,—.
14. **Die Mitwirkung der Hausbanken bei der Vergebung und Verwaltung öffentlicher Kredite.** Von Dr. H. Menzel. 212 S. 1960. DM 29,80.
15. **Die Zinsempfindlichkeit der deutschen Sparer.** Von Dr. B. Wissmann. 152 S. 1960. DM 27,60.
16. **Verbrauchen und Sparen.** Von Dr. A. Ghanie Ghaussy. 236 S. DM 47,60.
17. **Bestimmungsgründe des persönlichen Sparens.** Von Dr. W. Paschke. 223 S. 1961. DM 39,—.
18. **Beiträge zur Geldtheorie und Geldpolitik.** Von Prof. Dr. H.-G. Johnson. Aus dem Amerikanischen übertragen von H. Rudloff. 342 S. 1969. DM 53,60.
19. **Die Staatsaufsicht über die kommunalen Sparkassen.** Von Dr. H. Frick. 250 S. 1962. DM 46,60.
20. **Die Vereinbarungen und Zusammenschlüsse im Kreditwesen.** Von Dr. G. Buschmann. 174 S. 1963. DM 29,80.
21. **Die Rechtsgrundlagen des Reisescheckverkehrs.** Von Dr. O.-R. Heinichen. 157 S. 1964. DM 29,60.
22. **Monetäre Probleme der Konjunkturpolitik in der EWG.** Von Prof. Dr. O. Issing. 163 S. 1964. DM 29,80.
23. **Strukturwandlungen in der Anlagepolitik der Kreditbanken.** Von Dr. H.-H. Stein. 191 S. 1964. DM 34,60.
24. **Die Beziehungen zwischen moderner Wettbewerbstheorie und ökonomischer Realität im Realkreditsektor.** Von Dr. W. Dobrinski. 243 S. 1964. DM 47,60.
25. **Der Einfluß der Gemeinde auf die kommunale Sparkasse.** Von Dr. H. Clausen. 160 S. 1964. DM 29,80.

26. **Die Beziehungen zwischen der Notenbank und den Trägern der Girosysteme.** Von Dr. H. J. Rieken. 170 S. 1964. DM 29,80.

27. **Die internationale Liquidität.** Von Prof. Dr. J. Delivanis. 94 S. 1965. DM 17,60.

28. **Leitwährung und internationale Währungsordnung.** Von Prof. Dr. O. Issing. 374 S. 1965. DM 65,60.

29. **Analytischer Vergleich zwischen Verrechnungsscheck und Überweisung vom Standpunkt der Kreditinstitute.** Von Dr. U. Trurnit. 257 S. 1966. DM 59,60.

30. **Marktforschung der Kreditinstitute.** Von Dr. U. Weiss. 307 S. 1966. DM 64,60.

31. **Die Entwicklung der sozialen und ökonomischen Struktur der Ersparnisbildung in der Bundesrepublik Deutschland.** Von Dr. R. Exo. 410 S. 1967. DM 82,60.

32. **Die Beziehungen zwischen dem institutionellen Aufbau des Geld- und Kreditsystems und dem wirtschaftlichen Wachstum.** Von Dr. D. Spaetling. 251 S. 1966. DM 65,60.

33. **Geldversorgung, Preisniveau und reales Wirtschaftswachstum bei alternativen Grundprinzipien der geldwirtschaftlichen Ordnung.** Von Dr. H. Friedrich. 205 S. 1967. DM 46,60.

34. **Außenhandel, wirtschaftliche Expansion und Preisniveau.** Von Dr. M. Hieber. 150 S. 1967. DM 34,60.

35. **Die Bedeutung des staatlichen Sparens für die Kapitalbildung und das Wirtschaftswachstum.** Von Dr. D. Kath. 172 S. 1968. DM 34,60.

36. **Die Entwicklung des Kommunalkredits.** Von Dr. H. Gloth. 230 S. 1967. DM 52,60.

37. **Die Finanzpolitik des Deutschen Reiches im Ersten Weltkrieg.** Von Dr. K. Roesler. 237 S. 1967. DM 53,60.

38. **Die rechtliche Einordnung der Immobilienfondsgesellschaften und das Erfordernis einer gesetzlichen Sonderregelung.** Von Dr. N. Kruhme. 120 S. 1968. DM 23,60.

39. **Die Bedeutung der Finanzgebarung der öffentlichen Hand für den Geldwert in Frankreich nach 1945.** Von Dr. M.-L. Herschtel. 256 S. 1968. DM 59,80.

40. **Die Standortfrage bei Kreditinstituten.** Von Dr. J. D. Siepmann. 377 S. 1968. DM 89,80.

41. **Zahlungsverkehr und Mittelstandsidee.** Von Dr. J. Wysocki. 120 S. 1969. DM 34,60.

42. **Der Verwaltungsrat der Sparkasse.** Von Dr. H. aus der Fünten. 322 S. 1969. DM 67,80.

43. **Die Mechanismen der Zentralbankgeldschöpfung und ihre Kontrollierbarkeit durch die Zentralbank.** Von Dr. B. Gaude. 209 S. 1969. DM 46,80.

44. **Die Aufwertungsspekulation.** Von Dr. W. Steuer. 180 S. 1969. DM 39,80.

45. **Ursachen und Wirkungen der regionalen Differenzierung der privaten Spartätigkeit in Industrieländern.** Von Dr. J. Frerich. 205 S. 1969. DM 54,80.

46. **Die Beschränkungen des Wirkungsbereichs der kommunalen Sparkassen durch die horizontale und die vertikale Kommunalgliederung in Nordrhein-Westfalen.** Von Dr. K. Köhler. 145 S. 1969. DM 32.—.

47. **Vermögensbestand, Sparverhalten und Wirtschaftswachstum.** Von Dr. H. Rudloff. 192 S. 1969. DM 46,80.

48. **Theoretische Unterstützungen zum mikro- und makroökonomischen Kreditangebot.** Von Dr. G. A. Kartsaklis. 205 S. 1970. DM 54,80.

49. **Untersuchungen über den Nutzen kommunaler Wirtschaftsförderungsmaßnahmen.** Von Dr. P. Eichhorn und Dr. P. Friedrich. 98 S. mit 2 Ausschlagtaf. 1970. DM 26,80.

50. **Die Struktur des Sparens in der Bundesrepublik Deutschland von 1950 bis 1967.** Von W. Kaiser und A. Zerwas. 101 S. 1970. DM 32,—.

51. **Die Beeinflussung des Wirtschaftswachstums in Deutschland von 1883 bis 1913 durch das Bankensystem.** Von Dr. E. Eistert. 189 S. 1970. DM 48,80.

52. **Die Sicherheit der Scheckeinlösung.** Von Dr. H.-Ch. Zahrnt. IV, 324 S. 1971. DM 58,60.

53. **Zinstheoretische Grundlagen der Geldpolitik.** Von Prof. Dr. M. Willms. 112 S. 1971. DM 36,60.

54. **Die Struktur der Nachfrage von Wirtschaftsunternehmen und privaten Haushalten nach finanziellem Vermögen in der Bundesrepublik Deutschland.** Von Dr. W.-A. Prautzsch. 151 S. 1971. DM 42,60.

Untersuchungen über das Spar-, Giro- und Kreditwesen

Abteilung B: Rechtswissenschaft. Herausgegeben von Johannes Bärmann

Die von Prof. Dr. Fritz Voigt herausgegebene Schriftenreihe, in der vorwiegend volks- und betriebswirtschaftliche Untersuchungen zum Spar-, Giro- und Kreditwesen veröffentlicht werden, wurde 1973 um eine rechtswissenschaftliche Abteilung ergänzt. In dieser Reihe sollen Probleme des deutschen wie ausländischen Rechts, soweit sie das Spar-, Giro- und Kreditwesen berühren, behandelt werden.

1. **Europäisches Geld-, Bank- und Börsenrecht.** Hrsg. von J. Bärmann. Teil I: Bundesrepublik Deutschland. XXIV, 349 S. 1974. DM 88,—

2. **Die Sparkassen in der EWG.** Probleme der europäischen Niederlassungs- und Dienstleistungsfreiheit aus sparkassenrechtlicher Sicht. Von K. Zimmermann. 153 S. 1973. DM 29,60

3. **Die staatliche Ausfuhrkreditversicherung in Frankreich und Deutschland.** Eine rechtsvergleichende Darstellung unter Berücksichtigung der Harmonisierungsbestrebungen im Gemeinsamen Markt. Von M. Glotzbach. 167 S. 1973. DM 38,60

4. **Die Sicherung eines Kredites aus dem unbeweglichen Vermögen des Schuldners im Recht der USA.** Von St. Göbel. 87 S. 1974. DM 22,60

5. **Persönliche Kreditsicherungen im deutschen und französischen Recht.** Von L. Becker. 156 S. 1974. DM 39,60

6. **Die Anfechtung von kreditpolitischen Beschlüssen der Bundesbank.** Zur Frage der Zulässigkeit einer Anfechtungsklage von Kreditinstituten gegen kontraktive kreditpolitische Beschlüsse der Bundesbank: §§ 40, 42 VwGO. Von E. Kindermann. 146 S. 1974. DM 39,80

7. **Rechtsprobleme der Swapsatzpolitik der Bundesbank.** Legitimation und Rechtsnatur. Von R. Grimberg. 121 S. 1974. DM 36,60

8. **Das Hypotheken- und Pfandbriefgeschäft in der Bundesrepublik Deutschland und in Frankreich.** Von H. A. Reinecker. 208 S. 1974. DM 56,60